U0149281

考據斠讎與應世

——儀徵劉氏經學與文獻學研究

曾聖益 著

文史哲學集成

文史哲出版社印行

國家圖書館出版品預行編目資料

考據斠讎與應世：儀徵劉氏經學與文獻學
研究/ 曾聖益著. -- 初版--臺北市：
文史哲，民 100.11
　頁;公分（文史哲學集成；606）
參考書目：頁
ISBN 978-957-549-990-7（平裝）

011.8　　　　　　　　　　100021015

文 史 哲 學 集 成　606

考據斠讎與應世
── 儀徵劉氏經學與文獻學研究

著　　　者：曾　　　聖　　　益
出 版 者：文 史 哲 出 版 社
　　　　　http://www.lapen.com.tw
　　　　　e-mail：lapen@ms74.hinet.net
登記證字號：行政院新聞局版臺業字五三三七號
發 行 人：彭　　　正　　　雄
發 行 所：文 史 哲 出 版 社
印 刷 者：文 史 哲 出 版 社
　　　　　臺北市羅斯福路一段七十二巷四號
　　　　　郵政劃撥帳號：一六一八〇一七五
　　　　　電話886-2-23511028・傳真886-2-23965656

實價新臺幣五〇〇元

中華民國一百年（2011）十一月初版
中華民國一〇一年（2012）四月修訂再版

摘　　要

　　儀徵劉氏，起於劉文淇（1789-1854），以四世治《春秋左傳》而名著江淮，聲聞儒林，既是清代中葉以後著名的學術家族，也是揚州學重要的代表。

　　劉文淇的學術淵博精深，在經學（包含禮制及《春秋左傳》）、斠讎學、輿地沿革的考訂，及方志文獻的纂輯，均見精審論述，為時人所讚譽，亦為其子弟所傳承。

　　《清史稿・儒林傳》記載劉文淇祖孫三人的學行，然以經學為主，故後人論及儀徵劉氏，均著重在其未完成的《左傳舊注疏證》及《左傳》學上。劉氏學術雖以經學為核心，但斠讎與方志編纂亦為劉氏數世從事的工作，累積的經驗與觀念，可媲美其疏證《左傳》舊注，洵為一家之學，惟學者多忽略劉氏在斠讎與方志工作的成就，殊為可惜。

　　本書以儀徵劉氏的禮學、斠讎學及方志學為論述主題，主要在於這數部均為劉氏數世相繼，賡續從事的工作，或父子相繼而後完成的論著，頗能代表儀徵劉氏的學術特色與家學精神。

　　由於劉氏子弟的仕途多舛違，故未能在經世上有作為。但劉氏子弟充分將其考證斠讎的學術能力應用於古籍斠刊及方志編纂等工作，不僅用以治生持家，而其工作經驗中體會

的斠讎條例與方志編纂原則，也成為其家族重要的學術成就。至劉師培更結合經學、斠讎及方志等家學，發展出廣博全面，深具識見的文化理論，應用於推翻滿清及號召社會改革，以救國族於危亡之際，成為晚清革命重要的代表人物。

　　本書除〈《昏禮重別論對駁義》疏論〉及〈劉師培的應世經學〉二節外，主要以劉氏斠讎的書籍及編纂的方志為依據，分析其從事文獻工作的原則及方法。綜合全書，無論是禮學的辨析，輿地沿革的考訂，典籍斠讎，或是方志編纂，均是清代考據學的具體應用。於此，本書不僅呈顯儀徵劉氏的學術特質，對於乾嘉考據學及清代學術的發展，或揚州學的探討，均有若干參證的作用。

　　關鍵字：劉文淇　劉毓崧　劉壽曾　劉富曾　劉師培　昏禮　考據　斠讎　方志

Textual Criticism of Proofreading and Dealing With Life and Work :

A Research on the Classical Study and Bibliography of the Liu Family

Abstract

Beginning with Liu Wenqi（1789-1854）, four generations of the family had undertaken the study of "Zuo Zhuan Chun Qiu"(《春秋左傳》), thus became a renowned family of scholars in the mid-Qing dynasty, and also an important representative of the Yangzhou academy.

Liu Wenqi had attained profound depth in his educational studies. He had produced precise and appropriate discourses on subjects like classical study （including the study in ritual and "Chun Qiu Zuo Zhuan"（《春秋左傳》）, proofreading, textual research of local history and compilation of geographical documents. This was highly recognized by the society and also inherited by his followers.

The scholarship and conduct of the Liu family documented

in "Qing Shi Gao · Ru Lin Zhuan"(《清史稿·儒林傳》) mainly focused on their classical study, successive discussions on the family thus emphasized on their unfinished study of "Chun Qiu Zuo Zhuan"(《春秋左傳》). Although classical study is the core of the Liu academy, proofreading of ancient texts and compilation of local historical documents had also been undertaken by the family for centuries. The experience and viewpoints thus accumulated is well comparable to their textual research of "Zuo Zhuan"(《左傳》), and could even be considered as a separate academy. However it's rather unfortunate that such accomplishment is often omitted by various scholars.

The main subject of this book is the discourse of the ritual study, proofreading, and the study of 'fang zhi' performed by the Liu family. The emphasis by the author is on the fact that these literary works had either been undertaken by the family for generations, or that they were accomplished by the continuous effort of both father and sons. Thus it could be considered as the characteristics of the Liu academy and the academic spirit of the family.

Facing various obstacles, the Liu family had little political accomplishment. However, they had fully used their ability of proofreading in the works of proofreading of ancient texts and the compilation of 'fang zhi'. Apart from making a living, the regulations in proofreading and the principles of 'fang zhi' compilation they realized from their working experience had become the important academic accomplishment of the family. Furthermore, Liu Shipei had integrated classical study and the study of 'fang zhi' and developed a broad and comprehensive cultural theory with much insight. This theory is even used in the overthrowing of the Qing dynasty and when the society is called for in the effort to save the country and social revolution. He thus became an important representative in the revolution of the late Qing dynasty.

Basing mainly on the books on proofreading and geographical texts compiled by the Liu family, this is an analysis of the principles and methods used in the works involving documents. However the analysis has not include the chapter entitled '"Hun Li Zhong Bie Lun Dui Bo Yi" Shu Lun' (〈《昏禮重別論對駁義》疏論〉). Overall, the debate on ritual study, the textual research of geographical history, proofreading of ancient texts, or the compilation of local historical texts, are all but the specific application of textual criticism of the Qing dynasty. Apart from showcasing the characteristics of the Liu academy, this is also the further reference and evidence on the textual criticism during the Qian Jia period and the academic development in the Qing dynasty, as well as the analysis of the Yangzhou academy.

Keywords

Liu Wenqi, Liu Yusong, Liu Shouzeng, Liu Fuzeng, Liu Shipei, wedding ceremony, textual criticism, proofreading, fang zhi.

林　序

　　聖益博士是當代年輕學者中極富潛力的一位，他專研文獻學和清代學術史，對於一位學者，我喜歡追究他的師承和學術的淵源，聖益在就讀政治大學中國文學研究所碩士班時，受教於喬衍琯和吳哲夫兩位教授門下，聖益在兩位老師的指導下，逐漸精通文獻之學，從喬衍琯先生講述，聖益記錄整理的《中國歷代藝文志考評稿》的〈後記〉中可以得知，聖益花費許多工夫來整理喬先生的講稿。喬先生是臺灣有名的文獻學家，他的論文不是很多，但卻很精闢，早年讀他的《書目叢編敘錄》、《書目續編敘錄》和《陳振孫學記》，在極簡的篇幅中，得到了極豐富的知識。讀他的《古籍整理自選集》，也學到了整理古籍的一技之長。近三十年間我整理了不少古籍，有一部份的知識就從這裡來的。聖益在政大中研所就讀時，也上過吳哲夫教授的課，且碩士論文《四庫總目經部類敘疏證及相關問題之研究》也是由吳教授指導完成。在兩位名師的指導下，加上聖益的聰明才智，許多目錄、版本學之著作也源源而出，如：〈從四庫全書總目・詩文評類看中國詩文論著之特性〉、〈鄭玄六藝論十種輯斠〉、〈《續修四庫全書總目提要》易類述論〉等都是。

　　民國 85 年，聖益考入臺灣大學中國文學研究所博士班，

師從葉國良教授研究經學，以儀徵劉氏學作為論文研究之主題，隨即蒐集劉氏著作，包括經學、校讎、方志等書，多達十餘種，內容相當繁富，恐非一篇博士論文所能涵蓋。遂將主題集中在劉氏《春秋左傳》學的探討。劉氏《春秋左傳》學的開創者是劉文淇。劉文淇的《左傳》學著作有《左傳舊疏考正》、《左傳舊注疏證》二書，此二書為《左傳》學上的名著，研究者已不少，例如：喬秀岩和我對《左傳舊疏考正》的研究，張惠貞、陳志修等，對《左傳舊注疏證》之研究。聖益都認為還有可探討之空間，他認為我和喬秀岩都忽略了《左傳舊疏考正》和《左傳舊注疏證》之關係的探討，對《左傳舊疏考正》之得失，亦未加以評論。至於張惠貞的《劉文淇春秋左氏傳舊注疏證體例之研究》，對劉氏書的體例少有著墨，書名與內容有所不合。陳志修的《儀徵劉氏春秋左氏傳舊注疏證研究》，僅止於外在形式的考察，對《左傳舊注疏證》所表現的劉氏《左傳》學之內涵，則難以呈現。在諸家研究劉氏《左傳》學皆有所不足時，聖益在葉國良教授的指導下，完成了《儀徵劉氏春秋左傳學研究》的博士論文，皇皇五十萬字，這是研究揚州劉氏《左傳》學的標竿之作。

聖益又以為劉氏家學的學問內涵相當廣，後人僅注意其《左傳》學，其實劉氏數代皆精通方志學和斠讎學，這兩方面的學問迄今尚未有人作深入的討論。聖益以博士論文《儀徵劉氏春秋左傳學研究》為基礎，將觸角擴大到劉毓崧、劉壽曾、劉富曾、劉師培等之方志學和斠讎學之研究，取得了很高的成就。本書即為聖益所發表之論文的結集。全書收論

文七篇,其中〈劉毓崧與劉富曾略論〉、〈劉氏的方志學要義與實踐〉、〈劉氏的斠讎工作與斠讎條例論析〉、〈劉師培的斠讎著述與斠讎思想〉等四篇,對劉氏家學中的斠讎學與方志學作了相當深刻的討論。這四篇論文足以彌補前人研究劉氏家學之不足,對全面性了解劉家學術大有助益。

民國 95 年聖益來文哲所擔任博士後研究人員,參與「晚清經學研究計畫」和「民國以來經學之研究計畫」。參與「晚清經學研究計畫」,主要是研究揚州的劉氏家學,成果已收入本書中。參與「民國以來經學研究計畫」,主要是研究徐世昌的《清儒學案》。近年,《清儒學案》的研究成為一大熱點,為該書作新式標點的有沈芝盈、陳祖武、舒大綱三家,撰作研究論文者也不少,聖益即其中的佼佼者,如討論《清儒學案》的編纂人員、學案前敘言、案主的學術研究等論題,皆為前人所未關注。此一領域的研究論文,希望不久的將來也能結集成書。去年底我跟上海圖書館合作,一起負責點校該圖書館所藏《通義堂尺牘》和《青溪舊屋尺牘》,聖益願意承擔部分工作,非常感謝。

聖益要我為他的新著《考據斠讎與應世—儀徵劉氏經學與文獻學研究》寫一篇序,儀徵劉氏學我有很高的研究興趣,但已完成之論文並不多,希望序中所言不要被譏為外行充內行。

民國 101 年 3 月底
林慶彰誌於中央研究院中國文哲研究所
501 研究室

序　　言

　　個人學術工作，從斠讎目錄入手，故平日讀書，即注意文獻資料的搜集、考察與辨析。就讀臺大中文系博士班時，從葉國良師研究經學，選定儀徵劉氏學術作為研究主題。當時即先搜集劉氏著述，包含經學、輿地沿革的論述，斠讎諸書、編纂的方志及若干書札，劉師培撰述者不計，約有十數種。以其繁富，非學位論文所能涵蓋，故將主題集中在劉氏《春秋左傳》學，而後完成博士論文。

　　畢業後，先在中央研究院中國文哲研究所任博士後研究，參與所內清代經學及民國以來經學研究計畫，故仍以清代經學及儀徵劉氏學術為研讀主題。並承林慶彰、蔣秋華二師令，整理儀徵劉氏著作，已點校完成《青谿舊屋文集》（出版改作《劉文淇集》）出版，劉毓崧《通義堂文集》的點校工作則持續進行中。博士後研究期間及獲聘於輔仁大學中文系之後，將多年研讀劉氏著作的心得，逐步整理成篇，陸續發表於國內學術研討會及學報期刊中，承蒙審查師長的厚愛與指導，本研究文集乃能完成出版。

　　儀徵劉氏家學自劉文淇開始，於嘉慶、道光年間興起於揚州，以治《春秋左傳》的學術成就受重於儒林。劉文淇、劉毓崧及劉壽曾三世名列《清史列傳》及《清史稿》的〈儒

林傳〉，成為清代中晚期最著名的學術家族，也是揚州學的代表學者。

　　清代近三百年間，雖以考據學為代表，但在典章制度、社會習俗、歷史思想及算術曆法各方面，均見深入精闢的研究。蓋考據學只是精密的研究方式，其方法與精神深刻影響清代學術的整體發展，至嘉慶道光以後，更在各方面被具體應用。儀徵劉氏體會考據學的精義，用以治經，在梳理《左傳》舊注及考訂《五經正義》的纂修上，提出精闢的觀點，備受學界讚譽，《清史列傳》及《清史稿》即以經學成就將劉氏三世著於〈儒林傳〉。

　　劉氏的學術成就，並不限於《春秋左傳》學，亦不侷限於經學。其治學的最大特色，乃在於充分發揮考據學的方法及原則，應用於經籍考辨及編纂斠讎等實際事務中。具體而言，除舊注及舊疏的辨析之外，在運河水道及輿地沿革的考訂上，均顯見劉氏熟習考據學的學術特質。劉氏具體運用考據學於典籍斠勘及方志纂修上，作為其家族應世治生的工作，工作經驗中體會的斠勘條例與方志編纂原則，也成為劉氏家族重要的學術成就。至劉師培更結合經學、方志等家學，發展出廣博全面，深具識見的文化理論，應用於推翻滿清及號召社會改革，以救國族於危亡之際，成為晚清革命中重要的代表人物。

　　就學術史論，儀徵劉氏學術繼承乾嘉考據學，藉以探討經說及學術流變，既能闡發古義，亦能推陳出新，成就斐然。但另一方面，劉氏四世多不得意於舉業，故雖有經世之志，實難有經世之業。然能將其斠讎觀念應用於方志編纂，亦不

失為學術的絕佳應用。至於劉師培在鼓吹革命的過程中，論述變革的迫切與方向，發揚國粹文化，倡導鄉土志，均以經學思想為基礎，因應世局而提出，更顯見其經世之志，其說自為應世之說無疑。儀徵劉氏學術，以經學為基礎，自考據入手，從事典籍斠讎及方志編纂工作，進而闡發經學大義，倡導鄉土文化，為維護國族存亡而努力，此與清代學術發展的過程，亦見若干契合之處。

儀徵劉氏家族之名，在清代中晚期雖已是名聞江淮，但民國以來，各種學案或學術著作中所論述者，卻極為有限，除《左傳》學外，多集中在劉師培，且集中在其政治革命及社會改革的論述上。

近年來，隨著清代史的整理與清代學術研究的開啟，儀徵劉氏家學頗受到學界的重視。但研究的範圍仍集中在經學及劉師培上，顯有未盡之處。

本書集結個人近年從事儀徵劉氏學術研究的論文，書名「考據斠讎與應世 —— 儀徵劉氏經學與文獻學研究」，乃探討劉氏的考據觀念及斠讎原則，並論述其具體應用情形，藉以呈現其在經學與文獻工作上的成就，期能彰顯劉氏學術的內涵與時代意義，作為今日從事清代學術及斠勘編纂等學術工作的參考。

本書除序言、結論外，其中若干章節係根據已發表於學報及學術研討會的論文修訂而成，茲說明如下：

第二章〈劉毓崧與劉富曾略論〉包含〈劉毓崧之學術與儀徵劉氏學之發展〉及〈劉富曾遺文輯存與其學術略述〉二篇。〈劉毓崧之學術與儀徵劉氏學之發展〉發表於第七屆中

國經學國際學術研討會，並收入會議論文集（2011 年 8 月）。

　　第三章〈《昏禮重別論對駁義》疏論〉發表於「2010 年經學與文化學術研討會」，會後修改刊載於《興大中文學報》第 29 期（2011 年 6 月）。

　　第五章〈劉氏的校讎工作與校讎條例論析〉，發表於政治大學《政大中文學報》第 14 期（2010 年 12 月）。

　　第六章〈劉師培的斠讎著述與斠讎思想〉，發表於中央研究院中國文哲研究所「變動時代的經學與經學家研討會」第三次會議，會後修改發表於臺灣師範大學《國文學報》第 45 期（2009 年 6 月）。

　　第七章〈劉師培的應世經學〉，發表於「2009 年經學與文化學術研討會」，會後修改刊載於《興大中文學報》第 27 期（2010 年 6 月）。

　　附論〈讀吳靜安《春秋左氏傳舊注疏證續》後記〉，發表於《經學研究論叢》第 16 期（2009 年 5 月）。

　　以上各篇，承蒙會議講評及論文審查者的指正，使筆者得以改正疏漏淺薄的論述，藉此表達筆者最誠摯的謝意與敬意。

考據斠讎與應世
—— 儀徵劉氏經學與文獻學研究

目　　次

第一章　緒論：清代學案與學術史論儀徵劉氏學

引　言

　　儀徵劉氏之學術，起於劉文淇（1789-1854），劉文淇與劉寶楠（1791-1855）以學行受重於湯金釗（1772-1856），舉薦於朝，時並稱揚州二劉。[1]其後以《左傳》名聞江淮，三世治經，成就著於《清史稿・儒林傳》。

　　《清史稿・儒林傳》雖將讚譽劉氏的學術成就，但考諸清代的學術傳記，卻顯見記載者。至民初梁啟超（1873-1929）論述清代學術，編撰《中國近三百年來學術史》，才在〈清代學者整理舊學之總成績〉中提及劉文淇的《春秋左氏傳舊注疏證》（下略作《左傳舊注疏證》），梁啟超稱云：

---

1 此說見於戴望（1837-1873）〈故三河知縣劉君事狀〉：「（劉寶楠）為諸生時，與儀徵劉君文淇齊名，人稱『揚州二劉』。」見《劉寶楠集》（《寶應劉氏集》本，揚州：廣陵書社，2006 年）附錄。《清史列傳・儒林傳》及《清史稿・儒林傳》依此記載。
　　另馬文大、陳堅編著《清代經學圖鑑》（北京：國際文化出版公司，1998 年）稱：「（劉文淇）三十歲與劉寶楠交，明年與寶楠、丁晏等拔取優貢生，湯金釗學使器重文淇、寶楠學行，同薦於朝，自是有『二劉』之目。」頁 237。

> 這部書始終未成，真是學界一件憾事，孟瞻（劉文
> 淇）、伯山（劉毓崧）之學，我們讀《青谿舊屋》、
> 《通義堂》兩集，可以想見一斑。……此事若成，價
> 值或為諸家新疏之冠，也未可知。[2]

梁啟超未見《左傳舊注疏證》書稿，故僅能依據傳聞而論述。
而於校注古籍、地理方志各章節，則未有提及儀徵劉氏的著
作者，雖不免見梁氏疏略之處；但更見劉氏的著作流傳不廣，
學者雖知其名，於其學術內容則多未能知見。近代學者，論
述清代學術史，頗難不受到梁啟超的影響。對於儀徵劉氏學
術的關注與研究，也大都集中在其未完成的《左傳舊注疏證》
上，直至近代論揚州學者仍多如此。

劉氏學術靭始自劉文淇，其規模亦由劉文淇建立，劉毓
崧（1818-1867）〈先考行略〉總述劉文淇的論著，云：

> 生平湛深經術，於《春秋左氏傳》致力尤勤，嘗謂左
> 氏之義為杜注剝蝕已久，其稍可觀覽者，皆係襲取舊
> 說，爰輯《左傳舊注疏證》一書。……又以餘力輯《左
> 傳舊疏考正》一書。
>
> 釋經之暇，好讀史鑑，於地理之沿革，水道之變遷，
> 尤所究心。據《史記・秦楚之際月表》，知項羽曾都
> 江都，核其時勢，推見割據之迹，輯《項羽王九郡考》
> 一卷、《十八王分地考》二卷，總名之曰《楚漢侯疆
> 域志》。又據《左傳》、《吳越春秋》、《水經注》
> 等書，謂唐、宋以前揚州地勢南高北下，且東西兩岸

---

2 梁啟超：《中國近三百年學術史》（臺北：里仁書局，1995 年）頁
282。

未設隈坊，與今運河形勢鐩不相同，爰博稽載籍，詳加考證，作《揚州水道記》四卷。

為文淳茂典實，大抵有關於經史同異、金石源流以及表微闡幽之作居多……著有《青溪舊屋文集》十卷，《詩集》一卷。

精於校讎之事，為人校勘書籍，不啻如己之撰述。搜羅鄉先輩及亡友之書，釀金付刊，汲汲然願其行世，視他人營謀切己之事，更為過之。

總纂《儀徵縣志》……熟於鄉邦文獻，遇郡邑長官咨詢掌故者，必舉前賢之遺跡，屬其表章，自報謝以外，非公不見，於私事毫無所干。值採訪忠孝節烈，則概然自任其勞。[3]

以上所舉，劉文淇的論著大抵包含五方面：

（1）經學，著有《左傳舊注疏證》及《左傳舊疏考正》。[4]

（2）輿地沿革。著有《楚漢諸侯疆域志》及《揚州水道記》。

（3）學術流變。散見於《劉文淇集》，包含〈漢射陽石門畫像跋〉、〈漢延熹西嶽華山碑舊拓跋〉（以上俱見卷七）各篇。

（4）斠讎學。包含《宋元鎮江志》、《輿地紀勝》、《舊唐書》等各書的斠刊。

3　詳見劉毓崧〈先考行略〉(《通義堂文集》卷 6)，《劉文淇集》（臺北：中央研究院中國文哲研究所，2007 年）附錄，頁 343-348。

4　尚應包含《尚書傳疏大意》。此書的性質與《左傳舊疏考正》頗相關，皆是劉文淇梳理《五經正義》的論述。

（5）方志文獻。總纂《儀徵縣志》。

除此五者外，劉文淇的學術，應包含《三禮》學，此為劉文淇疏證《左傳》舊注的基礎，詳見於《左傳舊注疏證》及《劉文淇集》中。

此六者為劉文淇殫精竭慮以成的內容，而其後子弟頗有能承繼者，洵為儀徵劉氏學的重要內容。其中《左傳》學近來來研究已多，新著迭見，後出轉精，闡微顯幽，頗能闡發劉氏學的精義。

斠讎學，則有張舜徽（1911-1992）《清儒學記》立為一節，撮其大要以申論之。此外，《三禮》學惟劉師培所著，受到研究者關注，劉文淇、劉毓崧及劉壽曾所論云，則少有論及者。至於輿地沿革、方志編纂及學術流變者，則未見專文評介及論述。故於儀徵劉氏的學術評價，殊難免有以管窺豹之憾。

以儀徵劉氏學為題，闡述其斠讎方志等內容，不僅得見其家族的學術成就，實亦得藉以考見清代學術的風貌。而儀徵劉氏學的價值與特色，亦以清代學術發展為背景，方能考見。故本章以《清儒學案》、《清儒學案新編》及《清代揚州學記》[5]三書為基礎，考察其中論載的儀徵劉氏學，以作為後續論述的基礎。

5　張舜徽《清儒學記》（濟南：齊魯書社，1991年）有〈揚州學記〉，論載內容大致與與《清代揚州學記》相同，而較為簡略。故本文依據《清代揚州學記》立論。

第一節　《清儒學案》的〈孟瞻學案〉

徐世昌（1855-1939）主持，夏孫桐（1857-1941）、沈兆奎（1855- ）纂總的《清儒學案》二百八卷，總括清代學術，著錄學者一千一百九十六人，[6]是欲了解清代學術基本面貌最重要的參考文獻。

儀徵劉氏，在《清儒學案》卷一百五十二〈孟瞻學案〉，據相關記載，此卷蓋閔爾昌（1872-1948）所編纂。[7]其中載錄劉文淇、劉毓崧及劉壽曾（1838-1882），劉壽曾並附其子劉師蒼（1874-1902）。並附劉文淇弟子方申（1878-1840）、薛壽二人。交游十六人，其中十二人獨立成案，[8]姚配中

---

6 根據《清儒學案·凡例》（沈芝盈、梁運華標點本，北京：中華書局，2008 年），頁 4。本文徵引《清儒學案》均此版本。《清儒學案》所收錄的學者及學案的分立，蓋幾經修訂刪裁，而後確定此數，詳見曹秉章致徐世昌書札記載。收錄於俞冰：《名家書札墨迹》（北京：線裝書局，2007 年）第 11-13 冊。

7 張重威（1910-1975）致劉葆儒書札中云：「保（葆）丈謂此次東海纂修《清儒學案》，一切體例悉依《宋元學案》、《明儒學案》二種，事略之外，全重學術，每人均有敘錄。若僅載書名，於學問之道無關宏旨。揚州諸儒學案悉由保（葆）丈擔任分纂。高郵王氏父子、宋氏父子，寶應朱先生，江都汪氏父子，儀徵阮文達公，均已分別撰述。寶應成先生及劉氏父子、叔侄、兄弟、祖孫因遺書搜集未備，尚未著手。……孟瞻先生學案，聞已大致編成，伯山先生則就《通義堂》採錄。恭甫先生及遺稿，保丈擬奉借一觀，以便有所取材。弟以藏在上海，恐難郵致對。保丈命函商吾兄，轉商令侄。保丈並囑函告，如能將張侯先生遺著一並寄閱，則尊府一家之學可以照耀簡編，發潛德之幽光，昭奕奕於不朽。」見李艷鳳、巫慶整理：〈新見民國時期「青谿舊屋」劉氏往來書信〉，《史學月刊》2010 年第 4 期，頁 100。

8 已別為學案的交游十二人，分別是：阮元（1764-1849）、黃承吉

（1792-1844）、柳興恩（1795-1880）、薛傳均（1788-1829）
及梅植之（1974-1843）四人的生平及著論述，則附錄於此案。

　　〈孟瞻學案〉以劉文淇為主，「家學」含劉毓崧及劉壽
曾二人，而傳記來源略有不同。劉文淇及劉毓崧傳依據繆荃
孫（1844-1919）《儒學傳稿》，劉壽曾則參照劉恭冕
（1821-1880）〈劉君恭甫家傳〉而成。

　　論著選輯部分，劉文淇的論著，選錄〈春秋左氏傳舊疏
考正序〉、〈答黃春谷先生書〉、〈與沈小宛先生書〉、〈與
劉楚楨書〉四篇。[9]

　　劉毓崧部分，選錄〈方氏易學五書序〉、〈與劉叔俛書〉、
〈周官周禮異名考〉三篇。

　　劉壽曾未選錄論著，蓋閔爾昌編纂時，未見劉壽曾《傳
雅堂集》的緣故。

　　〈孟瞻學案〉案前敘言，提綱挈領，總論劉氏學的成就，
云：

> 《十三經》中，《左氏傳》最稱繁博。孟瞻專治此書，
> 欲為劉、鄭、賈、服諸儒作疏，以懲杜氏之失。長編
> 已具，傳子及孫，三世一經，未能卒業，稿已零落。

（1771-1842）、包世臣（1775-1855）、沈欽韓（1775-1832）、汪喜
荀（1786-1848）、丁晏（1794-1875）、陳立（1809-1869）、劉寶楠、
張穆（1808-1849）、羅士琳（1789-1853）、包世榮（1783-1826）、
包慎言。

9　依據《清儒學案》編纂例，〈孟瞻學案〉自應選錄《左傳舊注疏證》
　卷首的三則〈注例〉，孟瞻交游中的柳興恩，即選錄〈穀梁大義述
　敘例〉，乃其常例。閔爾昌於此未選輯，蓋因其未見《左傳舊注疏
　證》書稿。

清代新疏，遂獨闕此一經。惜哉！述〈孟瞻學案〉。[10]
此案前敘言專就劉文淇的《左傳舊注疏證》立論，內容主要
是依據繆荃孫的《儒學傳稿》。其中稱其欲「懲杜氏之失」
為是，蓋清代學者作新疏，本多因於對《五經正義》及其依
據的六朝注疏不滿意。企圖以闡發漢儒的注釋，取代《十三
經注疏》。至於其稱「清代新疏，遂獨缺此一經」，則不免
有以偏概全之失，蓋清代獨無人為《禮記》作新疏。[11]

　　就傳記資料而論，《清儒學案》的傳記資料，以《漢學
師承記》等清人編纂的學術傳記為主，其次為碑傳，最後才
以《儒學傳稿》。《清儒學案·凡例》第三條：

> 諸儒傳略，取材於《漢學師承記》、《宋學淵源記》、
> 《洛學編》、《學案小識》、《先正事略》之「名儒」、
> 「經學」，《碑傳集》之「理學」、「經學」，《續
> 碑傳集》之「儒學」，《耆獻類徵》之「儒行」、「經
> 學」，去其複種，表其粹美，大抵著者八九，而不著
> 者一二。《經解》兩編作者畢舉，《籌人》三傳家數
> 多同。至《儒學傳稿》，雖未梓行，而足備一代綱要；
> 《清史列傳》雖出坊印，而實為館檔留遺，引證所資，
> 無妨慎取，斯二書者，亦參用之。[12]。

實際編纂，則以墓志碑傳及史傳為主。然劉文淇三人的傳記

10　徐世昌：《清儒學案》，卷 152，頁 5875。
11　昔年，筆者點校《劉文淇集》，徵引《清儒學案》「清代新疏，遂
　　獨闕此一經」之說，未察其誤，並接受此觀點，延續多年而不自
　　知，因而對梁啟超所論略而不見。直至近年申請研究計畫，審查
　　教授於審查意見中直指此誤，頗令筆者汗顏。因係匿名審查，無
　　以申謝。今修正疏誤，並於此向審查教授致上由衷的感謝。
12　《清儒學案》（北京：中華書局，2008 年）卷首，頁 1。

均不見於《漢學師承記》、《宋學淵源記》、《洛學編》、《學案小識》、《先正事略》各書中，故僅能依據《儒學傳稿》（《清史稿・儒林傳》）記載其生平。

〈孟瞻學案〉的劉文淇傳，敘述其學術成就，以《左傳舊注疏證》及《左傳舊疏考正》為主，兼及輿地沿革考訂。[13] 此蓋《清史稿》、《清儒學案》的編纂者對劉文淇學術成就的主要觀點。與劉毓崧〈先考行略〉相較，則顯示其對劉文淇禮制、金石源流及斠讎成就的忽略，而以此形成的儀徵劉氏學，遂侷限在經學上，未能呈顯劉氏數世學術工作的內容及深刻體察的斠讎方志等原則。

因其侷限在《左傳》學上，故選錄的四篇均與《左傳》相關，〈與沈小宛先生書〉、〈答黃春谷先生〉係論《左傳舊注疏證》，〈春秋左氏傳舊疏考正序〉、〈與劉楚楨〉二篇則論《左傳舊疏考正》，[14] 此外餘無所錄，此影響所及，論劉文淇及儀徵劉氏學者，均未留意劉氏相關的成就。

閔爾昌編纂〈孟瞻學案〉時，劉毓崧的《通義堂集》已刊行，然其未取劉毓崧的〈先考行略〉作為劉文淇傳，與各案傳主資料以行狀碑傳為主，已非常例。[15] 而其徵引的《儒

---

13 輿地沿革的論述：「據《史記・秦楚之際月表》，知項羽曾都江都；覈其時勢，推見割據之迹，成《楚漢諸侯疆域志》三卷。據《左傳》、《吳越春秋》、《水經注》等書，謂唐宋以前，揚州地勢南高北下，且東西兩岸未設隄防，與今運河形勢迥不相同，成《揚州水道記》四卷。」

14 此篇雖與文集分立，然仍自《青谿舊屋文集》（《劉文淇集》）中選錄，蓋《左傳舊疏考正》書前序作「凡得若干條，釐為八卷」。此作「凡得二百餘條，釐為六卷」者，原擬內容，非實際刊行的內容。

15 劉毓崧《通義堂集》十六卷本刊行於民國九年（1920），閔爾昌編

學傳稿》，既已稱及劉文淇在輿地沿革的成就，亦應有所著
錄。如其選輯〈項羽都江都考〉、〈揚州水道記〉二文，或
〈王子涵司馬論修縣志書〉，與傳記所論云的學術成就相證，
對後人研究劉氏學術，自有引導作用。

《儒學傳稿》及《清史稿・儒林傳》的劉毓崧傳記，係
附在劉文淇之後，故其內容更為簡略。而其記載則多疏誤，
茲載錄其傳文，並略作考辨。〈傳〉云：

> 劉毓崧字伯山。道光庚子優貢生，薦舉八旗官學教
> 習。從父受經，長益致力於學。以父治《左氏》，故
> 纘述先業，成《春秋左氏傳大義》二卷。又用《左傳
> 舊注疏證》義例，著周易、尚書、毛詩、禮記《舊疏
> 考正》各一卷。又謂「六藝未興之先，學各有官，惟
> 史官之立為最古。不獨史家各體各類并支裔之小說家
> 出於史官，即經、子、集三部及後世之幕客書吏，淵
> 源所仿，亦出於史官。班氏之志〈藝文〉，論述史官，
> 尚未發斯旨。其敘九流，以明諸子所出之官，必有所
> 授，而其中仍有分省失當者。既析九流中小說家流歸
> 入史官，又辨道家非專出於史官，改為出於醫官。又
> 增益者凡三家：曰名家，出於司士之官；兵家，出於
> 司馬之官；藝術家，出於考工之官：統為十一家。」
> 博稽載籍，窮極根要，成史乘、諸子《通義》各四卷。
> 又《經傳通義》十卷、《王船山年譜》二卷、《彭城

纂〈孟瞻學案〉自能得見此書。〈先考行略〉見於卷 6，其未依據
〈先考行略〉立傳，蓋疑閔爾昌所見《通義堂集》乃光緒五年（1879）
刊行的五卷本。詳見本書第 2 章第 3 節。

献徵錄》十卷、《舊德錄》一卷、《通義堂筆記》十
六卷、《文集》十六卷、《詩集》一卷。[16]
此傳文大致裁簡劉壽曾〈先考行狀〉而成，然卻多疏誤處。

　　首先，劉壽曾〈先考行狀〉稱劉毓崧：「（劉文淇）所
著《左傳疏證》一書，長編已具，先考思竟其業……因歷采
秦漢已來，發明《左氏》一家要誼者，擬編為《春秋左氏傳
大義》。」則其書未成，非如傳所云「成《春秋左氏傳大義》
二卷」。

　　其次，劉毓崧撰《周易舊疏考正》、《尚書舊疏考正》
二書，乃本劉文淇《左傳舊疏考正》而為之，自非「《左傳
舊注疏證》義例」。《儒學傳稿》混淆二書，豈不誤謬？

　　其三，劉壽曾〈先考行狀〉中稱劉毓崧：「為周易、尚
書《舊疏考正》各一卷，其《毛詩》、《禮記》屬稿未成。」
《儒學傳稿》逕稱劉毓崧作《周易舊疏考正》等四種，亦屬
疏誤。據劉師培〈先府君行略〉，則《禮記舊疏考正》為劉
貴曾（1845-1898）撰，[17]《毛詩舊疏考正》的則未見撰述者
的相關記載。

　　就論著選輯與傳記參證，傳記中既以過半篇幅敘述劉毓
崧在古代學術源流的考論，則論著選輯中，自應載錄其內容。
而選錄三篇與其傳記未能契合，難據以考見劉毓崧的學術要

16　《清儒學案》卷 152，頁 5887。
17　劉師培〈先府君行略〉：「（劉貴曾）精熟唐人義疏，先是訓導公（劉
　　文淇）作《左傳舊疏考正》，以沖遠疏經剿襲舊疏，致使詞義弗屬。
　　教習公承之，作周易、尚書《舊疏考證》，惟《禮記》孔疏未遑從
　　事。府君思竟其志……因條列其說，成《禮記舊疏考正》一卷。」
　　見《左盦集》（《劉申叔遺書》本，南京：江蘇古籍出版社，1997
　　年）卷 6，頁 1-3。

旨。

　　據劉壽曾敘述劉毓崧的學術，自以「通義」為要，「以達於經訓之原，以章教善俗為心」[18]，其編《通義堂文集》，亦循此原則，故首列〈周易履霜讀為禮霜解〉二篇，蓋以《詩經》等書為證，會通《易》與禮。其下依序為論經義之文，均以會通為主旨。〈孟瞻學案〉所錄三篇，〈方氏易學五書序〉、〈與劉叔俛書〉見於《通義堂文集》卷二，〈周禮周官異名考〉見於卷三，此三篇均見於光緒十六年思賢講舍刊行的二卷本中，藉此可得見劉毓崧的治學方式，卻難藉以考見其論學要旨。而傳中引述的〈墨家出於清廟之官說〉、〈縱橫家出於行人之官說〉見於卷十，若閔爾昌未見十六卷本，自未能選錄此文。然無論就二卷本或五卷本，閔爾昌選錄此三篇，而未選錄〈周易履霜讀為禮霜解〉或〈大夫以上先廟見後成昏說〉，則顯見其對劉毓崧的學術思想，或儀徵劉氏學術的領略，均未得其要。

　　劉壽曾傳記，《儒學傳稿》亦附於劉文淇之後，其內容與劉恭冕所敘述大抵相同，閔爾昌捨此而取裁劉恭冕〈劉恭甫家傳〉，與其體例殊為唐突。又劉壽曾的碑傳，除劉恭冕所述外，尚有孫詒讓所撰〈墓表〉及汪士鐸（1802-1889）所撰〈墓誌銘〉，冠於《傳雅堂集》（《劉壽曾集》）卷首。二文對於劉壽曾的思想著述均有申述，且特贊稱其斠讎及編纂方志之業，頗能彰顯劉壽曾的學術成就。

　　閔爾昌編撰《清儒學案》，曾向張重威借閱劉壽曾《傳

18　見《劉壽曾集》卷3，頁105-111。

雅堂集》[19]而無下文，想是未果，故其《孟瞻學案》雖載劉
壽曾傳，但既未見劉壽曾文集，自無從選錄其論述。

據上所論，〈孟瞻學案〉編撰時，受限於文獻，然未能
得見《左傳舊注疏證》及劉壽曾文集，所見劉毓崧文集，亦
疑其非全編。故案中徵引的傳記及輯錄的論述，既難以呈現
儀徵劉氏學術的廣博精深，亦未能彰顯劉氏累世相傳的學術
特色。欲以其作為考察清代學術的依據，更有所不足，頗為
可惜。

第二節　《清儒學案新編》的〈孟瞻
學案〉與〈申叔學案〉

楊向奎（1910-2000）《清儒學案新編》載錄的儀徵劉氏
學，包括〈孟瞻學案〉及〈申叔學案〉。[20]〈孟瞻學案〉載
錄的對象與《清儒學案》相同，但論著選輯則在《清儒學案》
的基礎上，加入了《左傳舊注疏證》及《左傳舊疏考正》若
干條。〈申叔學案〉則評介劉師培學術思想，並選錄時人對
劉師培的評論。

楊向奎〈孟瞻學案〉附錄劉毓崧及劉壽曾，但因其論述
的內容集中在《左傳》學上，故於其生平及著述等史傳文獻，

19　見張重威（1910-1975）致劉葆儒書札。李艷鳳、巫慶整理：〈新見
　　民國時期「青谿舊屋」劉氏往來書信〉，《史學月刊》2010 年第 4
　　期，頁 100。
20　均見於《清儒學案新編》（濟南：齊魯書社，1994 年）第 6 卷，〈孟
　　瞻學案〉頁 432-497，〈申叔學案〉頁 498-536。

均未採錄。介紹劉氏及其學術，取裁李樹桐〈左傳舊注疏證整理後記〉而成，雖稱「讀此《疏證》，知道它是是一部有用的書」、「劉氏《疏證》能申賈服義，未始非《春秋》之功臣也。」[21]但對劉氏學術，諸多非議，對其闡發《左傳》的論述，亦頗有微辭。

就《左傳舊注疏證》取裁而論，楊向奎在徵引劉毓崧〈先考行略〉論述的《左傳舊注疏證》體例之後，論云：

> 以上所指與《左傳》有關諸書而不及《史記》，在古
> 文獻上，《史記》引用《左傳》最多，可以互相校勘，
> 而證其得失，今劉氏引不及《史記》，蓋受惠棟說影
> 響，以為《史記》荒疏不可據。其實惠氏不解《史記》
> 而自為是，此所以吾人謂之驕悍也。[22]

楊氏抨擊劉文淇受到惠棟的影響，故《左傳舊注疏證》不引用《史記》，實正如其抨擊惠棟（1697-1758）「不解《史記》而自為是」之言，楊氏亦不解《左傳舊注疏證》而自為是。

劉毓崧〈先考行略〉中所論，乃是《左傳舊注疏證》的編纂原則，「舊注」及「疏證」的載錄範圍。疏證擇取清代學者之說，此殆無疑義，楊向奎未論評。舊注以兩漢經學家釋注為主，上自《左傳》古誼、戰國以來的《左傳》先師，下至東漢經師注釋《左傳》的著作，[23]此範圍明確可徵。司馬遷何有注解《左傳》之書？其不錄《史記》為舊注誠屬必

21　〈孟瞻學案〉語，分別見頁 436、438。
22　見《清儒學案新編‧孟瞻學案》，頁 434。僖公二十二年案語：「閻（若璩）與惠棟所謂拘謹小儒，難語於《史記》大作。」頁 463。
23　詳見筆者《儀徵劉氏春秋左傳學研究》（臺灣大學中文研究所博士論文，2005 年）第 4 章。

然。更何況劉文淇僅未將《史記》列為舊注，其在疏證多引《史記》文，[24]楊向奎的批評，難免於信口開合之譏。楊向奎未能理解劉文淇作《左傳舊注疏證》，乃屬於諸經新疏，其基礎在於經、傳、注、疏的訓解體系，而非古史考辨。清代學者釋《春秋》三傳，多不徵引《史記》，非獨惠棟如此。[25]其稱劉文淇受到惠棟影響而不錄《史記》，實未見顯據。

楊向奎對劉文淇標舉「釋《春秋》必以周禮明之」，說道：

> 注《左氏》以禮為主說，本常識，禮即典章制度，《左氏》為史書，史書而不及典章制度，何者為？[26]

此明顯將《左傳》侷限為史書，而不解其為經傳的性質。劉文淇所釋的禮，包含禮義、禮文，即包含典章制度與人倫義理，《春秋》大義乃寓乎其中。楊向奎徒見周禮的典章形式而不自知，果真是「禮云禮云，玉帛云乎哉」，以此而評論儀徵劉氏學，稱：「四代傳經，未能完成一部《左傳疏》，惜哉！」是不知其所惜為何者矣。

楊向奎作〈孟瞻學案〉的條件遠勝於閔爾昌之時，因其親見《左傳舊注疏證》，故能參照注例，而摘錄疏證內容評述。

---

24 如隱公元年「鄭伯克段于鄢」，疏證全引《史記·鄭世家》文。見《左傳舊注疏證》頁 6-10。
25 不援《史記》以釋經，乃清代學者普遍的觀念，如包慎言〈與劉孟瞻論《史記·周世家》書〉云：「公劉遷邠之說，第據《史記》以改《毛傳》，破亂家法而旁生異議，此誠不免於漢儒之所譏。然統核傳記、〈邠譜〉與〈公劉〉傳箋，終有難通。」見《劉文淇集》附錄，頁 453。
26 《清儒學案新編·孟瞻學案》，頁 434。

《左傳舊注疏證》的注例主要陳明三事：

（1）注《春秋》必以周禮明之。

（2）《春秋》大義，須依據文與事，《公羊》、《穀梁》於事未盡確，故義亦不可盡從。

（3）《左傳》傳《春秋》大義，惟見賈逵注。其與《公羊》、《穀梁》異，不得混淆。

楊向奎稱其「參照上述《注例》試作評論」[27]，而所舉則分「書法」、「曆法」、「禮制」，與上三例已頗見參差，且其評論，與劉文淇更大異其趣，如第一條按云：

> 後人對於《春秋》，本有不同理解，尊之者循孟子說，以為孔子成《春秋》，而亂臣賊子懼；反對者以《春秋》為斷爛朝報。平情而論，孔子《春秋》，有其書法，「元年春王正月」不同於一般史書紀事，此於《公羊》之發揮，頗有意義。它說：「何言乎王正月，大一統也。」大一統義在中國歷史上曾發揮無比作用。[28]

此略見楊向奎評論的基礎，又如桓公十一年《經》「九月，宋人執鄭祭仲」一條，徵引劉文淇《疏證》後，案云：

> 賈逵申《左傳》，以為其義深於君父，而說《公羊》多權，此與今文家說相反。《左氏》長於紀事，書法、凡例云云，乃纂傳者之所加，與《傳》之本文無緣，於《經》亦不如《公羊》之因經作傳。

> 論義法，《左氏》遠不如《公羊》之周延。但《公羊》之義，與《春秋》距離較遠，《左氏》樸實，就《經》

27 同注 26，頁 437。
28 同注 26，頁 438。

之原始意義論，所得或不下於《公羊》。賈逵說亦經
師之家法，劉氏申其義，但未能發揮其說，如晚清今
文之發揮《公羊》者。蓋古文樸實，以太炎之才，申
叔之敏於《左氏》亦未能發揮自如，視康長素發揮《公
羊》義遠不逮也。[29]

顯見其依據《公羊》立論，備贊《公羊》學，而棄劉文淇《左
傳舊注疏證·注例三》不顧矣。

在曆法上，楊向奎稱劉貴曾、劉師培父子習曆法，以期
承繼《左傳舊注疏證》之業，此乃延續李樹桐誤讀劉富曾〈劉
師培墓誌銘〉而產生，劉富曾云：

予老矣，方期倦游歸來，與之同訂先世《左疏》藁本。
蓋曾戰理先祖《左氏長編》，并習三統天算，欲繼大
兄、二兄所編之業為之也，今無望矣。

其中「曾」乃劉富曾自稱，其習曆算，見筆者〈劉富曾之學
術略述與遺文輯存〉一文，本書第二章第二節。

於禮制疏解上，楊向奎對《左傳舊注疏證》說，亦多駁
斥，茲不具引。對於《左傳舊注疏證》的評價，楊向奎稱云：

通過劉氏《疏證》，使我們深入一步了解，漢注《左
傳》之不同於杜注者，蓋東漢經學趨於平實，而魏晉
乃中國學術思想之轉換時期，由實入虛，由質轉文，
於是杜注《左傳》遂有下列缺失：（一）不重視《春
秋經》之樸素書法，（二）有關史實，禮質的疏忽。
《疏證》引賈服說以正杜失，對於後人之治古史者，

---

29 同注 26，頁 440。

頗有所助。雖於曆法日食等項，劉氏家族曾擬傾全

力，但三統術疏，未能正過去記載之誤差也。[30]

以此論評《左傳舊注疏證》，於劉氏四世殫精竭慮，焚膏繼
晷所為者，全然無所理會矣。

　　《清儒學案新編》為劉師培立〈申叔學案〉，蓋因於劉
師培的著作中，有大量歷史社會及政治風俗的論述，此與楊
氏的志趣與論著頗為契合。然對於劉師培的學術，楊氏的評
價則不高，如對其家傳《春秋左傳》學，楊向奎稱「陳義雖
多，但未出《春秋左氏傳舊注疏證》之原有範圍」[31]，是不
見劉師培闡發《左傳》義例，以駁斥劉逢祿、康有為等稱「劉
歆偽造《左傳》」及「《左傳》不傳經」的用心。對於劉師
培的禮學，楊向奎評其「意見混亂不堪，以之與同時的孫詒
讓之《周禮正義》較，申叔有關《周禮》著作，無論就質或
就量說，都相差甚遠」[32]。楊向奎於劉師培的學術評價，於
此可見矣。史料選編方面，選錄錢玄同〈左盦年表〉、陳鍾
凡〈劉先生行述〉、蔡元培〈劉君申叔事略〉及〈清儒得失
論〉一篇。其中僅〈清儒得失論〉為劉師培作，餘均為時人
的論贊評述。

　　楊向奎《清儒學案新編》既不足以章明清代學術發展與
流變，亦未能闡發清儒學術思想的精粹者，於劉氏〈孟瞻學
案〉、〈申叔學案〉的評論與論著選輯，不難據以推見矣。

　　〈孟瞻學案〉選輯的劉氏論著，與《清儒學案》相同，

30　同注 26，頁 465。
31　《清儒學案新編・申叔學案》，頁 509。
32　同前注，頁 511。

楊向奎所處時代頗能見到閔爾昌所未能見到的劉氏論著，但楊向奎未據以輯錄增補，亦顯見楊氏欲藉《清儒學案》以推揚其學術觀念的本意，而非闡發清人的學術成就。

儀徵劉氏學的內容與價值，經過二種《清儒學案》的梳理評介與輯錄，仍未能闡微顯幽，使後學者得見劉氏數世努力的成就，殊為可惜。

第三節 《清代揚州學記》中的 儀徵劉氏學

張舜徽以歷史文獻的角度，探討清代學術的發展，藉由梳理各家學者的淵源流傳，及學派之間的交互影響，從而考見各家學術的特色與價值。《清代揚州學記》論述王懋竑（1668-1741）、王念孫（1744-1832）、汪中（1745-1794）、焦循（1763-1820）、阮元及劉文淇六家。其中儀徵劉氏分為劉文淇與劉師培二章論述，蓋著眼於劉師培的學術，已非儀徵劉氏家學所能涵蓋。[33]

《清代揚州學記》論述劉文淇的學術，在經學方面，仍循《清史稿·儒林傳》、《清儒學案》等觀念，著重在《左傳》學。但除此之外，篇中徵引劉壽曾〈十三經注疏優劣論〉及孫詒讓（1848-1908）〈劉恭甫墓表〉中對義疏問題的考辨，說明張舜徽注意到劉氏對《五經正義》襲用舊疏的問題，實

---

33 張舜徽《清儒學記》並未將劉師培獨立成章節，仍續於劉壽曾之後，故論述以其家學為主，《清代揚州學記》則著眼於劉師培的現代學術。

為其家學的重要內容。此問題的關注，不僅延續三代，亦不僅從劉文淇撰述《左傳舊疏考正》，劉毓崧續撰《周易舊疏考正》、《尚書舊疏考正》，至劉貴曾續作《禮記舊疏考正》而止。劉文淇作《尚書傳疏大意》以闡發《尚書正義》的要旨，均說明儀徵劉氏數世均致力探討《五經正義》的得失與價值。

　　張舜徽論述儀徵劉氏的經學成就，能推揚劉氏考辨舊疏的學術價值，已有闡微顯幽之功，然其未能注意到劉氏以周禮為《春秋》的基礎，於禮亦三世均有論述，則殊為可惜。

　　張舜徽稱儀徵劉氏主要的成就為經學與校勘學，此專節論述劉氏校勘學的成就，在論述清代學術或揚州學術的著作中，實具獨到的見解。蓋清代學術的發展，與考據觀念的成熟及斠讎學的應用，有密切的關係，儀徵劉氏家族正專精此學，既將考據學用於經史考訂，亦將此能力應用於典籍校勘及方志編纂工作。

　　惟張舜徽論劉氏的校勘學，雖得其綱領，但仍失於簡略，雖以劉毓崧〈校刻漢書凡例〉及劉壽曾〈北堂書鈔斠讎商例答蒯禮卿〉為例，說明劉氏強調廣聚眾本，擇善而從，並分次參校的工作原則，從而得見劉氏求完善的態度。但此方氏實自劉文淇校訂《宋元鎮江志》等書即已開始。張舜徽稱劉氏校勘學，「是由文淇、毓崧、壽曾三世校書，從長期工作中總結出來的行之有效的成功經驗」[34]。就劉氏而言，此經驗並不僅止於劉文淇、劉毓崧及劉壽曾三人，劉貴曾及劉富

---

34 《清代揚州學記》（揚州：廣陵書社，2004 年）第 7 章，頁 194。

曾（1846-1928）亦長期從事斠讎工作。且其工作亦不僅止於校勘書籍，劉氏文淇祖孫將其用於編纂方式，劉師培則將其用於整理國粹，發揚國學與傳統文化。

劉師培的斠讎工作，張舜徽〈申叔學案〉論云：

> 師培繼承家學，並仿效學術界先輩遺規，也曾埋頭伏案，從事校勘工作，遍及四部，尤以校訂諸子最勤。[35]

張舜徽對儀徵劉氏的斠讎工作，並未深入探討，但其論述頗具提綱挈領之功，呼應《清儒學案》及劉氏子弟各人的碑傳所載行誼。對儀徵劉氏學的研究探討，具有推闡的作用。

考察《清儒學案》及清代學術史或揚州學的論述中，對儀徵劉氏學的論述，均受限於傳統觀點，專就經學及《左傳》論述，有見樹不見林之憾。故相關論著雖不乏多見，而能深刻闡發劉氏學術工作的意義，及家族精神的論述，卻不多見。

---

35 同前注，第 8 章，頁 213。

第二章　劉毓崧與劉富曾略論

引　言

　　儀徵劉氏學中，學者研究的焦點集中在劉文淇、劉壽曾與劉師培三人，對於劉毓崧及劉貴曾、劉富曾、劉顯曾（1850-1928）兄弟三人則少見有論及。其中劉貴曾因協助劉壽曾作《左傳舊注疏證》的曆算，故尚為人所熟知，且其有文集，尚待抉隱顯幽耳。

　　藉由前章論述，可知儀徵劉氏學在劉文淇已經立下學術規模，而其後由劉毓崧及劉壽曾兄弟的承繼與闡發，劉氏方以斠讎及方志編纂成為江淮著名的學者。

　　劉文淇的學術思想及處世風格，大致見於筆者點校的《劉文淇集》前言中，劉壽曾的學術思想及處世風格，林子雄點校《劉壽曾集》撰述的前言，亦已見其要。劉貴曾著作頗豐，據劉師培〈先府君行略〉所述，均已成編，惟待劉氏後人刊行，近年劉氏書稿日有新見，劉貴曾的論著的出版應可期待，故此暫且不論其學思。劉顯曾的著作，則不見於相關記載。

　　劉毓崧《通義堂文集》十六卷，歷劉壽曾、貴曾及富曾三兄弟之手，而後刊行，其於劉氏學術傳承的意義深遠，但少有論及，更遑論闡發其內容。故茲略撮其要以見其思想要

旨，並論其對劉氏學術的影響。

　　劉富曾淵默自持，不善於人處，故其學行亦不為人知。
然從事斠讎工作既久，頗能承繼劉氏學。惟其文散逸，「尚
待裒集」，殊為可惜，茲輯論其所作墓志及序跋若干篇，藉
以考見其學行，並發顯其在儀徵劉氏學中的傳承意義。

第一節　劉毓崧之學術與儀徵劉氏學之發展

一、劉毓崧學術思想的研究概要

　　向來研究清代學術、揚州學派及儀徵劉氏學之學者，多
推崇劉文淇開創儀徵劉氏一家之學，劉壽曾賡續《左傳舊注
疏證》的辛勞，及劉師培集劉氏學之大成，唯獨忽略劉毓崧
傳承及發揚家學的代表意義，吳銳〈儀徵劉氏春秋學研究〉
更稱「劉毓崧對于劉氏《春秋》學沒什麼貢獻可言」[1]。此雖
針對《春秋》學而言，但不僅論述儀徵劉氏《左傳》學之學
者忽略劉毓崧的學術成就，研究清代學術及揚州學術者，亦
多忽略劉毓崧之學術思想。

　　近年傳統學術的研究發展，經學頗有復興之勢，清代經
學備受重視，儀徵劉氏學的研究亦日有新出，對於劉毓崧的
學術成就亦稍見論及者，如劉建臻、張素卿、郭院林之論述。

1　見〈儀徵劉氏春秋學研究〉，《清史論叢》頁 179-192。（瀋陽：遼寧
　　古籍出版社，1996 年 12 月。）

[2]張、郭之論述言及劉毓崧，而非專述其成就，此暫存而不論。

劉建臻《清代揚州學派經學研究》第四章第三節「劉毓崧繼承父志考證舊疏」，專節探討劉毓崧之學術內涵，其雖以「考證舊疏」為題，卻不以此為限。第三小節「以禮說為主的論文選集：《通義堂集》」以二卷本《通義堂集》為基礎，[3]歸納出劉毓崧的經學思想，具有三特點，分別是：

（1）對「協于文義」的重視

（2）對經學「補於治術」的推崇

（3）對「禮」的強調[4]

此三者包含解經方式、經學價值及經學內容，確為劉毓崧經學思想的重要觀念，且其中應以禮為核心，劉建臻總體評論劉毓崧之經學，云：

> 儘管劉毓崧沒有過多地論述自己的經學觀，但以「禮」治世的思想脈絡還是較為明晰的。凌廷堪以為「聖人

2 張素卿《清代「漢學」與《左傳》學 —— 從「古義」到「新疏」的脈絡》（臺北・里仁書局，2007 年）特別推崇劉毓崧對李貽德《春秋左氏傳賈服注輯述》撰述考察的啟發之功，其稱云：「劉毓崧受朱蘭之託為《輯述》撰序時，對李氏撰述緣起曾有一番考察，可惜未獲學者關注。劉氏之說雖尚有商榷補充之餘地，無疑具指引啟發之功。」（頁 255）於《左傳舊注疏證》，則稱：「毓崧可能又補輯資料以為佐助，並未撰稿。」（頁 282）郭院林提及劉毓崧之論述見注8。

3 《續修四庫全書》著錄此二卷本，為光緒十六年（1890）思賢講社刻本。劉建臻稱：「《通義堂集》其實只是《通義堂文集》前四卷說經之文的選錄本。」蓋選錄光緒十四年儀徵青谿舊屋刊刻之五卷本或七卷本而成。據中央研究院歷史語言研究所傅斯年圖書館所藏五卷本對照，其篇目與十六卷本的前五卷相同。《通義堂文集》的內容見後文論述。

4 劉建臻：《清代揚州學派經學研究》（揚州大學中國古代文學專業博士論文，2003 年），頁 129-131。

之道，一禮而已矣」，並建構起了以「禮」代「理」
的思想體系。劉毓崧承其說而起，其論說比之凌廷堪
也要薄弱許多，但作為清代「以禮代理的思想走向」
的一個組成部分，仍然有著不可輕視的價值。[5]

標舉「以禮治世的思想脈絡」是劉毓崧的思想特色，蓋以劉
文淇文集中僅〈既殯後復殯服說〉及〈親喪既殯後見君無稅
衰說〉二篇，並未多著禮義之論述。[6]然劉文淇高舉「釋《春
秋》必以周禮明之」[7]，此為其經學思想之主旨，則無可置疑，
劉毓崧承傳其說，並闡發其觀點，使之周延審密，成為劉氏
學之重要內容，如〈大夫以上先廟見後成昏說〉三篇，亦先
見於《左傳舊注疏證》隱公八年四月甲辰「鄭公子忽如陳逆
婦媯」的疏證，二者相較，正得以考見劉毓崧學術之傳承與
創見。[8]

---

5 同前注，頁 131。其中「以禮代理的思想走向」，原注說明係張壽安
　語，見《以禮代理 —— 凌廷堪與清中葉儒學思想之轉變》，頁 6。
6 見《劉文淇集》卷 2，頁 20-25。
7 《左傳舊注疏證・注例》（北京：科學出版社，1959 年），卷首。
8 郭院林《清代儀徵劉氏左傳家學研究》（北京：中華書局，2008 年）
　稱：「《舊注疏證》稿中有些按語內容與劉毓崧的其他文章內容和學
　術特色一致。如隱公八年『陳箴子送女，先配而後祖……』。該條
　意旨見於劉毓崧《通義堂文集》卷三〈大夫以上廟見後成昏
　說〉……。」據此而論云：「《舊注疏證》稿中按語俱沒有寫『毓崧
　按』。可證原稿沒有加按語者，多為劉毓崧所加。又據原稿顯示，
　多處『文淇按』都是塗抹後在旁側加上。據此可以推斷，除第一卷
　膳清稿外，有許多劉文淇按與可能都是劉毓崧所作。」頁 109-110。
　隱公八年陳箴子一段疏證，正足以彰顯劉毓崧傳承劉文淇的禮學思
　想。蓋此段論述乃承沈欽韓、俞正燮說而疏論，主要在駁斥孔穎達
　說，而申明「賈（逵）、服（虔）所謂大夫以上三月廟見成昏，容
　為古禮，春秋時猶行之者矣。」（頁 46）與前疏文徵引之沈欽韓說
　相較，應視為劉文淇所作疏證。劉毓崧〈大夫以上廟見後成昏說〉
　則是為闡明其說而作。

劉毓崧之學博大通達，上承劉文淇，下開劉師培，實為
揚州學者之佼佼者，惜其並未獲得重視。[9]筆者從事清代學術
研究，特別關注乾嘉以後的經學發展，以其特色在於由名物
制度的考據轉為對風俗民情的關注，頗有實踐經世致用的理
想，而儀徵劉氏興起於乾嘉晚期，至民初的近百年間的發展，
正具體呈現此變化。就其著述而言，劉文淇專注於《左傳》
舊疏及舊注的梳理，深受考據學風影響，至劉師培強調經學
的應世意義，則雖有外在環境轉變的影響，但劉毓崧的學術
工作及思想觀念，實已深醞應世思想。其注重義理，強調通
達，經劉壽曾、貴曾兄弟的傳承，至劉師培發展成貫通子集，
輔翼經史，且融會中西學術，深具時代意義的學術內容。而
劉氏家族能由一考據、斠讎家族，轉變而成為革命黨人，劉毓
崧實為關鍵。

二、劉毓崧之生平及著作

劉毓崧的生平及著述，主要見於劉壽曾〈先考行狀〉[10]，
其後劉恭冕〈清故優貢生劉君墓誌銘〉[11]（下作〈劉毓崧墓

9　《清儒學案‧孟瞻學案》（北京：中華書局，2008 年）於劉文淇家
　　學載錄劉毓崧傳，內容依據《清史稿‧儒林傳》，內容以其「六藝
　　為興之先，學各有官」（全段見下文徵引）一段，蓋以此足以代表
　　劉毓崧之學術成就。收錄論文三篇，分別是〈方氏易學五書序〉(《通
　　義堂集》卷 2)、〈與劉叔俛書〉(《通義堂集》卷 2)、〈周官周禮異
　　名考〉(《通義堂集》卷 3)。見冊 6、卷 152，頁 5886-5892。楊向
　　奎《清儒學案新編‧孟瞻學案》（濟南：齊魯書社，1994 年）選輯
　　劉毓崧論著與《清儒學案》相同。
10　《劉壽曾集》卷 3，頁 105-111。
11　見劉恭冕《廣經室文鈔》(《寶應劉氏集》收錄，揚州：廣陵書社，
　　2006 年) 頁 590。

誌銘〉）、程畹（1831- ）〈劉先生家傳〉[12]及《清史列傳》、《清史稿》的儒林傳大致依據此〈行狀〉作傳。

劉毓崧，字伯山，一字松崖，生於嘉慶二十三年，卒於同治六年（1818-1867），年五十。幼聰穎，讀書過目不忘，八、九歲時閱《資治通鑑》，習句讀。年十二，即以史論見賞於劉寶楠，遂從劉寶楠問學，有「年甫一周，才堪八斗」之譽。十七歲，讀丁晏《三禮釋注》及《毛詩》相關著述，與之討論，頗受丁晏激賞，稱其「不愧名父之子」。[13]自道光十六年（丙申）參加府試，前後受知於劉源灝（字鑑泉）、龔守正（字季思）及祁寯藻（行狀中稱相國）、毛式郇（字伯雨）等人，道光二十年拔取優貢生，後「十赴鄉闈」不第，「遂絕意進取」。期間江南河道總督楊至堂欲征為納粟補官、廣東巡撫郭嵩燾以其「覃思博覽，崇尚樸學」，保舉為八旗官學學正（或助教），均「自以分不克當」，故卒辭之。咸豐五年受聘於淮揚觀察使郭沛霖，郭沛霖殉後，仍續授其子郭階。同治四年後，攜子讀書於金陵，並為曾國荃主持官書局校勘刊刻事宜。

劉毓崧在金陵前後僅三年，但與曾國藩兄弟的幕僚同事切磋，如繆荃孫、莫友芝（1811-1871）、張文虎（1808-1885）等人。[14]於其斠讎工作及思想發展，多所影響。

劉恭冕為劉毓崧撰墓誌，特別表彰其誠篤醇厚之操行，

---

12 繆荃孫：《續碑傳集》（臺北：文海出版社，1973 年）卷 67 收錄。
13 見劉壽曾〈先考行狀〉。
14 詳見《曾文正公手書日記》（南京：鳳凰出版社，2010 年）、繆荃孫《藝風老人日記》（北京：北京大學出版社，1988 年）、張劍《莫友芝年譜長編》（北京：中華書局，2008 年）等書相關條目。

而稱「綜其學行，質之古人，疑無愧已」。[15]

　　《清史列傳》及《清史稿》的〈儒林傳〉論述劉毓崧的
學術成就，則特別闡發其在論述學術源流上之見解，論云：

　　（劉毓崧）謂六藝未興之先，學各有官，惟史官之立
　　為最古。不獨史家各體各類并支裔之小說家出於史
　　官，即經、子、集三部及后世之幕客書吏，淵源所仿，
　　亦出於史官。班氏之志〈藝文〉，論述史官，尚未發
　　斯旨。其敘九流，以明諸子所出之官，必有所授，而
　　其中仍有分省失當者。既析九流中小說家流歸入史
　　官，又辨道家非專出於史官，改為出於醫官。又增益
　　者凡三家：曰名家，出於司士之官；兵家，出於司馬
　　之官；藝術家，出於考工之官：統為十一家。[16]

學術流變之論述，未見於劉文淇之論述中，蓋為劉毓崧貫串
經史諸子思想大義，考辨其學術源流之論述，其後劉師培論
著中，多論學術發展趨勢，蓋亦奠基於此。

　　前引郭嵩燾推薦劉毓崧，稱其「覃思博覽，崇尚樸學」，
劉壽曾稱其所學，則云：

　　生平涉學至博，旁通諸經史百家之書，不尚墨守，惟

15　劉恭冕〈劉毓崧墓誌銘〉云：「君事父母，終身無一日失歡，姑妹
　　皆早寡，遺孤嗣亦幼，就食君家，君承先志無所異視，撫教孤幼，
　　俾各成立。與朋友交，勸善懲過，始終不渝，為人謀周慎，必期
　　有成，臨財毋所苟取。綜君學行，質之古人。宜無愧已。」
16　《清史稿》（北京：中華書局，1977 年）卷 482〈儒林三〉，頁 13275。
　　此段亦歸納劉壽曾〈先考行狀〉而成，主要闡發《通義堂集》卷
　　10〈法家出於理官說〉及卷 11〈墨家出於清廟之官說〉、〈縱橫家
　　出於行人之官說〉數篇之內容。《清史列傳》及《清史稿》之編撰
　　者蓋以此為劉毓崧學術之重要內容。

是之求，一事一義，必洞悉古今異同之故，析及精微。
說經之旨謂：「漢儒精小學，正欲明大義所當，由訓
詁、聲音、文字，進求大義之通。」既承先志，論次
《左氏》大義，因取《白虎通義》意，以「通義」顏
其堂。而旁推群經，凡儒先說經有上可明王道，下可
識人心風俗者，旁搜博采，擬編為《經傳通義》。[17]

據此，可見以小學為基礎，以《左傳》為核心，貫通群經子
史百家之言，藉以明王道，人倫大義，並且以考識人心風情，
乃是劉毓崧之學術特色。

據劉壽曾〈先考行狀〉所述，劉毓崧之著作有下列十種，
依其性質，包含幾種類型：

1.《春秋左氏傳大義》

劉壽曾云：

先祖（劉文淇）湛深經術，尤致力於《左氏春秋》，
所著《左傳疏證》一書，長編已具，先考思竟其業，
謂「左氏是非不謬於聖人，學術最正。」因歷采秦、
漢已來，發明左氏一家要誼者，咸臻錄之，擬編為《春
秋左氏傳大義》。

此編今不獲見。據劉壽曾所述，劉毓崧已著手臻錄秦漢以來
發明《左傳》之相關論述，惟尚未成編。此為劉毓崧從事《左
傳舊注疏證》工作之主要記載。[18]

---

17 見劉壽曾〈先考行狀〉，《劉壽曾集》卷 3，頁 107。
18 李樹桐之〈左傳舊注疏證整理後記〉依據劉壽曾〈先考行狀〉所
述，認為劉毓崧並未從事整理《左傳舊注疏證》之工作，其後論
述《左傳舊注疏證》一書者，大致承其說。但梅鉽《青谿舊屋儀
徵劉氏五世小記》稱：「伯山先生繼續先業，編了幾年，也未成功。」
（頁 5）則以劉毓崧曾著手進行《左傳舊注疏證》之編纂工作。

2.《周易舊疏考正》、《尚書舊疏考正》

各一卷。亦仰承劉文淇《左傳舊疏考正》而作。劉壽曾云：

> 先祖所著《左傳舊疏考正》……先考仰承遺緒，詳加
> 討覈，為《周易》、《尚書》舊疏考正各一卷。其《毛
> 詩》、《禮記》屬稿未成。[19]

此二種為劉毓崧繼承劉文淇之代表作。用以判定舊疏之方法
亦大抵近似。

3.《經傳通義》、《史乘通義》、《諸子通義》

劉毓崧以「通義」顏其堂，為其思想核心，而「明王道」、
「識人心風俗」則為通義之用，《經傳通義》為闡發此觀點
而撰述，已見前節論述。《史乘通義》及《諸子通義》，劉
壽曾云：

> 博稽載籍，窮極根要，擬編為《史乘通義》、《諸子
> 通義》。[20]

「通義」為劉毓崧學術之特色。《經傳通義》、《史乘通義》、
《諸子通義》三種，蓋欲融貫各家學說，互相印證。書雖未
成，但後來劉師培作《群經大義相通論》、《周易與周禮相

予意以劉壽曾在金陵戮力從事編撰《左傳舊注疏證》工作，即是
承劉毓崧，惟劉毓崧以整理及編輯《左傳舊注疏證》相關資料為
主，但未進行抄錄，故據書稿無法看出其作為《左傳舊注疏證》
中相關按語，不少未著明何人論述，或許即劉毓崧說。

19 《清史列傳・儒林傳》並謂《禮記舊疏考正》為劉毓崧作，一般
　 論述劉氏學，多承此說。據劉師培〈先府君行略〉(《左盦集》卷6，
　 《劉申叔遺書》頁1260)，則知《禮記舊疏考正》是劉貴曾編撰。
　 唯書未刊布。

20 劉壽曾〈行狀〉中未記載各書卷數。《清史列傳》則稱《史乘通義》、
　 《諸子通義》各四卷，《經傳通義》十卷。

通考》各書，大致依循此方式。

4.《彭城徵獻錄》、《舊德錄》

劉壽曾云：

> 劉氏之興，明賢相望，先考每以誦述景行為心，繙閱
> 之餘，勤加搜輯，擬編為《彭城徵獻錄》。又編次先
> 祖啄齋公以來家狀碑版之文，為《懷舊錄》一卷。[21]

此類為鄉賢及家傳碑版之文。啄齋，劉毓崧祖父劉錫瑜字，
其行誼見劉文淇〈先府君行略〉[22]及劉寶楠〈善士劉君記〉[23]。
《彭城獻徵錄》欲述揚州歷代劉氏學，《懷舊錄》則顯揚父
祖懿行，梅鈺《青谿舊屋儀徵劉氏五世小記》，大抵師其法。

5.《通義堂文集》、《通義堂詩集》、《通義堂筆記》

《通義堂筆記》十六卷，未見。劉壽曾云：

> 自弱冠以來，手不釋卷，由四部群書，下逮稗官詞曲，
> 得一書必首尾詳閱，洞見癥結，剖析精嚴，尤惓惓於
> 表微闡幽，務得古人事外之情、言外之意，成《通義
> 堂筆記》十六卷。
> 為文奉「有物有序」之訓，不欲規橅前人，而精密條
> 達，自成體勢。於六朝、唐人議禮文字為近，尤達於
> 經訓之原，以章教善俗為心。其考證之文，旁推交通，
> 鉤沈抉隱，多用雙行夾注，俾閱者心目開爽，不以繁
> 重為疑。記事纂言，尤以文直事核為主。論詩極見其
> 深，然不輕作，偶有吟咏，皆秩然有德之音。著有《通

---

21 《清史列傳》稱《彭城徵獻錄》十卷、《懷舊錄》一卷。
22 《劉文淇集》卷 10，頁 242。
23 劉寶楠《念樓集》卷 6。《劉文淇集》附錄，頁 355。

　　義堂文集》十六卷；《詩集》一卷；詩、文《外集》

　　各一卷。

據劉壽曾所言，內容上自四部群書，下逮稗官詞曲，即其前
所稱「涉學至博」。《通義堂文集》，劉壽曾兄弟先後刊刻，
有五卷、七卷及十六卷之異，然篇目自始即定為十六卷。[24]其
內容卷一至卷四為經論，卷五、卷六為史論及碑傳，卷七至
卷十四為序跋、考證及論議，篇次似未完成。卷十五、十六
為壽序，多集句。

6.《王船山年譜》、《王船山叢書校勘記》

　　以上各二卷。劉壽曾云：

　　惟乙丑歲，館曾沅甫中丞書局，校勘《王船山先生遺
　　書》，論次《船山年譜》二卷，得署己名，局中亟欲
　　刊行，先考尚以搜羅未廣，不欲問世，其欿然不自足
　　類如此。

此為劉毓崧斟酌纂相關著作。收錄於《船山全書》，是劉毓崧

---

24 《通義堂文集》，五卷、七卷均為光緒十四年青谿舊屋刻本，原目
　已編為十六卷，惟僅刊行部分。二卷本為光緒十六年王先謙主講
　思賢講社時刊刻，取其論經部分，僅十二條目，分作十六篇，蓋
　據五卷或七卷本。十六卷為劉承幹求恕齋所刻，最為完備。前有
　李詳、劉承幹、汪士鐸三〈序〉，後附劉富曾〈跋〉，記載刊行經
　過。蓋劉毓崧子富曾協助劉承幹校勘藏書，而後劉承幹助其刊行
　之。劉富曾《通義堂文集・跋》：「富曾自甲寅年（民國三年，1914）
　就吳興劉翰怡京卿聘任校讐之役，……先君子曾著有《通義堂文
　集》十六卷，昔年先兄僅刻數卷，力紲未克蕆事，且已刻者亦多
　蠹蝕漫漶。京卿篤念世交，代為剞劂，即命富曾為校字。……今
　復得以人子勘校先人遺稿，藉獲流傳後世，先君子為不朽矣，子
　孫銜感，永矢弗諼。茲因工刻既竣，僅跋數語，以誌大德。庚申
　年上元節，揚子劉富曾謹跋。」（《通義堂文集》末）庚申是民國
　九年（1920），揚子即儀徵，清末避宣統帝名諱，改作揚子。

在金陵書局任編輯，編訂《船山全書》時所作。

7.斠讎相關著作

劉毓崧久隨劉文淇從事斠讎工作，《嘉定鎮江志校勘記》及《輿地紀勝校勘記》多出其手。《舊唐書校勘記》中之〈音樂志〉、〈職官志〉、〈經籍志〉及部分也列傳出於其手。[25] 劉壽曾稱其：「尤精斠讎之事，自出游及家居，所主多專司校書，刊譌訂謬，搜逸撮殘，視己所撰述，尤加矜慎。」殆非過譽之語。

除以上三種外，劉毓崧隨劉文淇重修《儀徵縣志》，傳承劉氏方志學。劉壽曾兄弟均參與方志編撰工作，亦成為其三世之家學。又並率子壽曾為杜文瀾（1815-1881）編纂《古謠諺》及詞學諸書，《古謠諺》能刊行，劉氏父子之功也。於此亦見劉毓崧之從事纂輯工作之梗概。

上述劉毓崧相關著作十八種，其中多未見刊行，或未完成。今可見者，主要有《通義堂文集》、《周易舊疏考正》、《尚書舊疏考正》、《王船山年譜》、《王船山叢書校勘記》五種，及隨劉文淇擔任纂輯斠讎工作之《儀徵縣志》、《嘉定鎮江志校勘記》等四種，雖未見全貌，但亦足以呈現劉毓崧學術思想之特色，及其在儀徵劉氏學之流傳發展中發揮之作用。

三、劉毓崧對劉文淇的學術傳承

據今可見之劉毓崧著作，劉毓崧主要的學術成就，似乎在於舊疏考正及斠讎纂輯上。但此二者均承繼劉文淇，而少

---

25 詳見《舊唐書校勘記・目錄》（臺北：正中書局，1971 年），頁 2。

有創樹。如《周易舊疏考正》及《尚書舊疏考正》二書，因其為《皇清經解續編》收錄，[26]故為劉毓崧最早流傳於世之完整著作。然辨析《五經正義》與六朝舊疏之關係，劉文淇《左傳舊疏考正》發於前，體例完善，劉毓崧多依循其說。茲僅略述其要，以彰顯其家學傳承之意義。

（一）考正舊疏

劉文淇《左傳舊疏考正》八卷一九五條，辨明孔穎達纂修《左傳正義》時對六朝舊疏的徵引及沿襲情形，其論定原則，包含「以本書前後互證」、「以他書參證」、「藉文理論定」、「以疏文之論述過程論定」、「以疏文之用詞論定」、「以《左傳正義》之引書論定」、「據疏文與杜說之從違論定」、「據疏文徵引之劉炫說而判定」、「以疏文徵引之定本分辨」九項。[27]劉毓崧《周易舊疏考正》、《尚書舊疏考正》二書，即承劉文淇《左傳舊疏考正》而作，故沿襲其例多，創述少。

《周易舊疏考正》一卷，考辨《周易正義》襲引舊疏十六條，[28]《尚書舊疏考正》一卷，考辨《尚書正義》襲引舊疏三十二條，所用的方法，即依據劉文淇考訂《左傳正義》

---

26 此二書未見其他刊本，疑王先謙乃依據寫本刊行。與劉文淇《左傳舊疏考正》前後多次刊刻者不同。

27 詳見筆者博士論文《儀徵劉氏春秋左傳學研究》（臺大中文研究所，2004年）第3章第3節，頁163-196。

28 據《續修四庫全書提要・經部・周易舊疏考正》（北京：中華書局，1993年），此書有光緒十四年青谿舊屋刊本，未見。柯劭忞提要稱：「毓崧是書，疏訂前後牴牾者十有八事，抉摘精當，寔為讀《正義》者，必不可少之書。」頁136。按茲所徵引《周易舊疏考正》，皆據《皇清經解續編》本，僅十六條。

之法辨別舊疏，而略加修正，如「以前後文互證」[29]「以他書引文參證」[30]「以用語論定」[31]「以引書論定」[32]等各條例均見於其書中。

　　劉毓崧依據劉文淇之原則及方法，檢視《周易正義》、《尚書正義》二書，並藉由判定舊注之方法，推定《正義》編纂之基本原則和體例，亦呈現孔穎達修纂《五經正義》之基本態度，要之有三：

29　如〈坤卦‧文言〉：「夫玄黃者，天地之雜也。天玄而地黃。」毓崧案云：「前疏云「上六為陽所傷」，後疏引莊氏說，云「上六被傷」，二說正相符合。後疏既為莊氏之說，則前疏亦莊氏之說也。後疏引王注以駁莊說，是以為陰陽俱傷，不以為上六獨傷矣。而前疏云為陽所傷，則與後疏相背，必非唐人之語。蓋唐人於前疏，削去莊氏姓字，而加「正義曰」三字於上，遂攘為己說，而不顧其前後矛楯也」頁 3。

30　如〈困卦‧六三〉：「困于石，據于蒺藜，入于其宮，不見其妻，凶。」毓崧案：「《左氏》襄二十五年傳云：「困于石，往不濟也。據于蒺藜，所恃傷也。入于其宮，不見其妻，凶，無所歸也。」……彼疏云：「非所困而困者，謂六三是坎……。」彼疏以石為六三，蒺藜亦為六三，此疏以石為九四，蒺藜為九二。二說迥不相同。《易疏》及《春秋疏》俱唐人所刪定，而其說互異者，二疏皆六朝舊疏，非唐人語也。劉炫之說與《春秋疏》異，與《易疏》同，《春秋疏》果出唐人之手，必不引劉說於後，以自駁己說，則《春秋疏》非唐人語也。《易疏》果出唐人之手，《春秋疏》非唐人語也。《易疏》果出唐人之手，《春秋疏》必不襲舊疏以自歧己說，則《易疏》亦非唐人語也。」頁 9。

31　如《尚書‧武成》「罔有敵于我師」劉毓崧按云：「此疏若是唐人之語，不應云我大隋，蓋隋人舊疏，唐人削其姓名耳。」頁 21。

32　《周易舊疏考正》屯卦「乘馬班如，匪寇婚媾」案云：「《隋書‧經籍志》云：漢南郡太守馬融注《周易》一卷，亡。孔沖遠預修《隋書》，在貞觀十年，其時馬融《易注》已亡。後二年而作《正義》，安得見而引之，故知此疏所引，非唐人筆也。至於他疏所引董遇《易注》、何晏《易注》、向秀《易注》、顧懽《易注》、莊氏《易疏》、薛虞《記》、王度《記》，《隋志》或云已亡，或不著錄，疑亦非唐人所引，蓋皆六朝舊疏也。」頁 3。

一、《正義》專主一家之說。《五經正義》專主一家之說，宋人已先言之，衛湜《禮記集說·序》：「唐貞觀中，孔穎達等詳定義疏，稍異鄭說，罔不芟落。」陳澔亦云：「鄭氏祖讖緯，孔疏惟鄭是從，雖有他說，不復收載，固為可憾。然其灼然可據者，不可易也。」[33] 衛、陳二氏據《禮記正義》而言，劉文淇考訂《左傳正義》，亦見持此論。劉毓崧則將此條例視為孔穎達修《五經正義》之基本原則，而謂「唐人之作《正義》，專主一家，不敢稍有異同，其駁本注而從先儒者，皆六朝舊疏也。」[34] 推此原則，《周易正義》中徵引前人之說必是與王弼注可以輔助者，凡與王說不同，皆為舊疏之文，而為孔氏《正義》襲引。

更進一步而言，孔穎達既專主一家之言，則闡釋經傳意旨，則不取二說，因此，凡疏中稱「義得兩通」者，即違背孔氏《正義》專主一家的原則，故定為舊疏之語。[35] 如《周易正義》取王弼注，即韓康伯說與王注不同，必駁韓而伸王。[36]

---

33 朱彝尊：《經義考》（侯美珍等點校，中央研究院中國文哲研究所，1998 年），卷 140，「禮記正義」條。

34 《周易舊疏考正》咸卦「咸，亨，利貞，取女吉」案語，頁 7。《清經解續編》本。

35 咸卦上六，「象曰咸其輔頰舌，滕口說也。」正義曰：「滕口說也者，舊說字作滕，徒登反……鄭玄又作媵，媵，送也……王注義得兩通，未知誰同其旨。」劉毓崧案云：「鄭氏之說稍異於王注者，皆正義所不耳也。此疏所引之舊說，其字作滕，與王注同。所引之鄭說，其字作媵，與王注不同。鄭氏之注蠱卦，文字與王氏同，不過訓詁異耳。此卦則不惟訓詁異，而文字亦異。訓詁異者，猶且駁之，文字異者，豈肯置之。此疏果為唐人之筆，則必申舊說而駁鄭說，今乃云王注義得兩通，未知誰得其旨，此必六朝舊疏，非唐人語也，頁 8。

36 咸卦「咸，亨，利貞，取女吉」劉毓崧案云：「正義序云：『唯魏世王輔嗣之注獨冠古今。』又云：『義理可詮，先以輔嗣為本。』若此處有王氏之注，而韓氏〈繫辭注〉與王說不合，自必駁韓而從王。」

劉毓崧將《周易》、《尚書》二書之疏文徵引各說，分別羅列，舉其不同，檢視歧異，視為後說駁正前人，然皆為舊疏之文，以此亦可知舊疏存有沿襲或駁斥之特點。如《尚書・仲虺之誥》「九族乃離」，毓崧案云：

> 此疏自「漢代儒者」至「亦謂高祖元孫之親也」，一人之說也。自「謂萬邦惟懷」至「有屬文便也」，又一人之說也。前一說謂九族為同姓，後一說謂九族為異姓，必非一人之筆。若前說唐人語，則不應存後說以自駁；若後說為唐人語，則不應存前說而不駁。蓋皆六朝舊疏，非唐人筆也。漢代儒者，漢字之上謂萬邦惟懷，謂字之上本有舊疏姓名，唐人削之耳。

因此一段疏文中引載二說，劉毓崧即認為必屬舊疏之文。劉毓崧實不僅辨正疏文的用語等差異，最重要在於辨析經疏中之思想差異，而主張孔穎達修纂《五經正義》必僅依據一家而發揮其義，或取他說相同者並列而補釋。此為劉文淇、毓崧父子對《五經正義》的基本理解。

二、回護本注。劉毓崧論云：

> 唐人之作《正義》，皆回護本注，而擯斥他說，本注雖與經文不合，必曲為解釋以申之。他說雖與經文相符，必橫加駁難以抑之。《周易正義》以王注為主，故其〈序〉云輔嗣注之於前，諸儒背之於後，考其義理，其可通乎？是諸儒之說稍異於王注者，皆《正義》所不取也。[37]

---

[37] 《周易舊疏考正》繫辭上「辨吉凶者，存乎辭」按語，頁 10。

此雖本劉文淇言孔穎達《左傳正義》回護杜注，然專斷實過於劉文淇之意。

三、孔穎達修《五經正義》謹守經傳注說。此呈現孔穎達之態度，所謂「唐人作疏，不敢輕議注家，豈敢疑經疑聖……以此疏推之，他疏凡疑本經、疑他經、疑聖人者，皆六朝舊疏，非唐人筆也。」[38]推而言之，「駁傳」[39]、「不滿於傳之詞」[40]、不滿於注者[41]，皆非唐人語也。

劉毓崧考辨《周易正義》及《尚書正義》之舊疏，即根據以上三原則進行。劉文淇雖稱孔穎達作《左傳正義》，於注多所回護，並稱其因護注而違背傳義，然語尚多保留。劉

38　《尚書舊疏考正》〈堯典〉「靜言庸違，象恭滔天」劉毓崧案：「此疏云虞史欲盛彰舜德，歸過前人，是疑尚書也。又云春秋史克以宣公比堯，辭頗增甚，是疑春秋傳也。又云知此等並非下愚，未有大惡，是疑堯舜也。」頁九。

39　《尚書舊疏考正》〈帝告釐沃〉：「〈傳〉謂湯自商邱遷亳，〈疏〉謂湯非自商邱亳，且引入遷之說以駁傳，必是六朝舊疏，非唐人筆也。」頁 17。

40　《尚書舊疏考正》〈舜典〉「讓於朱虎熊羆」，毓崧案語。頁 12。毓崧以疏中不滿於經傳之詞者，皆為舊疏，此於《尚書舊疏考正》中常見。如〈高宗肜日〉「有飛雉生鼎耳而雊」，毓崧案云：「〈洪範五行傳〉及劉歆、鄭康成皆謂視之不明則有羽蟲之孽，獨《偽孔傳》謂聽之不聰則有羽蟲之孽。二說不同，此疏謂先儒多以此為羽蟲之孽，非為耳不聰也，亦不滿於傳之詞，必六朝舊疏，非唐人筆也，頁 19。
〈君奭〉「周公告召公」，毓崧按云：「傳謂周公使召公作策書。疏云不能知其必然否也。蓋不滿於傳之詞，必六朝舊疏，非唐人筆也。」頁 23。
又〈呂刑〉「乃命重黎，絕天地通，罔有降格」毓崧案云：「《書疏》以《偽孔傳》為主，注與傳異者，必申偽孔而抑鄭。此疏云於鄭義為不愜，於孔說又未允，不知三者誰得經義。其意頗不滿於傳，蓋六朝舊疏，非唐人筆也。」頁 30。

41　如《周易舊疏考正》，〈繫辭下〉「蓋取諸豫」，毓崧按云：「此疏之意，以為惟重門擊柝一事取備豫之義，於目名之說較合，韓氏因此遂謂其餘八事亦取義於卦名，則出自揣量之詞，未見其合。其意頗不滿於韓氏，蓋與前疏同出一手，亦六朝之舊疏，非唐人語也。」，頁 13。

毓崧則更進一步，認為孔穎達於經、傳、注均不違背，若其中有牴牾之處，蓋盡力為之調停彌縫耳，若有未達一致者，必非孔穎達所作。此不僅為其分辨《正義》疏文與舊疏之原則，實亦彰顯孔穎達修纂《五經正義》之態度。

（二）斠讎條例

劉文淇精於斠讎，劉毓崧稱其「精於斠讎之事，為人校勘書籍，不啻如己之撰述。搜羅鄉先輩及亡友之書，醵金付刊，汲汲然願其行世」[42]，此傳承四世，為儀徵劉氏之學術特點無疑。[43]而劉氏斠讎學，劉文淇發其端緒，身體力行，並指導子弟，劉毓崧則多撰述凡例，以彰明其原則。

《通義堂文集》收錄校刊凡例三篇，分別是：〈校刻《漢書》凡例〉（卷 5）、〈刻王氏船山叢書凡例〉（卷 8）及〈古謠諺凡例〉（卷 14，代杜文瀾作）。此外，〈書易緯通卦驗鄭注後〉、〈與成芙卿書〉（以上俱卷 2）〈舊唐書逸文自序代岑紹周作〉、〈永曆實錄跋〉、〈海州文獻錄序〉、〈宋本百家姓考〉（以上卷 5）〈輿地紀勝跋〉、〈輿地紀勝校勘記代劉文淇作〉、〈輿地紀勝補闕代岑紹周作〉各篇中均亦見斠讎觀念之闡述。

〈校刻漢書凡例〉十三條，〈刻王氏船山叢書凡例〉十一條，〈古謠諺凡例〉十七條，前二者屬於舊籍新刊，〈凡例〉主要以說明文獻版本及異文等裁取原則。[44]

《古謠諺》則屬總集之編纂，故其〈凡例〉明於體例。

---

42 見劉毓崧〈先考行略〉，《通義堂集》卷 6。
43 詳見本書第五章、第六章。
44 詳見本書第五章。

前七條說明謠諺之定義及範圍，以求畫一。第八至第十條條
說明依據版本及異文之處理方式，第十一條說明作者之考
訂，第十二條說明謠諺上下文的編輯，第十三、十四條說明
合韻及校改原則，第十五條說明注釋之採錄原則，第十六說
明按語及字句增補移易之原則，第十七條說明門類之次序。

　　就以上十七條而論，其審慎綿密之方式，擇善而從，力
求周備之態度，極能呈現劉毓崧的斠讎特質，亦與其著述中
以自注文說明引例及釋義之方式近似，均在於力求完備，以
期能提供學者一精善新本。

　　劉毓崧〈與成芙卿書〉、〈永曆實錄跋〉、〈海州文獻
錄序〉及〈宋本百家姓考〉各篇，雖非為斠讎而作，但於其
評析各書中，呈現文獻編纂及斠讎之觀點，如〈與成芙卿書〉
陳其書應補者十，直可視作為成孺（1816-1883）《禹貢班義
述》擬訂之編撰凡例。[45]

四、通義達情：劉毓崧的論述宗旨與特質

　　劉毓崧之《周易舊疏考正》及《尚書舊疏考正》及斠讎
等論述多承劉文淇，不易彰顯劉毓崧個人之學思特質。今可
考見之劉毓崧著作中，以《通義堂文集》最能彰顯其學思特
質。

　　《通義堂文集》卷首有李詳、劉承幹（1881-1963）及汪
士鐸三序；李詳、汪士鐸均推崇其通達瀚富之為文特色，並
彰顯此特質所異於劉文淇之處。李詳〈通義堂文集序〉云：

---

45 劉毓崧另有代作〈成芙卿禹貢班義述序〉，見《通義堂集》卷 2，
　　頁 18-19。

> 劉自孟瞻先生《青谿舊屋集》出，精蘊內斂，若弓之
> 受檠，田之有畔，謹守師法者宗之。至伯山先生，每
> 立一說，務在推闡其義，寧繁不殺，如赴五都之肆，
> 雜賄雲集而已……其實則自立一幹，雖枝葉扶疏，垂
> 蔭蔽畝，叩其條而振之，則無不阿那隨風，此學術之
> 富，舉其膏馥，足以沾溉數十百輩。[46]

就劉文淇《青谿舊屋文集》及劉毓崧《通義堂文集》之論述
風格而言，確實有「精蘊內斂」與「寧繁不殺」之明顯不同；
而「寧繁不殺」乃劉毓崧之論述方式，非其目的。劉承幹〈通
義堂文集序〉云：

> 《通義堂文集》十六卷……說經之文得泰半，其雜文
> 亦博雅淹貫，抗希作者。每樹一義，必求其通，每申
> 一解，必竟其緒；不為不根之辭，亦不向壁虛造，與
> 近世說經家守誤文孤證，穿鑿附會之習。其論辯近龔
> 定庵而無其偏宕，其攷證近俞理初而無其曼衍，其校
> 勘近顧千里而無其專斷，蓋闇然粹然一代通儒也。即
> 以文論……先生之文，氣疏以遠，旨博以醇。懼讀者
> 之有所扞隔也，則旁引曲證，以窮其端委；懼讀者之
> 有所疑罔也，則則精辨堅斷，以歸諸真實。若桐城派
> 之若吐若茹，則先生所不屑矣。

雖劉承幹所謂「說經之文得泰半」，非其實。然「求其通」、
「竟其緒」確為劉毓崧論述之特色。[47]就《通義堂文集》觀

---

46 見《通義堂文集》卷首。
47 汪士鐸序稱：「伯山為學，務在推類通達，問一得三。」《通義堂
文集》卷首。

之，無論「論辯」、「考證」或「校勘」各方面，均呈現劉
毓崧「博雅淹貫」及「氣疏以遠，旨博以醇」之特質。

此就其論述內容，以考察其為文宗旨，約有四方面：

（一）會通大義

劉毓崧生於嘉慶二十三年，考據學發展已由名物制度及
音聲訓詁之考訂，逐漸轉為綜合整理及應用於編撰新注疏
上，劉毓崧於此風氣中，並未隨風氣從事新疏工作，而是特
意強調通曉經學之大義，以期致用。〈郭生子貞周易漢讀考
序〉闡述其為學示人之觀念，云：

> 自來通經者，以大義為重；說經者，以小學為先，漢
> 儒所以必精小學，正欲其明大義。……但誇小學之業
> 而不尋大義所歸，則僅守藩籬，弗窺堂奧。蓋不明大
> 義，則難溯微言……沈潛於經學者，所當由訓詁聲音
> 文字求進求大義之通。
>
> 漢學之可貴在乎大義之克明，漢儒之可尊，在乎大義
> 之克踐。[48]

由此對弟子郭階之期勉，正彰顯劉毓崧之學術宗旨，以經傳
大義，為通經之關鍵，亦為學者所務在意者。劉毓崧所論稱
之大義，不限於經傳，史籍諸子均深蘊大義，而待學者推尋，
〈吳禮北竹西求友圖序〉稱揚州之名儒如阮元、汪中等人之
學術，云：

> 其深於經學者，由名物象數以會通典禮制作之原，而
> 非僅專己守殘，拘墟於章句之內也。其深於小學者，

---

48 《通義堂文集》卷 2，頁 5。

由訓詁聲音以精覈大義微言之蘊，而非僅貪常嗜瑣，
限跡於點畫之間也。

其深於史籍之學者，究始終以辨治亂之端倪，核本末
以察是非之情實，而非僅好言褒貶持高論以自豪也。
其深於金石之學者，考世系官階以補表傳遺闕，驗年月
地理以訂紀志舛訛，而非僅誇語收藏，聚舊拓以自喜也。
其深於古儒家之學者，法召公之節性，宗曾子之脩身
以闡鄒魯論仁之訓，而非若旁採釋氏，矜覺悟以入於
禪也。其深於諸子書之學者，明殊塗之同歸，溯九流
之緣起，以證成、周教士之官，而非若偏嗜《老》、
《莊》，崇虛無以失於誕也。

其深於駢散體文之學者，奉《易·文言》為根柢，《詩·
大序》為範圍，《春秋》內外傳為程式，以鎔鑄秦、
漢後之文，而非若詰屈以為新奇，空疏以為簡潔也。
其深於古近體詩之學者，循風、騷之比興，樂府之聲
情，選樓、玉臺之格調，以化裁隋、唐後之詩，而非
若淺率以為性靈，叫囂以為雄肆也。[49]

會通大義本不限於經說，劉毓崧將其用此通論經史子集各門
類之學術，其目的在於使學者免於侷限、泥於專門之偏狹，
而以開闊通達之心融會學術，期能「精覈大義微言」，「核
本末以察是非」，而「明殊塗之同歸」之為學要義。

（二）明體達用，修身飭行

劉毓崧既以會通大義為論著精神，而其又特意推崇論述

---

49 《通義堂文集》卷 9，頁 11-12。

之有於俾於實用，其既為方申《易學五書》作序，推崇其有功於漢《易》，卓然成一家之學，而時人質疑其墨守家法，未見創樹。劉毓崧則「著書期於實有裨益」答之，〈方氏易學五書後序〉云：

> 君子之於著書，期於實有裨益，而人己之見，無庸存於其間。是故紹述前修者，即得舉一反三之要，而非必特創其說以相矜；嘉惠後學者，可傳事半功倍之方，而非必獨據其名以自炫。[50]

又其為門人郭階《周易漢讀考》作序，除闡明其為學要旨，亦勉郭氏「明體達用」，〈郭生子貞周易漢讀考序〉云：

> 生今者，志在本經術以修己治人，盍即就漢讀之異同，涵泳其大義。觀於需，讀為秀，戒其躁進，可以明待時而動之義焉……生（郭階）既篤信余言……既慕漢儒研經，復效漢儒飭行，不獨學期心得，由大義以溯微言，抑且事尚躬行，由明體以求達用，則此書之輯，正可以策勵身心，安見玩辭觀象之勤，非即進德修業之助也哉！[51]

明顯地，劉毓崧對《易》象之取義，並非強調其吉凶悔吝，而是求策勵身心，進德修業，並達用而能躬行。此不僅為劉毓崧之經學觀念，亦其奉行不輟，身體力行之道，且用之於表彰古人學行，故其於漢儒特推崇賈誼、董仲舒二人，〈西漢兩大儒董子賈子經術孰優論〉云：

---

50 同前注，卷 2，頁 12。
51 〈增貢生候選訓導貤封武德騎尉胡先生墓志〉，《通義堂文集》卷 2，頁 7。

> 西漢承暴秦之餘習……求其求其沈潛經術，學貫天
> 人，上足以匡君，下足以捄世，卓然自立，不愧為一
> 代之大儒者。吾得二人焉，一為洛陽賈誼，一為廣川
> 董仲舒……蓋二子者，深于經術，故明體達用之道全
> 也。……乃至經術既衰，後儒高言心性，反謂二子未
> 聞于道，不知西漢之初經術未昌，使非賈子開之于
> 前，董子振之于後，則異端之道何以闢，孔子之道何
> 以明哉！

其對賈誼、董仲舒之通重，不在於其傳《春秋》之功，而特
贊其「深于經術，故明體達用之道全」，劉毓崧之經學思想
於此可謂清楚呈現，而其未致力於承續劉文淇從事《左傳舊
注疏證》的編纂工作，或即因於此思想差異之故。

（三）闡發作者著述之本原

《通義堂文集》中收錄序跋多篇，劉毓崧所作序文，秉
持其「不為不根之辭，亦不向壁虛造」而溢美歌頌之原則，
故序跋中多能彰顯作者之學術本源及著作要旨，如〈陶式型
山中讀易序〉闡明其學術蓋融合其家學與丁晏而成，[52]〈春
秋集證跋〉本未題撰述者，劉毓崧既考定其為孫星衍所作，
又稱其原作《春秋長編》，後改作《春秋集證》，本意非為
解經而作，然實頗有功於經術。[53]又如王定保《唐摭言》多

---

52 見《通義堂集》卷 2，頁 18。
53 〈春秋集證跋〉：「（孫星衍）年譜及阮文達公所撰家傳不言曾輯此
　書。意者作譜撰傳之時，偶未見其稿歟？此書標題所稱「春秋長
　編」後改「長編」為「集證」。〈凡例〉謂春秋事跡，見於諸子百
　家者甚多，皆三《傳》所闕。此編網羅放失舊聞，竊附史學之後，

記載唐代詩人文士的遺聞佚事，本近小說家言，劉毓崧闡發
王氏撰述之意，〈唐摭言跋下篇〉云：

> 論者多謂定保為浮華之士，摭言為瑣細之書。然覈考
> 定保之立身，細繹《摭言》之用意，參稽唐末之士習
> 人情，學摭言固有資於法戒之書，定保亦有補於風教
> 之士，未可指其瑣細，目以浮華也。[54]

跋文中不僅闡發其著作之旨，並論其操行實無疵類，僅因於
陳振孫《直齋書錄解題》之訛誤，而有疵行之譏，故為其辨
明，而稱其「識力之高如此，學術之邃如此，性情之厚如此，
氣概之峻如此，可謂文行兼備，有古君子之風」，推崇實備
至矣。

　　劉毓崧不僅透過考據以求契合經傳意旨，校勘古書所作
之序跋，或與時人之序跋中，均力求呈現作者之深意，如校
勘《王船山全書》，於其中若干參差不一之論述，則申明王
夫之（1619-1692）深蘊之意。其論云：

> 卷帙既廣，利鈍互陳，間有敘述參差，由於考訂未確，
> 注解率易由於意見有偏，此撰述繁富者之常情，無須
> 深訝。更有不滿於前人，然實為明人而發，不孚乎公
> 論而非其定論所存，此特一時感慨於衷，借論古以發
> 抒獨見，而立言之大指，未嘗強天下以必從。……是

不為解經而作，故事跡詳而議論不錄。然證佐集而事跡彰，則得
失是非，無難立辨，不待多採議論，而褒貶之義自明。雖僅自附
於史學，而其有功於經術也大矣。」見《通義堂集》卷2，頁1。
劉毓崧稱其書為薛虞畿《春秋別典》所不及，足與陳厚耀《春秋
戰國異辭》並論。
54 見《通義堂集》卷12，頁29。

在閱者尚論作者之世，心知其意而弗泥於寓言，凡別
有寄托者置之不議，斯則善體昔人之志而不為昔人所
愚。[55]

孟子稱「頌其詩，讀其書，不知其人可乎？」劉毓崧可謂善
讀書者，其既了解王夫之為人與思想，故能不為書中一二參
差之論述所惑，亦不以此為王氏論述之疵，而力求彰顯其論
述本原。

（四）移風易俗，強調教化責任

　　劉毓崧著書論文，重視文章內容須「達於經訓之原」，
且要以「章教善俗為心」，其稱：「儒者無論出處升沈，皆
有世道人心之責，身雖不仕，而訓俗之念，未嘗一日忘也。」
[56]其記錄鄉邦先賢行誼，特重視節義風教之功，其記揚州節
婦烈姬者固不待贅言，為胡呂所撰墓誌，特顯其章教善俗之
旨，並以此勗勉胡氏子弟，章教善俗之心，顯然可見，〈誌〉
云：

竊謂徵君服膺陸氏象山學，象山之兄梭山著〈正本制
用篇〉於家居節度最為切要，實可見諸施行，故能十
世同居，門庭雍穆。論古者於金谿之學術或有異詞，
而其修身及家則毫無遺議……今先生之家教既奉梭
山為法，徵君之講學復取善象山所長，群從異居而同
財，亦合乎古禮。然則徵君欲闡揚先生之懿美，計惟
是尊其德性，自求無愧於象山，並以勵雨村、雨田，

55　〈王氏船山叢書校勘記自序〉，《通義堂集》卷 8，頁 33-34。
56　〈胡自公先生耕餘訓俗圖序〉，《通義堂集》卷 10，頁 22。

勗其無愧於陸門子姓，則後世推服先生者，必將上擬
諸梭山，此徵君所當自勉，而亦兩村兩田所當共勉者
歟。[57]

劉毓崧不僅在為時人撰寫之傳誌序跋中表彰其學行，即校刊
古籍，亦以此為念，如其為杜文瀾校刊《吳夢窗詞》，序文
亟稱吳文英之高潔，發而為詞，以見詞品之高潔。[58]

　　又如與其父劉文淇同校王象之《輿地紀勝》，代岑建功
《輿地紀勝補闕》作跋，見《輿地紀勝》中多記錄秦檜事，
深懼閱覽是書者不辨忠臣潔士之行，誤以為王象之不責秦檜
之惡，故列舉書中內容，作〈輿地紀勝補闕跋〉，以闡發王
象之記錄小人，實別寓深意。[59]此均可見劉毓崧表彰先賢，

57　《通義堂集》卷 6，頁 65。

58　〈重刊吳夢窗詞稿序〉：「夢窗始與似道曾相贈答，繼則惡其驕盈
而漸相疏遠，較之薛西原始與嚴嵩曾相酬唱，繼則嫉其邪佞而不
相往來，先後洵屬同揆。西原之集為生前自定，故和嵩之作一字
不存，夢窗之稿為後人所編，故贈似道之詞四闋具在，然刪存雖
異，而志趣無殊。夢窗之視西原，初無軒輊，則存此四闋，豈但
不足為夢窗人品之玷，且適足見夢窗人品之高，此知人論世者所
當識也。故詳為推闡，以見詞品之潔，實由人品之高。觀察尚友。，
古人為之刊布，不特其詞藉以傳播，即其人亦藉以表章，此實扶
輪大雅之盛意也夫。」《通義堂集》卷 13，頁 21。

59　〈輿地紀勝續跋〉：「古人之作志乘，於人物一門，或節取其長，
或記以垂戒。故地理家編輯人物，至《太平寰宇記》而始詳，其
中載及小人者，不一而足……蓋但言人物而不特標先賢耆舊烈士
之名，則美惡雖殊，不嫌同列，猶之記官吏者，未立循吏之稱，
則其所收亦不必皆為名宦也。……王儀父作《輿地紀勝》，其官吏、
人物兩門所錄頗寬，仿《寰宇記》之例……其生平行事不齒於君
子之林，載之者，非節取其長，即記以垂戒。其為志存彰癉，本
屬顯然，而『健康府人物門』列秦檜於末，則尤有深意……合計
全書刺檜之惡者，多至百有餘處，不啻檮杌之遺風矣。書中有稱
檜為秦公者，特沿襲舊志之文，未經檮削……余慮閱是書者，疑
官吏人物之有濫也，因詳為辨證。以釋其疑焉。」（《通義堂文集》
卷 7，頁 20-23）

注重善俗教化之意。

五、考義顯微：劉毓崧的學術要義

儀徵劉氏學創自劉文淇，張舜徽《清儒學記》以經學及斟讎學為其學術代表。其中經學以春秋學為主，主要著作是《左傳舊注疏證》及《左傳舊疏考正》二書，但在《左傳》上，並不易看出劉毓崧對劉文淇之傳承。

劉毓崧之學術，除創發於劉文淇之考正舊疏及斟讎條例二者之外，其斐然成章者，主要有三方面：

（一）禮文之辨析與論述

劉文淇文集中收錄論禮著作四篇，以喪服制度為主。即卷二〈既殯後復服殯說〉、〈親喪既殯後見君無稅衰說〉、卷七〈書楊氏服制議後〉、〈書惲子居林孺人墓志後〉，此外並無專論禮制之述作，其觀點主要在《左傳舊注疏證》中呈現。

劉毓崧繼承父學，亦精於禮，[60]〈大夫以上先廟見後成昏〉三篇為其代表作。〈兼祧之禮合乎古義說〉、〈禁遷葬者與嫁殤者考〉、〈嫁喪非未婚守志辨〉三篇則其以禮通義之論述，藉由分辨「遷葬」與「嫁殤」二事之差異，說明風俗之演變，而其中顯見違背人情義理者，不可不察。

〈大夫以上先廟見後成昏〉主張古代（春秋時期仍見實行者）昏禮，士以下親迎當夕成昏，大夫以上則迎娶當夕並

---

60 《通義堂文集》卷 3，〈周官周禮異名考〉、〈大夫以上先廟見後成昏〉、〈兼祧之禮合乎古義說〉、〈禁牽葬者與嫁殤者考〉、〈嫁喪非未婚守志辨〉七篇，其中〈大夫以上先廟見後成昏〉分上中下。

不成昏，待「三月廟見」後昏禮乃成。三月之間，若有喪服，則不同於三月成婦之後。其後劉壽曾發揮劉毓崧說，撰成《昏禮重別論對駁義》，最能表現父子相承，闡發禮義的家學特色。[61]

劉毓崧思想通達，能求禮義根本所在，而重視其移風易俗之用，故稱遵禮「太高而過中者，君子未嘗不嘉而傳之」，「近厚失正者，君子未嘗不矜而容之。」[62]由此而謂禮以義起，達於義，則變禮可從；悖於義，雖通俗而宜禁。故遷葬與嫁殤當禁，而貞女守志宜褒揚之。蓋其視禮儀節度之變乃世道污降及風俗厚薄所繫，不得不申而論之，[63]則其重視禮義之可知也。

劉毓崧以「通義」顏其堂，而通義之基礎在於禮，故其稱「周禮本群經之通名」，〈周禮周官異名考〉云：

> 《漢書藝文志》禮類有《周官經》六篇、《周官傳》四篇，顏注云：「即今之《周官禮》也。」……蓋隋以前，儒者援引此書，雖多言「周禮」，不過隨俗從省之詞。至於著作標題，前未有不言《周官》者，至唐賈氏作《正義》，始定為《周禮》，而後人沿之。殊不知「周禮」本羣經之通名，《周官》乃其一耳……《儀禮》亦周公所制，是「周禮」之名，尤當分屬諸

61　《昏禮重別論對駁義》二卷，凡十九則。其觀點主要推闡《左傳舊注疏證》隱公八年四月甲辰「鄭公子忽如陳逆婦媯」之疏證而成。已見前注。其內容相關問題，詳見本書第三章〈劉壽曾《昏禮重別論對駁義》疏論〉。

62　劉毓崧〈嫁殤非未婚守志辨〉，《通義堂文集》卷3，頁68。

63　詳見劉毓崧〈禁遷葬者與嫁殤者考〉、〈嫁殤非未婚守志辨〉二文，《通義堂文集》卷3。

《儀禮》，豈《周官》所得而獨擅者哉！ [64]

此分辨「周禮」與《周官》之不同，「周禮」為群經通稱，兼含諸經之名及內容，而《周官》則一經籍之名，記官名制度者也。

劉毓崧此文乃承襲劉文淇《左傳舊注疏證》凡例而發，而其主旨在於將學術統攝於「周禮」之下，則通義之要在於通禮。其後劉師培作〈典禮為一切政治學術之總稱考〉，申論其說，亦是此為家族學術之重要內容。

儀徵劉氏學，雖以《左傳》著名，然其學術核心為禮學，此學術特質，至劉毓崧已清楚呈現。

（二）學術流別之論述

《清史列傳》、《清史稿》及《清儒學案》中載引之劉毓崧傳記，均特意強調其於學術流別上之創述，顯見其說之為學者所贊同。然劉毓崧所論述之學術流別，主旨在於強調其演變，非考證其本源。細而論之，劉毓崧論學術流別之篇章，包含二類：其一為論先秦諸子出於王官各篇，包含〈法家出於理官說〉、〈墨家出於清廟之官說〉及〈縱橫家出於行人之官說〉各篇。其二論述一學術之流變者，如〈千金方考〉、〈痘考〉（卷 11）及〈推算八字考〉（卷 12）等各篇。

茲以法家一篇為例，〈法家出於理官說上篇〉說明法家之宗旨及流變，其稱法家之初起乃賞罰並行，而以賞為主，罰為輔，而此乃周禮之本旨，故稱「管子之治齊，固能傳周

---

64 《通義堂文集》卷 3，頁 1-2。

禮於理官，不愧為後世法家之祖」[65]。自是而後，罰漸多而賞日少，「法家之弊遂失於刻薄寡恩矣」，此乃因後世習法家之言而任理官之職者，不識理官之本也。

〈法家出於理官說下篇〉以「禮」釋「理」，而稱「法家必以禮為本，蓋出乎禮斯入乎刑耳」，與其以禮通義之論學主旨相合，而推本於儒學，以其為法家之內涵，且惟忠信之人能知而行之。然後世「有嚴厲而無忠恕，良法在而美意亡」，蓋以法家之流於殘酷，乃儒學不振，「不循禮節以自修，綜己情以恣睢，而不體人情以忠恕」[66]之故也。

〈墨家出於清廟之官說〉則稱凡強調鬼神祭祀者，均出於清廟之官，亦即出於墨家，如釋家者均是，故墨家雖亡未絕於世也。[67]

〈縱橫家出於行人之官說〉則就行人之專對誦詩為特質，而稱簡牘書檄之作，詩賦之文，均縱橫家所善，故「無論詩集、文集之殊者，皆縱橫家統緒之所寄也」[68]。

劉毓崧論述學術流變，善於考察後代學術與先秦諸子之關連，頗有其獨特觀點，然其專就先秦諸子之行事為基礎而論述，亦有未見妥當者，如墨家之崇祀鬼神與釋家，固有其相似之處者，然釋家之出世則與墨家之入世則截然不同，實不宜一概而論之。

---

65 同前注，卷 10，頁 15。
66 同前注，卷 10，頁 20。
67 同前注，卷 10，頁 30。此承章學誠（1738-1801）說。章學誠《校讎通義・宗劉第二》（葉瑛校注。北京：中華書局，1994 年）:「墨家者流，自漢無傳。得尚儉兼愛之意，則老氏貴嗇，釋氏普度之類，二氏中有墨家矣。」頁 957。
68 同前注，卷 10，頁 42。

（三）史實典故之考據

　　清代考據學之特質，本在於透過文字聲音之訓詁及典章制度之考索，以探討古籍記載之內容。劉毓崧長期從事斠讎工作，治學本以樸實審密見長，故能於見人常人所忽略，因而闡幽抉微，證補史傳記載之事蹟。如〈漢昭烈帝廟號顯祖考〉[69]一文，以陳壽《三國志・蜀志・先主傳》未記載劉備之廟號，世人亦多不察劉備廟號，劉毓崧廣採《三國志》相關記載及《太平御覽》、《冊府元龜》等書之記載，以證《資治通鑑》記載之漢三祖即漢高祖（劉邦）、世祖（劉秀）及昭烈（劉備），以此而證劉備在三國時即為漢之三祖，再以《蜀志・卻正傳》提及之顯祖，前後記載對照，則知顯祖即劉備。

　　《通義堂文集》中涉及史實事蹟之考訂者尚有多篇，如〈蘇米往還蹤跡考〉、〈梁節愍公萬安殉難年月考〉等文，多有助於史實之釐清。〈蘇米往還蹤跡考〉依據蘇軾詩文、尺牘及《志林》等記載，指出蘇軾與米芾之識交在於元豐六年，時蘇軾年三十四，米芾年十九，其後三十餘年書札往來不斷。[70]此可補正宋代文學及書畫之記載，亦可作為蘇軾、米芾年譜傳記之佐證記載。

六、劉毓崧對劉師培論述之影響

　　劉毓崧的論述與著作的特質，與劉文淇及劉壽曾多有不

---

69 同前注，卷 5，頁 5-18。
70 同前注，卷 6，頁 16。

同，而對劉師培則有若干契合之處，由此亦略可推見其影響。

劉師培的著作，後人頗有疑其所自，鄭逸梅《藝林散葉續編》記載：

> 章太炎與人談，謂：「劉光漢之《左盦全集》，全帙數十冊，十之八九屬于儀徵劉氏祖孫伯叔未刊之遺稿，光漢剽竊據為己有，其弟子濫行甄錄，遂成此蕪雜著作。」[71]

劉師培壯年而逝，但著作繁夥，為時人所不及，故不免有此議。章太炎與劉師培熟識，其疑亦有故，然剽竊之言則過其實。

劉師培之著作中，若干掇取先人著作而成者，多與《左傳》有關，如《讀左札記》所論，多取自《左傳舊注疏證》，除此之外，其論述風格與其先祖多不相類，唯其貫串群經諸子以求通徹，及將經說付諸實踐，以求移風易俗之特色，近於劉毓崧，或可視為傳承自劉毓崧。主要有三方面：

其一，在著述風格上，劉毓崧撰文力求周延，故多自作注釋以補充正文，劉師培亦然，其涉及古事者，多以注文載明其引證之文獻。此做法少見於劉文淇及劉壽曾之文集中。

其二，以周禮為周代學術之總稱，此劉毓崧之說已見前。劉師培〈典禮為一切政治學術之總稱考〉云：

> 禮訓為履，又訓為體，故治國之要，莫善於禮，三代以前，政學合一，學即所用，用即所學，而典禮又為一切政治學術之總稱。故一代之制作，悉該入典禮之

---

71 鄭逸梅：《逸林散葉續編》（北京：中華書局，2005），頁 193。其中《左盦全集》殆指《劉申叔遺書》。

中，非徒善為容儀而已。《史記》云：禮者，善為容儀而
已。試觀成周之時，六藝為周公舊典，政治學術悉為
六藝所該，而「周禮」實為六藝之通名。[72]

「禮訓為履」乃劉毓崧〈周易履霜履讀為禮解〉之說，「周
禮實為六藝之通名」乃〈周官周禮異名考〉之觀點，此二者
劉師培依循劉毓崧說。又《周禮古注集疏》、《禮經舊說》二
書，並非為僅就梳理《周禮》一書而作，實寓以禮統諸經之精
神，劉師培自許以禮為其精見所在，實為其家學主要部分。[73]

其三、劉毓崧強調會通大義，劉師培更揮其說，作《群
經大義相通論》、《周易周禮相通考》等以會通之，而其精
神，實本之劉毓崧，再充實內容，成為劉師培重要之著述。

就此三項而論，儀徵劉氏學至劉師培集大成，其基礎乃
奠立於劉毓崧，蓋其強調會通及裨於世用，均為劉師培所承
續。劉師培並發揮其說，立論著書，鼓吹變革，用以參與社
會改革運動，在晚清變革中產生重要影響。

第二節　劉富曾之學術略述與遺文輯存

一、劉富曾與其兄弟

儀徵劉氏家族，自劉文淇以下，以《左傳》名著儒林。

72　《左盦外集》卷 10，《劉申叔遺書》頁 1543
73　陳鐘凡跋《周禮古注集疏》：「（申叔）慨然謂鐘凡曰：余平生述造，
　　無慮數百卷⋯⋯精力所萃，寔在《三禮》，既廣徵兩漢經師之說，
　　成《禮經舊說考略》四卷，又援據《五經異誼》所引古《周禮》、
　　古《左氏春秋》說，及先鄭、杜子春諸家之注，為《周禮古注集
　　疏》四十卷，堪稱信心之作⋯⋯。」《劉申叔遺書》頁 274。

《左傳舊注疏證》劉文淇纂輯長編，其後工作，今人據汪士鐸〈劉壽曾墓志銘〉，咸認為劉壽曾出力最多，而劉貴曾、富曾及顯曾兄弟人等，有無參與其事，則待考見。

　　劉壽曾兄弟四人，除季弟劉顯曾高中進士，籤分吏部，理司考功。[74]餘均以斠讎修志為業，為時人所贊譽。劉壽曾的學術思想，有《傳雅堂文集》行世。劉貴曾，據劉師培所述〈行略〉，著有《抱甕居士集》若干卷，[75]應已成編，惟未付梓。近年，儀徵劉氏學頗受重視，其家族往來的書札文稿，日見新出於塵封之中，[76]《抱甕居士集》或有面世之時。劉富曾、劉顯曾則未見有編輯文集的記載，殆其後人未裒集刊行故也。[77]

---

74 陳懋森〈清故監察御史劉先生墓志銘〉：「光緒戊子（14 年，西元 1888 年）舉於鄉，壬辰（光緒 18 年，1892）成進士，以主事籤分吏部考功司，洊升員外郎郎中，加四品銜，轉甘肅道監察御史，協理遼瀋道，俸滿截取以知府用。」見梅鉽《青谿舊屋儀徵劉氏五世小記》（油印手抄，上海：玉夔龍館，1963 年）附錄，頁 75。

75 劉師培〈先府君行略〉：「（劉貴曾）初嗜沈博絕麗之文，壯歲以後，考訂經史為宗，詩法六朝，間事倚聲。著有《抱甕居士集》二卷、《外集》二卷，詩、詞各一卷。其隨時記錄者，別為筆記二卷。」見《左盦集》（《劉申叔遺書》本，南京：江蘇古籍出版社，1997 年）卷 6，頁 1-3。

76 如《名家書札墨跡》（俞冰主編，線裝書局，2007 年）第 9 冊收錄劉文淇書札四通。李艷鳳、巫慶整理〈新見民國時期「青谿舊屋」劉氏往來書信〉（《史學月刊》2010 年第 4 期，頁 92-103）收錄劉氏家族往來書信及時人致劉氏書信近六十封。上海圖書館收藏《青谿舊屋尺牘》、《通義堂尺牘》二千餘通，如能刊佈於世，定能更清楚呈現儀徵劉氏交游情況，於其學術發展，及對清代學術的研究，亦將有深刻的影響。

77 徐乃昌〈清故舉人揀選知縣儀徵劉先生墓誌銘〉：「（劉富曾）著有遺稿若干卷，尚待掇拾寫定。」見梅鉽《青谿舊屋儀徵劉氏五世小記》附錄，頁 74。本文摘錄於後。

劉富曾幼年隨長兄劉壽曾讀書金陵惜陰書院，受重於薛時雨（1818-1885）、李聯琇（1820-1878）及孫璿鳴，所作經疏時文多收入《惜陰書院課藝》。[78]劉毓崧沒後，其與兄長劉貴曾回駐揚州，以教書為業。民國後雲遊四方，以纂輯斠讎治生，先後受聘於洪汝奎（1824-1886）、劉承幹、徐乃昌（1868-1943）。協助劉承幹校勘叢書及《宋會要》，為徐氏修纂《南陵縣志》，頗受劉氏、徐氏信任。《通義堂文集》十六卷，因劉承幹之助而能刊行，劉富曾親任斠讎工作，世人以此得見劉毓崧的學術思想及論事風範。

劉富曾年壽既高，且為時人所仰重，然其著述卻不多見。筆者關注多年，僅輯得遺文七篇，[79]然其中論列，頗見儀徵劉氏家學之風，而行誼不顯，著文遺落，殊為可歎。故不揣淺陋，裒集其事蹟及論述片羽，略為徵校考訂，以章其人，顯其學。

---

78 孫殿起《販書偶記》（北京：中華書局，1959 年）集部總集類「課集之屬」著錄《惜陰書院西齋課藝》、《惜陰書院東齋課藝》二種。孫殿起按云：「此中劉壽曾、王亮采、章洪鈞、陳作霖、秦際唐、劉汝霖、汪宗沂、馮煦、劉嶽雲、朱桂模、唐仁壽、劉貴曾、翟增榮、劉富曾、姜湄、劉顯曾諸家之文居多。」卷 19，頁 534。〈惜陰書院西齋課藝〉八卷，薛時雨編。《惜陰書院東齋課藝》八卷，孫鏘鳴編。二書均未見，其中劉壽曾兄弟文待輯錄。

79 據相關文獻，尚得知劉富曾尚有若干論述，除上注所列的《惜陰書院課藝》之外，如《維揚古跡》中載有劉富曾、劉顯曾題跋，（《揚州晚報》2010 年 12 月 13 日〈《揚州十二勝跡》絹本圖冊被發現是研究揚州的珍貴史料〉報導：「近日，揚州楊氏小築後人楊晟向記者展示了他珍藏的民國版本《維揚古跡》（又名《揚州十二勝跡》）絹本圖冊兩冊，該書收錄了盛清揚州時期的「揚州十二勝跡」，並有劉富曾、劉顯曾兄弟、周樹年、程善之、陳懋森、卞彬孫、程善之、易君左等 20 多位社會名流的題跋。」）因未得見，茲附記於此，以待訪求。

二、劉富曾生平要略

（一）劉富曾之行誼與學術

　　劉富曾與徐乃昌論交，始於徐乃昌伯父徐文達（1825-1890）任兩淮鹽運使，主講梅花書院，劉富曾為其門下士。其後劉富曾為徐乃昌編纂《南陵縣志》，深受徐氏倚重。故劉富曾沒後，劉氏家人具狀請其為劉富曾作墓銘以誌其行誼。徐乃昌〈清故舉人揀選知縣儀徵劉先生墓誌銘〉（下略作〈劉富曾墓誌〉）總述其學行，云：

> 先生賦質誠樸，逮事重親，夙秉義方，飫聞庭誥。少長，勝衣就傅，率從揚州老宿游，故於經史文藝，蚤具根柢。同治乙丑，徵君佐曾文正公幕，僦宅金陵，先生昆季悉隨侍誦讀。年二十，應學院試，與仲兄同入邑庠，旋肄業鍾山、惜陰兩書院。主講李大理聯琇、薛觀察時雨、孫學士瑲鳴深加器賞。當是時，內有賢父兄之督責，外有良師友之觀摩，而先生之學乃大盛。丁卯，遭外艱，先生返里，訓迪生徒，課餘清暇，旁習算法。嘉道中，甘泉羅氏士琳精疇人術，咸、同以降，繼起者希，獨徐氏鳳誥私淑頗殷，先生道幸不孤，引為密契，切磋砥厲，克底于成。
>
> 光緒戊子，與季弟同舉於鄉，屢試禮部弗售，遂絕意進取。客授四方，最後敖遊上海，為年家子吳興劉京卿承幹典司校勘，歷有年所。而其精神專注，顧莫如《宋會要》一書。是書湮沒已久，大興徐氏松供職京

都，從《永樂大典》鈔錄，計巨帙多冊，稟本流傳，踐更數主，頃由京卿收藏。京卿雅重先生，迺舁而句其審訂，先生昕夕鑽研，紬繹條理，於卷數增減，門目分合，事實隸屬，字句考正，一一整比之，鉤稽之，鼕然秩然，殺青可付。歲次甲子，編排甫畢，而先生歸老里門矣。

先生性孝友，悅親養志，事繼母黃太淑人尤謹，迨歿，哀毀柴立，孺慕終其身。伯兄、仲兄暨伯兄子師蒼俱先黃太淑人卒，師蒼遺孤葆儒、崇儒穉甚，飲食教誨，胥先生是賴。家本清素，所耕破硯，所挹廉泉，然逢親黨困乏，不恤典斥衣物，急濟其匱。又慮風俗澆薄，不厭書示格言，冀化其頑，立己立人，達己達人，雖願閎力絀，而白首罔勌，苟非學行純粹，何以及此？可不謂君子儒歟！丙寅，先生壽登八十，重游泮水。今年春，遘季弟喪，先生令原抱痛，氣體驟衰，竟於十月廿六日丑時終于里第，春秋八十有二，著有遺稿若干卷，尚待掇拾寫定。（中略）

竊念光緒庚辰，乃昌伯父光祿公都轉兩淮揚州，故有梅花書院使者例值文課，先生輒擢高等，用此受知，為伯父門下生。繼又授從弟乃斌經，乃昌因識先生函丈，周旋談藝無虛日。乙未，乃昌服官江甯，蹤跡始隔，而光風霽月，恒縣心目，益想見教，思之無窮。辛亥以還，先生與乃昌同旅松曲，幸得常常聚晤，商量舊學，髣髴當年。會乃昌纂《南陵縣志》，延先生為編輯，山川人物，指畫區分，怳若孫、洪，近接几

席。嗟乎！文章道義之交，淡而彌真，久而彌固，撫今追昔，豈容以存歿間哉。紀實銘幽，乃昌不敏，誼曷忍辭。曰：

觥觥儒術燉且都，《春秋》家法尋常殊，先生世澤久涵濡，樸學篤行古為徒。詁經演算操奇觚，羽翼炫灼爭前驅，校理秘笈剖錙銖，上攀中壘共轍塗。孝乎惟孝兼友于，天爵自尊忠信俱，樂善好義仁聞敷，年者望碩德充符。辰龍在歲賢人徂，老成凋謝餘典謨，我銘無媿異矯誣，刻石玄堂永不渝。

〈墓誌〉中陳述劉富曾事蹟，主要有四事：

1.習算法，以作為《左傳舊注疏證》編纂的準備

劉氏兄弟中，劉貴曾從成蓉鏡習「三統四分」之術，以輔助劉壽曾續繼先祖工作，見於劉師培所作〈先府君行狀〉中。今本《左傳舊注疏證》中多條劉貴曾所作疏證，[80]亦見其不誣。

劉富曾習算法有成，據其〈劉師培墓誌銘〉中稱：「蓋曾戢理先祖《左氏長編》，并習三統天算，欲繼大兄、二兄所編之業為之也。」正可與此參照。劉富曾習曆算，[81]頗有

---

80 詳見筆者《儀徵劉氏春秋左傳學研究》（臺灣大學中文系博士論文，2005 年）第一章。張素卿《清代「漢學」與《左傳》學 —— 從「古義」到「新疏」的脈絡》（臺北：里仁書局，2007 年）頁 280-286。郭院林《清代儀徵劉氏左傳家學研究》（北京：中華書局，2008 年）第二章，頁 125-126。

81 梅鉽云：「先生精於天算之學，為甘泉羅茗香士琳弟子。」《青谿舊屋儀徵劉氏五世小記》附錄，頁 59。此恐未可盡信，羅士琳（1789-1853）與劉文淇情厚誼篤，然卒於咸豐三年（1853），太平軍攻陷揚州之役，時劉富曾方八歲耳，稱其為羅士琳弟子，殆臆度之辭耳。

體會，並與徐鳳誥締交，徐鳳誥著有《算學啟蒙通解》、《割圓通解》等書，為當時著名算學家。《左傳舊注疏證》的曆法疏證，多出劉貴曾手，據目前書稿，未能確見劉富曾從事的工作，然其為能賡續其事，而習曆算之事則無可疑。

　　劉富曾晚年歸居揚州故居，確實曾著手進行《左傳舊注疏證》的整理工作，惟多作謄錄耳，未賡續劉壽曾未完之業。據劉葆儒致劉師穎書札中云：

> 《左疏》原稿悉為恭甫公手錄，嗣有一部分為侄就原稿所謄。查隱、桓有墨蹟稿、有謄清稿（不知何人手）；莊、閔有謄清稿，無墨蹟稿；僖有元年至廿二年墨蹟稿，其謄清稿出三叔祖手。考大半（自元年至十六年《經》）為謄清全文，自十六年《傳》至廿二年，僅抄出引證書名。計自元年至卅三年（其中自十六年《傳》至廿二年）一部分未抄全稿，不知何故。文、宣、成、襄皆有墨蹟稿、有抄稿。文、宣中一小部分為三叔祖手抄，成、襄抄稿為侄手抄。稿本至襄五年「可不謂忠乎」止。惟原稿墨蹟頗有不易辨識處，謄抄者只有闕疑，且僖公中小處均有待整理。[82]

另民國《江都縣新志》（南京：江蘇古籍出版社，1991年）卷8、〈劉富曾傳〉稱：「平生於治經外，兼攻籌人術。當嘉、道間羅徵君士琳以通西法成《四元玉鑑演草》一書，垂數十年，其學幾絕。光緒初，徐太學鳳誥私淑士琳，而遙與金匱華蘅氏相應和。時江淮間風氣未開，以習算為怪事，富曾獨師友鳳誥，與相切劘，或人笑之，不顧也。」頁11。此卷撰者陳懋森（1848-1914），與劉氏交好，〈劉顯曾墓誌銘〉即陳懋森所撰。其言頗為詳實，與徐乃昌所作〈墓誌〉，洵能徵驗。

82 見〈新見民國時期「青谿舊屋」劉氏往來書信〉，《史學月刊》2010年第4期，頁99。此段書札，文字據原文，斷句標點則略作修正。

據此書札所述，明確指出原稿及謄清稿的作者，據其筆跡，亦可補正今人對《左傳舊注疏證》編纂校勘過程中的若干疑問。

2.斠讎《宋會要》

劉富曾為劉承幹（1881-1963）編斠《宋會要》一事，後人多責其失當，[83]然實未盡公允。劉富曾將自《永樂大典》鈔錄，原依據洪武正韻編排的《宋會要》書稿，參覈文獻，考訂門目，以求合於「會要」的體裁。並據《唐會要》、《五代會要》等增補文獻，訂訛正誤，[84]使其書「釐然秩然」，頗有助於宋代了解制度的演變。惟其未刊布，無法據以考見劉富曾的纂輯要例，不為無憾。

但據《藝風老人日記》記載，劉富曾編訂《宋會要》，乃與繆荃孫商議而後進行，見下段輯錄資料。

〈志〉中稱「歲次甲子，編排甫畢，而先生歸老里門矣」，甲子為民國十三年（1924），其事在《通義堂文集》刊行之後。

3.與徐乃昌論交，並協助其修纂《南陵縣志》

徐乃昌，字積餘，號隨庵。安徽南陵人，近代著名藏書家及出版家，蘇精《近代藏書三十家》有傳。

民國《南陵縣志》五十卷，修纂始於民國三年，至民國十三年完成。據此可知，劉富曾一方面在劉承幹嘉業堂任斠刊及《宋會要》的編訂工作，一方面協助徐乃昌編纂《南陵

---

83 詳見筆者〈儀徵劉氏的校讎工作與校讎條例論析〉，《政大中文學報》第 14 期，2010 年 12 月。
84 見《青谿舊屋儀徵劉氏五世小記》，頁 59。

縣志》。惜此書各卷未題編撰者，無法藉以考見劉富曾的觀
點。

至民國十三年，劉富曾返回揚州定居。其後，桂邦傑修
纂《續修江都縣志》，請其審訂，則不復從事纂輯工作。惟
鈔補《左傳舊注疏證》稿，及教導子弟，劉葆儒即在其教導
下，鈔斠部分《左傳舊注疏證》。

4.劉富曾的學行德操

劉氏家族雖出身貧寒，但自劉文淇父劉錫瑜即以溫良孝
友，救急助貧的善士形象建立家族聲譽。劉寶楠贊其：「於
儒書雖未卒業，而立身行己皆與之合；忠信誠慤，粹然有道
之人。」[85]劉文淇承此德風，「秉性謙虛，常存退讓，雖遠
近交相推重，而自視彌覺歉然。立身端恪，言動必以禮法自
持，而於人不求其備，記人之善，忘人之過，有德於己者。
終身感念不衰。值橫逆之來，自反不較，其人亦久而自悔。」
[86]至劉毓崧，承劉文淇庭教，事親純孝，劉恭冕記曰：「君
事父母，終身無一日失歡，姑妹皆早寡，遺孤嗣亦幼，就食
君家，君承先志無所異視，撫教孤幼，俾各成立。與朋友交，
勸善懲過，始終不渝，為人謀周慎，必期有成，臨財毋所苟
取。綜君學行，質之古人，宜無愧已。」[87]至劉壽曾兄弟，

---

85 劉寶楠：《念樓集》（《寶應劉氏集》，揚州：廣陵書社，2006 年）
　　卷 6，頁 262。《劉文淇集》附錄，頁 355。
86 劉毓崧〈先考行略〉（《通義堂集》卷 6），《劉文淇集》附錄，頁
　　355。
87 劉恭冕：《廣經室文鈔》（《寶應劉氏集》，揚州：廣陵書社，2006
　　年），頁 591。劉壽曾〈先考行狀〉記其父之行誼，曰：「天性篤摯，
　　幼隨先祖父母，服勞奉養，左右無方……事親先意承顏，尤為修
　　學立身，為養志之本，門內雍睦無間言……居喪大節，悉法古禮，

均能承此家風，劉師培〈先府君行略〉中，特章明其為賑災濟貧的作為，稱：「每值歲暮，醵金市米券，查貧戶無食者，躬造其室，量口為施，間佐以白銀，雖自隱姓名，不令受者知。然府君之卒，貧婦多相哭失聲，傭夫乞徒亦或墮淚，其厚德及人有如此。」其事親愛幼，淳謹誠篤之行，屢見於當世篇籍。劉壽曾遺孤師蒼由劉貴曾撫育成人。劉師蒼早逝，其子葆儒、崇儒，則由劉富曾撫育長成。此外，劉富曾亦能承繼家業，為刊行劉氏遺作，奔走籌畫，不遺餘力。[88]

儀徵劉氏學識精審，操行淳厚，惟劉師培頗有非議者，劉富曾所撰〈墓誌銘〉中，特言其「得名太早，厥性無恆，好異矜奇，惝急近利，且書法枯槁無潤氣，均非壽徵」，其所責論，不亦深蘊憂傷之嘆乎！

（二）《藝風老人日記》記載的劉富曾事蹟

繆荃孫、繆祐孫（1851-1894）兄弟與儀徵劉氏累世交好。劉文淇《青谿舊屋文集》卷首畫像，即出於繆祐孫，劉壽曾詩集中載〈和繆柚岑雨後過飛霞閣見贈〉一首，[89]亦見其深厚情誼。

《藝風老人日記》（下略作《日記》），是繆荃孫光緒十四年二月至民國八年十月（1888-1919）之間的日記，「主

送終追遠，必誠必慎，逾時不忘哀。族中無主後者，歲必躬掃其墓，困乏者，量加存恤……遇朋友急難，見義勇為，不辭勞瘁，故人子弟孤露者，百方為籌生計，婉加訓迪，汲汲焉望其成名，人咸感服之。」《劉壽曾集》（臺北：中央研究院中國文哲研究所，2001 年）卷 3，頁 107。

88 詳見〈新見民國時期「青谿舊屋」劉氏往來書信〉。

89 《劉壽曾集‧詩集》，頁 285。

要記載繆荃孫後半生的交游和學術活動」，[90]其中與劉壽曾
兄弟及劉師蒼、劉師培相關者一百三十餘條，而又以涉及劉
富曾過半，計八十八處。雖其記載甚為簡略，多僅記載「劉
謙甫來」。但以此為線索，仍足據以考求相關事蹟，故依據
《日記》時間，摘錄若干記事於茲。

戊子（光緒 14 年，1888）

　　　9 月 23 日，閱〈南闈題名錄〉，知江標、江衡、劉富
　　　曾、劉顯曾……皆中式，宗工鉅眼，不負南人期望矣。
　　　（頁 69）

　　　10 月 26 日，劉良甫揚州寄《通義堂集》。（頁 78）

壬寅（光緒 28 年，1902）

　　　11 月 22 日，接劉富曾謙甫信。（頁 1520）

庚戌（宣統 2 年，1910）

　　　3 月 6 日，接劉謙甫信。（頁 2260）

　　　8 月 21 日，昨發劉謙甫信。（頁 2313）

壬子（民國元年，1912）

　　　5 月 2 日。接劉蓮六、劉謙甫信。（頁 2484）

甲寅（民國 3 年，1914）

　　　5 月 9 日，送《魯春秋》、《讀書記》、《左傳杜解
　　　集正》與劉謙甫校。（頁 2723）

　　　閏 5 月 7 日，送書於劉謙甫。（頁 2730）

　　　閏 5 月 20 日，送疏記與劉謙甫。（頁 2733）

　　　6 月 8 日，送《左傳》與劉謙甫。（頁 2737）

90　《藝風老人日記‧出版說明》（北京：北京大學出版社，1984 年），
　　卷首。

7 月 23 日，送《簡莊疏記》、《歷代詩話》與謙甫。（頁 2749）

乙卯（民國 4 年，1915）

3 月 7 日，致徐積餘、劉謙甫、劉翰怡各一柬。（頁 2827）

4 月 13 日，劉謙甫以《吳興詩話》來看。（頁 2837）

5 月 29 日，劉謙甫來，囑取前辦《宋會要》四卷。（頁 2849）

9 月 26 日，還劉謙甫《宋會要商例》。（頁 2882）

丙辰（民國 5 年，1916）

2 月 11 日，劉謙甫寄〈宋會要擬目〉來。（頁 2934）

2 月 13 日，還劉謙甫《宋會要》。（頁 2935）

6 月 6 日，送〈宋會要目〉於謙甫。（頁 2965）

丁巳（民國 6 年，1917）

1 月 24 日，劉謙甫自揚州來。（3037）

11 月 30 日，發劉謙甫信。（頁 3115）

戊午（民國 7 年，1918）

5 月 20 日，劉謙甫來，交《經子法語》兩冊。（頁 3170）

6 月 3 日，劉謙甫來，囑勘其父文集。（頁 3173）

6 月 4 日，讀《通義堂文集》。（頁 3173）

6 月 9 日，劉謙甫取《通義堂文集》去。（頁 3175）

此《日記》中，記載劉氏兄弟與繆荃孫交游情形。大致而言，前期與繆荃孫往來者，以劉貴曾為主，包含寄交《通義堂文集》等均是。劉富曾在劉貴曾歿後，主持家業，成為儀徵劉

氏對外聯繫的主要人物。

《日記》中，劉富曾與繆荃孫商討斠讎工作，主要為《宋會要》及《通義堂集》。據日記顯示，《宋會要》斠勘的條例，乃其與繆荃孫商討而後擬定。繆荃孫於劉富曾寄交《宋會要擬目》後，並取閱《宋會要》，近五個月後才寄還，期間自不無商議類目校勘等細節。今人求備而責議劉富曾者，尚有誤解，容有寬緩之處。

《通義堂文集》完成刊行在民國九年，劉承幹、劉富曾的序文均作於是年。然民國七年，劉富曾已請繆荃孫勘閱其父文集，可見十六卷本《通義堂集》此時已經開雕，且已完成若干卷。

另《日記》記載劉富曾致繆荃孫書信多通，《藝風堂友朋書札》[91]中未錄載，無法得見，此亦頗可留意者。

三、劉富曾遺文校錄

劉富曾論著未見刊行，殊為可惜。今輯得七篇：

（1）〈校刊齊民要術商例識語〉，見於漸西村舍刊本《齊民要術》卷首。[92]

（2）〈補後漢儒林傳序〉，《鄦齋叢書》本《補後漢儒林傳》卷首。[93]

---

91 顧廷龍：《藝風堂友朋書札》，上海：上海古籍出版社，1980 年出版。

92 《叢書集成新編》（臺北：新文豐出版社，1986 年）第 47 冊，頁235。

93 《叢書集成三編》（臺北：藝文印書館，1971 年）收錄《鄦齋叢書》本，《補後漢儒林傳》卷首。

（3）〈亡姪師培墓誌銘〉，《劉申叔遺書》卷首。[94]

（4）〈何中丞墓誌銘〉，見桂邦傑（1856-1928）總纂《江都續縣志》卷 27。[95]

（5）〈亡姪丁酉科舉人師蒼墓誌銘〉，見《青谿舊屋儀徵劉氏五世小記》附錄。[96]

（6）〈通義堂集跋〉，收錄於《通義堂集》卷末。[97]

（7）〈黃氏逸書考序〉，收錄於《黃氏逸書考》卷末。[98]

茲依據撰述時間為次，並略述其要旨及相關事蹟於後。

（一）〈校刊齊民要術商例識語〉

右先兄恭甫斟校《齊民要術》條例八則，與洪丈琴西商榷者也。光緒初年，先兄館於金陵，司冶城書局分校，時洪丈提調局務，斟校古籍，以《齊民要術》一書世鮮傳本，爰搜取前明舊刻及單行校錄各本，屬為參校。先兄裒集諸說，詳其異同，考其訛誤，釐列義例，以待折衷。洪丈擬刊刻，未果，先兄與洪丈相繼歸道山，薰存洪丈家。哲嗣幼琴居蕪湖，前歲，桐廬袁公爽秋，以曹郎出備兵皖南。涖政三年，修舉廢墜，飭吏事以文雅，去歲曾有《農桑輯要》之刻。

今歲，富館於幼琴家，因謁觀察談次。觀察念先兄為

94　《劉申叔遺書》（南京：江蘇古籍出版社，1997 年）卷首，頁 16。
95　《江都續縣志》（南京：江蘇古籍出版社，1991 年）卷 27，頁 8。
96　梅鉽《青谿舊屋儀徵劉氏五世小記》附錄，頁 74。
97　《求恕齋叢書》本《通義堂文集》（北京：文物出版社，1984 年）第 8 冊末。
98　《黃氏逸書考》（京都：中文出版社，1986 年），頁 3853。

道義交，著書滿家，未付梨棗，是書亦先兄心力所萃
之編，爰與幼琴借錄付刊，以廣流傳。取歙縣汪君仲
伊抄錄之帙，以備參校，屬富以校字。富維此書舊校
異同錯列，旁行斜上，有同志、表。合觀〈商例〉各
條，本係薈萃各本，擇善而從。今茲校刊，亦仍守〈商
例〉中「改誤而不輕加字」之例。因與觀察商酌大旨：
義可兩通，則不輕改；誤有可證，酌量而改；誤文難
考，仍貫不改。不知蓋闕，以昭慎重。行欵格式，多
仍其舊。蓋參酌於〈商例〉而用之，因〈商例〉亦未
定之體例也。

刻既竣，因即以先兄所著〈商例〉八則附刊於後，以
誌是刻之緣起云。光緒二十二年四月，儀徵劉富曾謹
識。

洪琴西即洪汝奎，湖北漢陽人，道光二十四年（1844）中舉，
咸豐初年，入曾國藩幕府，參贊軍務，《清史稿》有傳，繆
荃孫〈兩淮鹽運使洪公神道碑〉載其生平頗詳。[99]

　　據繆荃孫〈神道碑〉洪汝奎子九人，恩嘉等五子歿。恩
廣，直隸存記道。槃，江蘇候補道。鼎菜，署江蘇靖湖知縣。
恩苞，署浙江寧海知縣。幼琴為何者，待考。

　　袁爽秋，即袁昶（1846-1900），原名振蟾，字重黎，一
字碤秋，[100]號浙西村人，浙江嚴州桐廬人，光緒二年（1876）

---

99 見繆荃孫《藝風堂文續集》（臺北：文海出版社，1973 年）卷 1，
　　頁 9-12。《續碑傳集》（臺北：大化書局，1984 年）收錄，卷 38，
　　頁 27。
100 據譚廷獻〈太常寺卿袁公墓碑〉，繆荃孫《續碑傳集》收錄，卷
　　17，頁 22。

進士，《清史稿》、《清史列傳》有傳。譚廷獻〈太常寺卿
袁公墓碑〉敘其生平甚詳。撰有《漸西村舍初集》、《中江
尊經閣藏書目》、《于湖小集》、《于湖題襟集》、《尊經
閣募捐藏書章程》、《中江講院建立經誼治事兩齋章程》等
書，均收入《漸西村舍叢刊》中。

　　《漸西村舍彙刻》初刻於光緒二十年至二十二年
（1894-1896）之間，分甲、乙、丙三輯，收錄李文田
（1834-1895）注《元朝秘史》等七種，其中包含劉文淇門人
汪宗沂（1837-1906）《太公兵法佚文》及劉壽曾、富曾兄弟
校訂的《齊民要術》。後彙為《漸西村舍叢刊》收錄四十二
種。

　　歙縣汪君仲伊，即汪宗沂，劉文淇門人，與劉氏累世交
好，常駐揚州青谿舊屋。精通兵法音律，擅長輯佚考辨，著
述十數種，見劉師培〈汪仲伊先生傳〉。[101]

（二）〈補後漢儒林傳序〉

> 江都田季華先生，余姑之夫也。篤志古學，尤深於經，
> 嘗以《後漢書・儒林傳》於東京儒者甄采未備，因為
> 《補逸》一書，先采本書，旁及他籍，未及卒業，遽
> 歸道山，稿藏於家，未謀剞劂。南陵徐積餘孝廉，雅
> 材博物，僑寓揚州，搜訪揚郡諸耆儒者著述，為付諸
> 梓刻，有《積學齋叢書》，多海內學者罕覯之本，嘉
> 惠後學，厥功甚偉。時余假館其家，積餘因詢及先生

101　《左盦集》卷 6，《劉申叔遺書》，頁 1261。

遺著，遂出此編以示之。積餘謂先生此書於東漢經師淵源授受，瞭然可睹，不獨補蔚宗之闕，抑為後世之求東漢師儒家法者所不可少之書也。因取范書，繙閱數過，復博考羣籍，闕者補之，本無者增之，敘次顛倒者整比之，於是此書遂成完帙，洵可謂修學好古，實事求是者已。

先生未刻之書，尚有《揚州金石志》、《金石話》、《目耕齊筆記》諸書，坿記於此，以待世之求先生遺書者。先生有子增義，遭亂廢讀，然性好吟咏，抱先生遺著，守而勿失，亦賢子孫之不墜家聲者也。積餘刊此編既竣事，因志其緣起，錄於左方，以詒讀是書者。儀徵劉富曾。

田季華，即田溥光（1813-1849），或作普光，為劉文淇女婿。劉文淇子女各一，子即劉毓崧。女劉汝士，字仲博，生於嘉慶二十四年（1819），卒於同治十二年（1873），年五十四。劉壽曾《傳雅堂集》卷四〈適田先姑母墓志銘〉稱劉汝士「年二十為田氏婦……歸田氏十一年而國子君卒」，國子君即田溥光，卒於道光二十九年（1849），年僅三十六。劉文淇〈先府君行略〉中即載其為國學生，劉毓崧《通義堂集》卷六〈先母黃孺人行略〉亦同。

田溥光，〈墓志〉未見，《光緒江都縣續志》卷二十五上據其〈墓志〉略述其生平事蹟，云：

田溥光，字季華，原名普寶，監生。幼受業於梅植之，通小學，工詩。搜訪金石碑版，考訂其詞，孜孜無倦。篆隸渾古，得鄧山人石如法，真行亦入能品。高才氣

壯，傲岸不群，一游京師，轉側齊魯吳粵間，皆無所
遇，侘傺以終，年甫三十六。著有《揚州金石志》、
《金石話》、《目耕齋筆記》、《漢學堂詩文集》若
干卷。溥光訪求揚州遺文甚力，曾輯梁忠愍《于湀遺
集》刊行之，欲編《廣陵文徵》，未果。編修汪廷儒
輯《廣陵思古編》，溥光舉其所蒐集者相畀，其好古
而不近名，類如此。[102]

田溥光將其所輯廣陵文獻畀於汪廷儒（1804-1852），頗有鄭
玄贈《左傳注》與服虔之誼。汪廷儒輯《廣陵思古編》內外
篇，內篇輯錄古文，析為二十九卷，道光二十九年（1849）
刊行；外篇為時藝，僅輯成一卷。

《補後漢儒林傳》，《光緒江都縣續志・藝文考》作《後
漢書儒林傳考逸》。[103]

徐乃昌伯父徐文達聘劉富曾教授其子乃斌，見〈劉富曾
墓誌銘〉。《積學齋叢書》刊行於光緒十九年（1893），即
劉富曾受聘於徐府之時，故序中稱「時余假館其家」。

徐乃昌另作《續後漢儒林傳補逸》一卷，亦收錄於《鄦
齋叢書》，足見徐乃昌對《補後漢儒林傳》之評價。《鄦齋
叢書》刊行於光緒二十六年（1900），時劉貴曾已逝，劉富
曾先回揚駐留，後即旅居於滬，受聘於劉承幹與徐乃昌，司
任纂輯之業。

---

102 《光緒江都縣續志》（臺北：成文出版社，1970年）卷25，頁8。
103 《光緒江都縣續志》卷20，頁3。

（三）〈亡姪丁酉科舉人師蒼墓誌銘〉

於虖，吾忍銘吾亡姪哉！亡姪名師蒼，字張侯，伯兄恭甫子也。幼負異秉，讀書過目不忘。篤內行，無子弟過，由廩膳生拔光緒丁酉萃科中式舉人。竟以壬寅仲秋送其弟師慎、師培應鄉試，涉江水阨死，年僅二十有九。吾忍銘吾亡姪哉！姪生九歲而孤，仲兄良甫撫同己子，以養以教，至於成人。戊戌歲，仲兄卒，今茲亡姪蓋去伯兄之歿，歲星未再周，去仲兄歿四載，猶未安厝也。於虖哀哉！吾家世治經，先祖為《左氏正義》，長編已就，先兄繼之，僅及其半。姪劬學嗜古，有著述才，當家庭暇豫，姪每侍側，輒以析疑問難為樂。每發一義，出人意表，纂言提要，不讓儒宿。方將與之陳書發篋，掇拾叢殘，共編定先世遺文焉，今已矣。姪之著錄遺墨，尚待為之裒輯整比已。悲夫！姪生同治十三年八月初三日，歿光緒二十八年八月初四日，室胡氏甘泉進士文淵女，生子葆儒，有遺腹，妊已七月。重慈衰邁，孤嫠悲哀，斯亦人生之極艱矣。今將於年月日窆於揚州西郊郝家寶塔之先塋，爰揭而書諸石銘曰：

是為吾猶子之崇封兮，前後岡道而左右林泉。姪生而資性超越兮，信孝友之天全；威儀瑰瑋現天男相兮，詎優曇易姜夫華嚴。謂文章之憎命兮，何早攀桂闕之聯翩。謂生材必有用兮，乃短折首六極凶占；遺孤相其岐嶷兮，庶詩書之澤孔延。賦巫陽而下招兮，恨精

衛之難填；於虖江流幾時竭兮，哀此恨永永安有窮焉。我銘汝汝有知否耶？寫淚墨而泇漣。千秋萬歲後，請視此阡。

　　姪亡之年十一月二十三日，遺腹生男，命名崇儒，特書碣尾以慰窮泉。富曾手記。

劉師蒼歿於光緒二十八年（1902）。墓志附記崇儒出生，則本文作於其後。

　　劉師蒼行誼學術，另有袁鑣〈劉張侯傳〉備載其事及著述。見劉師培〈跋袁季枚劉張侯傳〉。[104]另袁鑣稱劉師培作有〈劉師蒼行狀〉，未見。

　　據袁鑣〈劉張侯傳〉，劉師蒼著述有《國語注補》，輯《元代帝王世系表》數種，皆未卒業。然其劬學嗜古，聰穎謙抑，有著述之才，名聞士林，故至民國年間，厲鼎煃致書劉葆儒，猶問劉師蒼著作，勉以刊行之責。其札云：

　　令先考張侯先生有高明沈潛之譽，使天假之年，其學術之造詣必凌駕申叔先生而上之。經笥所庋，必有遺文，倘更繼《傳雅》之後付之剞劂，則吉光片羽莫非可珍，此所望於先生者二也。[105]

劉師蒼早逝，其文不存，對儀徵劉氏學的傳承，實為可歎可惜之事。

（四）〈何中丞墓誌銘〉

　　何彥昇，字秋輦，常州江陰人，栻子。光緒己丑副貢。

104　《左盦題跋》，《劉申叔遺書》，頁 1983。
105　見李艷鳳、巫慶整理：〈新見民國時期「青谿舊屋」劉氏往來書信〉，《史學月刊》2010 年第 4 期，頁 102。

由部曹改官道員，隨出使美日祕大臣楊晟為參贊。敘
功以海關道記名，簡放山東登萊、青道，累官至甘肅、
新疆巡撫。以宣統二年九月歿於涼州旅次，年五十
一。彥昇少席華臊，而勤學過寒士，博通經史，能文
章。其居揚州時所交遊，皆一時賢俊，瓠園觴詠之盛，
人謂其有父風。然世方以科第為重，而彥昇竟屈於有
司，隨軺歐美，周歷列邦，聞見既宏，學識益富。迨
歸國後，服官西北，丁戊戌、庚子再變之後，朝局日
非，四海羹沸，位雖顯仍不能行其志。卒以萬里持節，
暴卒道路，時論惜之。子二人：震彝字邕威，號穆忿，
光緒甲辰進士，內閣中書、直隸候補道，幼有奇童之
目，以年少取科第。辛亥後家國多故，遂成狂易之疾，
未幾歿，年僅三十餘。

何彥昇（1860-1910），江陰人，光緒十五年（己丑，1889）
副貢，《清代職官表》附〈人物錄〉[106]略載其經歷而無傳記。
本篇似有刪節，篇末稱子二人，而唯述震彝事。

　　何彥昇父何栻（1816-1873），字蓮舫，係晚清著名詩人，
著有《悔餘菴文稿》、《悔餘菴詩稿》、《悔餘菴樂府》等
書，合為《悔餘菴集》四種。因其寓居揚州壺園，故《江都
續縣志》於「寓賢傳」中記載其事蹟。

　　何彥昇卒於宣統二年（1910）九月，故本文應撰於宣統
二年年底。

　　何震彝生於光緒十三年（1879），光緒三十年進士。宣

---

106 錢實甫：《清代職官表》（北京：中華書局，2005年）頁863。

統二年藉其父何彥昇押運敦煌遺書之便，與其岳丈李盛鐸
（1859-1934）揀取其中珍遺，羅振玉（1866-1940）《鳴沙
石室佚書・序》深責之。

（五）〈亡姪師培墓誌銘〉[107]

> 曾祖父文淇，嘉慶已卯科優貢生，誥贈奉政大夫，覃
> 恩晉贈朝議大夫。
> 祖毓崧，道光庚子科優貢生，薦舉八旗學官教習，誥
> 贈奉政大夫，覃恩晉贈朝議大夫
> 父貴曾，光緒丙子科已丑恩科副榜舉人，敕文林郎，
> 贈奉政大夫。[108]
> 歲在己未九月二十八日，三姪師培病歿京師，年甫三
> 十有六也。時任大學講席，大學校長蔡孑民先生經紀
> 其喪。翌年二月，命門人劉君叔雅[109]為之歸櫬揚州，
> 旅櫬蕭寺，待寒冬窆祖塋焉。蓋距宣統辛亥予在武昌
> 一見吾姪後，倏已八年矣。迴溯其先，一見於蕪湖，
> 再見於金陵，至武昌一別，永訣終古，無再見期。嗚
> 呼[110]傷哉！予同胞兄弟四人，姪為良甫二兄貴曾子。
> 兄得子遲，年三十九始生姪，時為光緒甲申年閏五月

---

107 此篇見於《劉申叔遺書》卷首。梅鉽《青谿舊屋儀徵劉氏五世小
　　記》附載此銘，然文稍見不同，蓋有集本、石本之異，或梅氏輯
　　錄時刪裁以諱也。茲以《劉申叔遺書》所載為底本，《青谿舊屋
　　儀徵劉氏五世小記》所載（簡作《梅本》）參斟。
108 《梅本》無以上三段。
109 「叔雅」《梅本》作「文典」。
110 「嗚呼」《梅本》作「烏乎」。

初二日。猶憶姪甫生，兄爇香神前，忽潸然下泣[111]。
予在旁言曰：生兒如願，極喜慶事，何反感傷為？嗚
呼！

孰知其為夭折不永，微機先動耶。姪生而岐嶷，髫齔
授讀，過目成誦，習為詩文，有如宿構，亡友朱君鳳
儀目為奇童。迨兄歿，姪入泮後，即膺鄉薦，是為光
緒壬寅補行庚子辛丑恩正併科，時姪年僅十有九也。
英妙獲雋[112]，聲譽鵲起，會試一不得當，游學四方。
姪材蘊瑰奇，少年氣盛，思欲有以自見，然名之所在，
謗亦隨之。故泛東瀛避難，入西蜀又遇險[113]。其間坎
窞洊經，跬步荊棘，瀕於鮑脆者屢矣。茲者班超生入
玉門，畢萬死於牖下，又蒙蔡、劉兩君紀理喪歸[114]，
千里會葬，雲天高誼，方之古人，蔑以加焉。學堂[115]
門人，心喪抱痛，更欲為其師刊遺著傳世，何其厚也，
姪雖死不死矣[116]。又況二十[117]餘年游學以來，當代名
公巨卿，耆儒碩學，行輩較長，多姪所當師事之人，
而諸老先生咸愛其才願為忘年交[118]，姪益恂恂抑然持
下，故人尤樂親之。恩義綢繆，相依患難，驪其愉樂，

---

111 「下泣」《梅本》作「泣下」。
112 「獲雋」《梅本》作「藉雋」。
113 《梅本》無「又遇險」3字。
114 「喪歸」《梅本》作「歸喪」。
115 「學堂」《梅本》作「學校」。
116 《梅本》無「姪雖死不死矣」6字。
117 「二十」《梅本》作「十」。
118 《梅本》無「愛其才」3字。

恤其陵夷，救[119]患分災，扶危拯困，所謂生死肉骨。
其大有庇於姪者，非惟知己，抑且感恩焉矣。

年來講學京師，仍理經生素業。予老矣，方期倦游歸
來，與之同訂先世《左疏》薰本。蓋曾戢理先祖《左
氏長編》，并習三統天算，欲繼大兄、二兄所編之業
為之也，今無望矣。

姪長身玉立，癯瘠秀異，如不勝衣，而辨口懸河，滔
滔不窮[120]，一名一物，精詳考覈，旁徵博通，均能言
其所以然[121]，故講席疊主[122]，羣弟子奉手受教，尊仰
斗山，無不推崇申叔先生者[123]，殆其教澤及人，有不
能忘者歟！夫物忌過盛，姪得名太早，厥性無恆，好
異矜奇，悁急近利，且書法枯槁無潤氣，均非壽徵。[124]
嫂氏李，今歲七十有八。衰齡值此痛切，攖心倚閭，
無復望王孫之歸，立槁乃轉哭皋魚之死。煢煢母子，
慟見黃泉，亦竟於今歲十月十二日相繼下世，蓋去姪
歿僅朞月十四日也。傷矣！姪生子不育，嫂氏歿後，
予季顯曾以孫葆楹為嫂氏承重孫，死者有知，亦應少
慰也已。配何氏，為余女夫揚子增生何家輅胞妹。銘
曰：

119　「救」《梅本》作「捄」。
120　《梅本》無「滔滔不窮」4字。
121　「均能言其所以然」《梅本》作「無不洞達」。
122　「講席疊主」《梅本》作「疊主講席」。
123　《梅本》無「無不推崇申叔先生者」9字。
124　《梅本》無「夫物忌過盛，姪得名太早，厥性無恆，好異矜奇，
　　悁急近利。且書法枯槁無潤氣，均非壽徵」34字。

其生也，天既畀以殊姿，然亦[125]第一第之榮，而憂患
屢經，仍為命啬而才豐也。其歿也，天復阨以塞運，
然名山大業，傳之其人，後學庶得所會通也。黌舍傳
經，待問撞鐘，諸生濟濟，披拂春風。其在《周易》
曰：「澤上有地，臨，君子以教思無窮。」

劉師培歿於民國八年（1919）九月，時人所作〈行述〉、〈事
略〉、〈年表〉等文，見於《劉申叔遺書》卷首，茲不具錄。

　　劉師培歿後，著作由南桂馨、錢玄同及鄭裕孚等人蒐集
編訂，劉家則由劉師穎及劉葆儒負責，詳見劉師穎〈劉申叔
遺書跋〉[126]及〈新見民國時期「青谿舊屋」劉氏往來書信〉
中之論商。

　　劉富曾為劉師蒼、劉師培作墓誌銘，均言其欲與二侄纘
續《左傳舊注疏證》之業，劉氏兄弟，劉壽曾、貴曾，均思
戮力從事編纂工作，然劉家本寒素，二人又早逝，故雖能繼
志，而未克完成。而富曾為持家故，課授四方，顯曾為官清
廉，二人長期旅居在外，故於《左傳舊注疏證》之業，未能
著手焉。故其雖每以斯事為念，但仍抱憾以終。

　　《左傳舊注疏證》的整理工作，在劉師培、劉富曾先後
棄世，劉氏後人自忖無力承繼，故劉師穎、劉葆儒已有就書
稿影印刊行的計畫，[127]惟因稿件繁雜，尚待謄寫整理，故當
時未積極進行。

125　《梅本》無「亦」字。
126　《劉申叔遺書》頁 2407。
127　詳見〈新見民國時期「青谿舊屋」劉氏往來書信〉中劉師穎與劉
　　　葆儒的書札。

（六）〈通義堂集跋〉

富曾自甲寅年就吳興劉翰怡京卿聘，任校讎之役。京卿
雅好儒業，志樂表揚，有汲古閣毛、士禮居黃氏風。搜
羅海內通人名德者宿遺著，單傳稿本而無力刊刻者，每
代授梓，以廣流布。表微闡幽，捃摭弗遑，何其厚也。
先君子曾著有《通義堂文集》十六卷，昔年先兄僅刻
數卷，力絀未克藏事，且已刻者亦多蠹蝕漫漶。京卿
篤念世交，代為剞劂，即命富曾為校字。富曾年來承
京卿授餐適館，有愧虛糜。今復得以人子勘校，先人
遺稿藉獲流傳後世，先君子為不朽矣！子孫銜感，永
矢弗諼。茲因工刻既竣，僅跋數語，以誌大德。庚申
年上元節，揚子劉富曾謹跋。

庚申為民國九年（1920），清末因避宣統名諱（溥儀），改
儀徵為揚子，民國後雖改回儀徵舊名，但學者多仍之未改。

　　《通義堂文集》由儀徵劉氏青谿舊屋陸續刊刻，有二卷
本、五卷本及十六卷本之不同。然其篇目由劉壽曾編定，初
刻時即已完成，李詳〈通義堂文集序〉稱：「《通義堂文集》
凡數十萬言，其門子恭甫君為刻數卷，前列原書之目。」惟
汪士鐸的〈通義堂集序〉，作於光緒十一年，此亦可想見前
五卷刊行的時間，費時多年。

　　《通義堂文集》五卷係光緒十四年（1888）青谿舊屋刊
本，[128]篇目與劉承幹求恕齋刊本的前五卷相同。其後光緒十

---

128 繆荃孫《藝風老人日記》光緒十四年十月二十六日記：「劉良甫
　　（貴曾）揚州並寄《通義堂集》。」頁78。

六年思賢講舍選取五卷本中的經說論述，成為二卷本，惟未收入《皇清經解續編》。

劉毓崧歿於同治六年（1867），《通義堂文集》於其逝後二十年始見刊行，是時編定篇次的劉壽曾亦已亡逝六年（劉壽曾逝於光緒八年，1882），故知刊行者為劉貴曾，然以家貧事勞，力紲而未成。至劉富曾晚年（時年七十五）因劉承幹之助而終能蕆事，時距劉貴曾初刊已三十二年，其稱「已刻者亦多蠹蝕漫漶」，可知板片多壞損，不能以續刻成事。而《通義堂集》出版，其時距劉毓崧棄世，則六十餘年矣。

劉氏家學能綿延數世，劉壽曾兄弟前後相繼，承繼先祖之志，以期發揚的作為，是主要的原因。而其戮力不怠，鞠躬盡瘁的精神，著實令人敬佩。

（七）〈黃氏逸書考序〉

乙丑孟夏，同邑素交王君翁廷鑒以所作《黃氏逸書考》敘文見示，是書為甘泉黃右原先生所輯。右原先生籍隸揚郡，上世業鹺淮南。先生生於華臕，而修學好古，有同寒素，曾執經同邑江鄭堂先生之門。鄭堂先生《漢學師承記》其所刊也。讀書之餘，好索隱輯佚，著有《逸書考》數百卷，隨得隨刊，甫印樣本即值洪、楊之亂，揚郡遭兵燹，板存蕭寺。

亂定後，右原先生即捐館。先生哲嗣輝山、叔符兩君，繼述先志，思以印本行世，以廣流傳。而板片已散失數十種，其存者亦多殘闕失次，雖外間間有印行本，而書名更易，亦非原舊。輝山、叔符又復相繼下世，

幸得翁廷與秦君曼青、暨翁廷孫承霖蒐訪叢殘於蠹灰
蟲蝕之中，補其缺佚，始為完書，獲見廬山真面焉。
蓋去右原先生之刊是書已將近百年矣。甚矣！名山大
業，傳世之不易也。

至此書卷帙之聚散，書名之更易，版片之購覓，殘缺之
脩理，補刊之校讎，以及完全原書類目篇數，翁廷〈序
文〉與〈凡例〉言之詳矣，故不復云。劉富曾謙甫跋。

乙丑為民國十四年（1925），王鑒補修黃奭《黃氏逸書考》
成，劉富曾為跋以誌其要略。

黃奭（1809-1853），原名黃錫麟，字右原，甘泉人。《清
史列傳》卷六十九有傳。跋文中的王鑑、秦曼青及王鑑之孫
王承霖，生平事蹟待考。

黃奭二子，長子黃浚，又作黃灝，字輝山。次子黃灃，
字蘭叔，一字叔符。

王鑑修補《黃氏逸書考》而請劉富曾題跋，蓋因黃灃曾
請劉富曾兄劉貴曾刊印《黃氏逸書考》，未果而劉貴曾歿。
民國新修《甘泉縣續志》卷二十三〈黃奭傳〉記載其事，云：

奭以咸豐初年歿，會遭粵匪之亂，舉家徙避。《逸書
考》版久庋樊漢僧舍。子諸生浚贖歸，思補闕佚，遽
歿。次子灃，亦諸生，為就版片完好者請於儀徵劉明
經貴曾編印行世，尋亦歿。《遺書》鋟板今歸儀徵王
翁廷鑑。[129]

劉富曾跋文中，敘述黃氏輯纂《黃氏逸書考》，及其子弟為

---

129 《民國甘泉縣續志》（南京：江蘇古籍出版社，1991 年）卷 23，
頁 3。

刊印先人遺作的努力。而其刊行劉毓崧《通義堂文集》，整
理《左傳舊注疏證》未竟，而時年已八十，頗有所感，故有
「甚矣！名山大業，傳世之不易也」之嘆！

第三章 《昏禮重別論對駁義》疏論

引　言

　　劉壽曾《昏禮重別論對駁義》二卷，收錄於《皇清經解續編》，筆者撰述博士論文《儀徵劉氏春秋左傳學研究》時，點讀此書，知其對於劉氏之禮學傳承頗具意義，但又不知其來龍去脈。甚且其論對者劉鷺汀，亦不知其為何許人也。[1]後讀劉恭冕《廣經室文鈔》，中有〈昏禮重別論序〉一文，蓋為劉壽曾《昏禮重別論對駁義》作，惟《皇清經解續編》未收錄此序文。據劉恭冕序文，知劉鷺汀係閩人，乃陳壽祺弟子。以此為線索，詳考近代各方志，於《福州市郊區志》中，見福州人劉端著有《古義昏禮重別論》及《西齋箚記》、《春秋三傳考錄》、《春秋左氏補疏》等書，蓋與儀徵劉氏學近似，故推知鷺汀即劉端之字號，《古義昏禮重別論》即與劉毓崧、劉壽曾論對議駁之作。然其書未見，劉端之生平出處及相關著作等細節，仍闕如待考。

　　據劉恭冕〈昏禮重別論序〉，劉端承陳壽祺學，故今取陳壽祺、陳喬樅父子論昏禮諸說與《昏禮重別論對駁義》中

---

1 《皇清經解》及《皇清經解續編》收錄之書，《續修四庫全書總目提要》多撰寫提要，《昏禮重別論對駁義》則闕如，疑即因於不知劉毓崧、壽曾父子論議對象之故。

相關記載互相印證。儀徵劉氏相關論述，則取劉文淇、劉毓崧、劉壽曾及劉師培之說相參照。

《昏禮重別論對駁義》內容以劉毓崧〈大夫以上先廟見後成昏〉[2]三篇為主體，劉端《昏禮重別論》即駁劉毓崧說。劉毓崧於劉端論後作「平」以再發其說。劉端則於「平」後作「對」闡發己意以再駁劉毓崧。劉毓崧沒後，劉壽曾匯集劉毓崧與劉端之論對，作「按語」以闡發其父之意，並就教劉端，劉端則再作「對」以回覆之，如此前後反覆數次。

因劉毓崧著〈大夫以上先廟見後成昏〉三篇，其要旨概已見於其中，故《昏禮重別論對駁義》中引載其說甚簡略。而劉壽曾為闡發其父之觀點，故回覆劉端之論述詳密而委曲，俱見其深思及體會所得，而以此亦見家族累世相傳而趨於精深的學術之道。

劉毓崧之說上承劉文淇，下由劉壽曾紹繼，至劉師培仍循其觀點，其中精深詳審之論述，頗可有可探求者，亦呈現儀徵劉氏對古代昏禮之觀念。故此先掇述清代學者主要的觀點及《昏禮重別論對駁義》的論辨主題，而後分析劉端之說，再回歸劉毓崧、劉壽曾及劉師培之說，以闡明其觀點的依據及其得失，據此，應可略見儀徵劉氏禮學思想的特色。

又劉恭冕〈昏禮重別論序〉中論述其觀點，與劉毓崧、劉壽曾略有不同，此亦可略見清儒於昏禮完成問題，多存歧異。茲亦酌取相關論述以考訂之，藉此側見清人論述古代昏禮之一斑。

---

2 劉恭冕〈昏禮重別論序〉記載其篇名為「先配後祖賈服義」，或為劉毓崧始作時之篇名。

第一節 昏禮諸說與《昏禮重別論對駁義》撰述過程

　　古代昏禮的儀式與意義，主要見於《儀禮・士昏禮》及《禮記・昏義》，〈士昏禮〉主要說明昏禮進行中，從「納采」至「親迎」的過程與儀節，此六項是否依據身分階層而有不同；或是程序相同，僅儀式所用的器物不同，三《禮》未有明確記載，而漢儒注釋已見異說。就程序而言，昏禮是否於親迎當夕完成，漢儒已有三說，李源澄〈先配後祖申杜說並廟見致女反馬諸義〉云：

> 漢世言昏禮，有當夕成昏，與三月廟見然後成婦，大夫以上三月廟見然後成婦三說。賈逵、何休主三月廟見然後成昏，鄭眾鄭玄主當夕成昏，服虔則以三月成昏為大夫以上通禮。……後世說經之家，率不出於以上諸說。[3]

伴隨昏禮完成而產生的禮儀，主要在於喪服的差異，清儒於此多方論述，但著重點與漢儒不同，而在於在昏禮的完成是「納徵」或「親迎」，[4]而親迎之後婚姻完成，則多視為理所當然。

　　昏禮的完成，在古代並無明文，士昏禮是否通行於大夫

---

3 原載《制言半月刊》12 期（1963 年 3 月），此徵引自《民國期刊資料彙編・三禮研究》（北京：國家圖書館出版社，2008 年）頁 762。

4 詳見張壽安《十八世紀禮學考證的思想活力 —— 禮教論爭與禮秩重省》（台北：中央研究院近代史研究所，2001 年）第 5 章，頁 399-459。

以上，亦是眾說紛紜，各家議論不已。大抵而論，主張士昏
禮通行於大夫以上者，多反對三月廟見之說；主張大夫以上
昏禮與士不同者，則多贊同賈逵、服虔之說，認為大夫以上
的昏禮，有三月廟見的儀式，而後昏禮方完成。[5]

儀徵劉氏四世治《左傳》，熟習漢代經說，於此折衷賈
逵及服虔說，主張古代昏禮，士與大夫以上的階層，頗有不
同，士階層親迎當夕昏禮程序已經全部完成，大夫以上則另
有「三月廟見」，廟見之後成婦。

劉端《古義昏禮重別論》一書今未見，據劉壽曾《昏禮
重別論對駁義》所載引，計十九條，劉恭冕〈昏禮重別論序〉
敘述劉端與劉毓崧父子論斷之經過，云：

> 吾友儀徵劉伯山明經（毓崧），博綜經史，凡立一義，
> 必洞悉古今同異之故。閩劉鷺汀刺史覃精《三禮》，
> 與其師陳恭甫編修相似，二君皆以言學締交。
>
> 明經習《左氏春秋》，曾箸〈先配後祖賈服義〉三篇，
> 謂大夫以上皆三月成昏，據《列女傳》所載宋共伯姬、
> 齊孝孟姬事證之。又以其說，推之〈草蟲〉諸詩，皆
> 同此禮。
>
> 刺史則援〈士昏禮〉篇首無士字，而曰「昏禮下達」，
> 刺史初說如此，後從鄭氏，以下達為媒氏通言，義似
> 遜前。又〈昏義〉、〈郊特牲〉皆通說昏禮，則自天
> 子至大夫士皆當夕成昏，無三月成昏之禮；《列女傳》
> 所載共伯姬、孝孟姬皆記禮者之失。反復辨論，成《昏

5　相關論述，詳見前注。贊同此說者，有黃以周、皮錫瑞等人。

禮重別論》，質之明經，決其可否。明經為之「平」，
刺史更為之「對」，皆各尊所聞，俟相見時議之，而
明經遽歸道山。

明經之子恭甫大令亦以雋才世其家學，爰取先箸引信
其義，又取刺史論對臚列而詳辨之，成《昏禮重別論
對駁義》，凡萬餘言。援引該洽，雖辨不爭，以視世
之黨同伐異、好名競勝者，倜乎其不可同年語矣。[6]

序文中明經即劉毓崧，刺史即劉端，皆清人對官職之習稱。
劉恭冕稱劉毓崧著有「〈先配後祖賈服義〉三篇」，此三篇
未見，應是劉毓崧初作之篇名，後收入《通義堂文集》，改
題〈大夫以上先廟見後成昏〉以符合主旨。據劉恭冕所稱題
名，知其原本乃欲申明賈逵及服虔說，但賈、服說並非一致，
故其改題名，強調大夫以上有三月廟見之儀式，士階層則無。

劉寶楠此序文說明《昏禮重別論對駁義》的編撰過程，
若考儀徵劉氏相關論述，則可見此三篇的觀點，已先見於《左
傳舊注疏證》隱公八年疏證，劉毓崧旨在闡發其要義。儀徵
劉氏與劉端的論辯過程，要之如下：

1.劉文淇：《左傳舊注疏證》隱公八年疏證。

2.劉毓崧：〈先配後祖賈服義〉（即〈大夫以上先廟見
後成昏〉）

3.劉端：《昏禮重別論》駁劉毓崧說

4.劉毓崧：平議劉端說

5.劉端：對答劉毓崧說

---

6 《劉恭冕集・廣經室文鈔》(《寶應劉氏集》收錄，揚州：廣陵書社，
　2006 年) 頁 581。

6.劉壽曾：《昏禮重別論對駁義》申疏劉毓崧說以駁劉端
二家各自引述，劉端說乃清代多數學者論昏禮之觀點，即〈士
昏禮〉通行於天子至大夫士，其依據眾家論述，陳疏其義，
考量情理，頗具精義，大抵完整呈現此觀點及主張的依據。
劉壽曾承繼父、祖之說，強調大夫以上昏禮與士不同，多方
引據，深入論述，闡發禮義，不僅是儀徵劉氏禮學思想的具
體呈現，亦是此主張的代表性論述。

第二節　劉端《昏禮重別論對駁義》之説

劉端，字鷺汀，或作魯汀，[7]福建侯官人，[8]道光二十年
（壬辰）恩科舉人，[9]官山西鳳臺縣知縣及安徽太湖縣知縣。
[10]問學於陳壽祺，精通《三禮》，[11]著有《西齋箚記》、《春
秋三傳考錄》、《春秋左氏補疏》、《守禦輯略補》、《古
義昏禮重別論》等書。[12]

7　胡鳳丹《青冢志》(《墓祠志叢刊》收錄《香豔叢書》本，揚州：
　　廣陵書社，2004 年)：「劉端，字魯汀，侯官人。道光壬辰舉人，
　　官安徽太湖縣知縣。」卷 10 頁 172。
8　《福州市郊區志》稱其為：「建新鎮劉宅村人」。
9　陳壽祺：《福建通志》(臺北：華文書局，1968 年) 卷 64，頁 22
　　(總頁 2905)。
10　《鳳臺縣續志‧職官》(北京：北京圖書館出版社，2002 年)：「劉
　　端：福建侯官人，舉人，咸豐五年任。」劉端任鳳臺縣令自咸豐
　　五年至咸豐八年。《太湖縣志（民國卷）》(合肥：黃山書社，2008
　　年) 卷 15，同治四年，劉端任太湖縣知縣。
11　劉恭冕〈昏禮重別論序〉云：「閩劉鷺汀刺史，擘精《三禮》，與
　　其師陳恭甫編修相似。」陳編修即陳壽祺。
12　《福州市郊區志》(陳吉主編。福州：福建教育出版社，1999 年)

　　劉端主張〈士昏禮〉首句「昏禮下達」乃指「既昏成禮，
自天子達於庶人」，是認為昏禮之儀節，自天子以致於士人，
無所不同，其差者，惟在於服儀及器物耳，此說法屬清代主
要的觀點，

　　〈昏禮重別論對駁義〉第四條載其云：

　　〈昏義篇〉末泛及天子與后六宮六官之制，明不專為
　　士昏發也。〈郊特牲〉有「玄冕齊戒」之文，五冕皆
　　玄，所謂冕而親迎，與士親迎服爵弁異，知亦通大夫
　　以上，不專言士禮也。

「對」又云：

　　倘使大夫以上成昏之禮與士有異，則兩〈記〉必分析
　　言之，以發其義，又何至取不同者而強之同乎！

　　（胡氏《儀禮正義》）且謂《記》云「無大夫冠禮，
　　而有其昏禮」，即〈士昏禮〉此篇是也。以此而推，
　　則〈昏義〉、〈郊特牲〉所言昏禮，泛及天子諸侯，
　　雖禮之隆殺與士不同，而節文大義，則未有不同，故
　　錯舉以見義可知也。[13]

昏禮男方親迎，當夕成昏，乃行乎上下，天子、大夫至士均
如此，未有不同，是劉端的基本觀點。

　　昏禮有六禮，始於「納采」，中經「問名」、「納吉」、
「納徵」及「請期」，而終於「親迎」。此為古代貴族「合

第 24 篇第 2 章〈文化藝術〉附「主要書目」：「劉端（今建新鎮劉
宅村人）：《西齋箚記》、《春秋三傳》、《考錄》、《春秋左氏傳補疏》、
《守禦輯略補》、《古今昏禮重別論》。」頁 575。

13 《昏禮重別論對駁義》（《皇清經解續編》本，臺北：藝文印書館，
1987 年），一，頁 7。

二姓之好」之昏儀，至此婚配已成，然此通行於天子至士，或僅適用於士族，大夫以上另有儀規，則有不同見解。

劉端依據鄭玄說，認為昏禮至「親迎」當夕，婚配已成，男女之別，由遠嫌轉為相親，故知斷無三月後完婚之理。[14]其主要觀點有三：

一、親迎之後，婚配已成，男女相處之道以相親為義

婚配將男女二人結合成一體，其後往來互動，均與婚配前不同，蓋婚配而使二人共同承擔家族成敗及繁衍後嗣之責任。〈昏禮重別論對駁義〉第二條，載劉端回覆劉毓崧之「對」云：

> 昏禮當夕成昏，故自親迎後，夫婦相見，步步相隨，不特授綏及合卺，共牢為相授受、相襲處。……即平時夫婦未有如此之暱者，以其將成昏，先以此為之節文，以寓敬而親之之義也。〈昏義〉以自納采至請期為敬慎重正，以親迎至共牢、合卺為親之，不言衽席相接事者，以衽席之間，無義可發，已統於親迎節內。但一親字足以該之，而統之曰「敬慎重正而後親之」。禮之大體，所以成男女之別，而立夫婦之義也。男女以遠嫌為別，迨成昏之夕，則以相親為厚別。[15]

此主張親迎當夕即成妃偶，男女同室，衽席相接，相親為實。若此非婚配之完成，則親迎之後所為，即成為「導淫蒙垢」

---

14 《昏禮重別論對駁義》第 6 條，對云：「鄭君之義，以從天子以下至士當夕成昏。」頁 12。
15 《昏禮重別論對駁義・一》，頁 3。

之行，其下續論云：

> 當夕成妃偶為昏之實，合體同尊卑為昏之文，惟有其
> 實而後文以行焉。倘成配在三月以後，則先行以上諸
> 節，則為導淫蒙垢，而非厚別矣……親迎相見，便正
> 以夫婦之名，其事豈可中輟！

此明顯主張夫婦之名分，至親迎已成，昏禮必然親迎當夕成
禮，否則所謂「觀後夙興，婦沐後俟見」，等皆成淫垢狎瀆
之事，必非先王制禮之義。如此三月廟見而後成婚之說，必
不可通。且親迎而婚配成，適用於天子諸侯，不可稱其專為
士而發，其論云：

> 〈昏義〉發明禮意，博大精深，謂專為士而發，而與
> 天子諸侯大夫無與則不可。[16]

劉端以情理作為昏義論說之基礎，親迎之後，夫婦人倫之道
行之，以親暱相處，無由中輟避嫌，此情理通行於各階層，
故無待三月廟見而後成昏者。

二、「三月廟見」為成婦之儀式，非昏儀之一端

「三月廟見」見於《禮記・曾子問》，其云：「三月而
廟見，稱來婦也。擇日而祭於禰，成婦之義也。」[17]劉毓崧
據此而稱大夫以上廟見而後成昏，劉端則論云：

> 為「三月廟見成昏」之說者，總因〈曾子問〉「三月

---

16 《昏禮重別論對駁義・一》，頁 4。第四條對云：「『平』謂《禮記・
  昏義》士昏禮為主，推及天子，是則然矣……倘使大夫以上成昏
  之理與士有異，則兩〈記〉必分析言之，以發其義，又何取不同者而
  強之同乎？且其美言精義，如許閎深，大夫以上，可勿取乎？」頁 8。
17 孔穎達：《禮記正義》卷 18。

廟見，稱來婦也，擇日而祭於禰，成婦之義也」，及
「女未廟見而死，歸葬於女氏之黨，示未成婦也」，
兩處之文，以成婦即成為夫婦，故有此言，不知成昏
與成婦，判然二事。嫁娶當夕成昏，三月廟見乃成婦，
蓋婦人雖適人，有歸宗之道，故必歷一時，賢否已見，
乃與廟見而成婦。[18]

據此，而論稱「昏禮原分兩截，當夕成昏為一節，三月廟見
成婦為一節」[19]。

於成昏與成婦之差異，劉端亦有論述，其云：

夫新婦初歸，道貴施慈教孝，俾知負荷之重。〈昏義〉
曰：「成婦禮，明婦順，又申之以著代，所以重責婦
順焉也。婦順者，順於舅姑，和於室人而後當於夫。」
〈昏義〉之重責婦順焉，與〈冠義〉之將責成人禮焉
也一例。將有厚責於人，故繁為之禮以示其率循，此
正婦初歸，子初冠之事，而不可俟諸異日也。今曰「大
夫以上三月」，以內諸禮皆廢。無酒醴之惠，何以示
慈？無盥饋之敬，何以將養？無授室之義，何以責
順？而處之別館，夫妻隔絕，廢居室大倫，試思妻本
義合，此三月中恩義不洽，漠然以路人相待，彼亦以

---

18 《昏禮重別論對駁義・二》，頁 1。
19 劉端稱成昏至廟見之間諸節，乃為成婦之儀節，同段論云：「劉君
欲主賈、服『大夫以上，三月成昏之說』，無如〈士昏禮〉，成昏
後，又有見舅姑、醴婦、盥饋、饗婦諸節，〈昏義〉與之相同，且
為發其義，曰『成婦禮』。」見〈昏禮重別論對駁義・二〉，重別
論三，頁 1。

> 路人自處，何所事事以見其賢否為去留乎？[20]

此均強調婿既親迎，即成夫婦，人倫大義已行，不待廟見而後確立婚配。然廟見在婚姻禮儀中，亦有其重要的象徵意義，即已成婦，上足侍奉姑舅，祭祀先祖，下足以事夫，主持家務，與夫婿共同操持家族事業，養育後嗣之責任，此乃象徵其由新嫁女，轉而成為女主人之義。

三、婿不親迎，三月後見外姑舅為昏禮特例

古代禮制，國君無事不出竟，昏禮中，請期、納徵以前，均由媒氏為之，唯親迎可出竟，故知迎娶對昏配以合二家之好之重要性。然古代昏禮，多有不親迎者，[21]《春秋》成公九年夏，季文子如宋致女，魯伯姬歸於宋公，即顯為不親迎者。劉端稱此為特例，以顯示「三月廟見」之義在於婦道已成，故有婿見外姑舅及反馬等事，非謂親迎後三月廟見而昏成也。其論云：

> 〈士昏禮〉：「若不親迎，則婦入三月，然後婿見。請覿。主人對曰：某以得外昏姻之數，某之子未得濯溉於祭祀，是以未敢見。今吾子辱請吾子之就宮，某將走見濯溉祭祀」，是明指三月廟見而言。廟見則成婦，故以昏姻之禮見禮意昭昭也。[22]

三月婿見一節，劉毓崧稱其疑為大夫昏禮，劉端則否定此觀

20　《昏禮重別論對駁義・二》，頁 2。
21　《春秋》隱公二年：「紀履緰來逆女。」《穀梁傳》云：「外逆女不書，此何以書？譏。何譏爾？譏始不親迎也。始不親迎昉於此乎？前此矣。」
22　〈昏禮重別論對駁義・二〉，頁 11。

點，其「對」論之云：

> 三月一時，婦之貞節已著，乃與廟見成婦。婦家使人
> 致禮，言女者謙不敢安，謂不敢直言其成婦也。從此
> 生則主祭，沒則祔皇姑，豈徒成昏之謂哉……至不親
> 迎之壻見，則斷斷乎屬士，必非大夫以上之駁文。以
> 〈士昏禮〉本言迎親正禮，〈記〉者因推及不親迎之
> 變禮，與大夫以上無涉……是不親迎之致女專屬大夫
> 以上，不親迎之壻專屬士，皆為三月成婦而設，豈成
> 昏之謂哉！[23]

劉端論昏禮，注重禮儀義涵之普遍性，故廟見、不親迎而壻
見等細節，士與大夫以上均相同。

　　大夫以上之昏禮與士之不同者，在於器物服儀等細節有
等差，如留車、反馬及致女等節，士無之。然劉端意此與成
昏無關，乃歸於夫家三月後廟見之禮，成婦之禮備，壻反馬
以告外姑舅也。然成昏、成婦為二節，大夫以上與士人均同。
故劉端所謂「昏禮重別」，所重者在於器物儀節之差異，而
非士人當夕成昏，大夫以上必待「三月廟見」之後。

第三節　儀徵劉氏之主張與依據

　　劉文淇作《春秋左氏傳舊注疏證》著重在以禮釋《春秋》，
疏證中多發揮漢儒禮義，藉以闡發《左傳》之義蘊。除於《左

---

23 〈昏禮重別論對駁義‧二〉，頁 12。

傳舊注疏證》中論述禮義外,文集中尚有論禮義及制度數篇,
主要在於分辨舊說之未當處,如〈書惲子居林孺人墓志後〉
既辨《公羊傳》、《白虎通》稱嫡死不更立,係專指大夫以
上而言,大夫以下則嫡死,繼室得更立之說與《左傳》記載
不符,惲敬、沈欽韓等援引其說,亦未見恰當,「非先王之
正經」。[24]以此略可得見劉文淇精通禮義,開創會通《三禮》
與《左傳》為治經特色之儀徵劉氏家學。

劉毓崧繼承父業,於禮儀制度特為鑽研,所著〈周官周
禮異名考〉,精闢深入,為劉師培禮說之先聲。〈大夫以上
先廟見後成昏說〉三篇、〈兼祧之禮合乎古義說〉及〈禁遷
葬者與嫁殤者考〉、〈嫁殤非未婚守志辨〉各篇,均深具卓
識洞見,為其禮學之代表論述。[25]

儀徵劉氏提出士與大夫以上階層的昏禮有明顯差異,亦
是依據漢儒說立論。此觀點先見於《春秋左氏傳舊注疏證》
隱公八年四月甲辰「鄭公子忽如陳逆婦……陳鍼子送女,先
配而後祖。鍼子曰:是不為夫婦,誣其祖矣!非禮,何以能
育。」一條其,引載之漢注:

> 賈云:配,謂成夫婦也。禮齊而未配,三月廟見然後
> 配。《正義》
> 鄭康成云:祖,祓道之祭也。先為配匹而後祖道,言
> 未去而行配。《正義》
> 賈、服之義,大夫以上,無問舅姑在否,皆三月廟見
> 之後乃始成昏,故譏鄭公子忽先為配乃見祖廟。《禮

---

24 見《劉文淇集》卷 7,頁 158-164。
25 以上各篇,俱見劉毓崧《通義堂集》卷 3。

記正義》[26]

賈、服明確指出「三月廟見之後乃始成昏配」，鄭玄則強調昏配與祭祖之先後，未論及「三月廟見」之事。孔穎達《左傳正義》、《禮記正義》均採鄭玄說而駁賈、服。[27]劉氏疏證則申明賈、服說，發揮其義，要義有四：

1.賈、服謂大夫以上，蓋別士言之。

2.士一廟，知廟見之禮當屬大夫以上。

3.賈、服所謂大夫以上，三月廟見成昏，容為古禮，春秋時猶行之。

4.《左傳》不與《儀禮》合，未可援〈昏禮〉以駁賈、鄭。[28]

據此可知儀徵劉氏強調大夫以上之昏禮與士不同之觀點，主要依據《左傳》記載及漢儒的注釋，蓋疏證《左傳》舊注而得，惟未能確定此係承繼劉文淇或劉毓崧所創發耳，然其為劉氏禮學重要內容則無疑。

〈大夫以上先廟見後成昏說〉指出，大夫以上之禮與士人多所不同，以昏禮為例，則於成婚之儀節、時間，皆不相同，而「三月廟見」[29]於昏禮中意義，大夫以上更與士人不同，故知〈士昏禮〉所述，是專就士而言，並不行於天子、諸侯及大夫。

---

26 《左傳舊注疏證》（北京：科學出版社，1959年）頁46。

27 孔穎達云：「先配後祖多異說，賈逵以『配』為『成夫婦』也。《禮》：齊而未配，三月廟見，然後配。案〈昏禮〉：親迎之夜，衽席相連，是士禮不待三月也……此三說皆滯。」《左傳正義》卷4，頁74。

28 詳見《左傳舊注疏證》隱公八年疏證，頁46。第四項引嚴蔚說。

29 「三月廟見」，見諸清人論述者，如萬斯大《學禮質疑》、黃以周《禮書通故》等，諸人所論與劉毓崧等頗有同異。此以劉氏父子所論為主，萬、黃等人所說，不具引。

一、大夫以上之昏禮與士昏禮不同

劉毓崧強調天子諸侯大夫之昏禮與士不同，而其最大之差別，在於士親迎當夕成昏，大夫以上則先廟見後成昏，並以此為漢儒賈逵、服虔之說。〈大夫以上先廟見後成昏說上篇〉云：

> 《禮記·郊特牲》云：「無大夫冠禮，而有其昏禮。」鄭康成據此謂天子、諸侯、大夫昏禮，與士昏禮不同。[30]賈（逵）、服（虔）釋《左氏》隱八年傳「鄭公子忽逆婦媯，先配而後祖」，以為禮齊而未配。大夫以上，無問舅姑在否，皆三月見祖廟之後，乃成昏。[31]

《正義》雖錄賈、服「大夫以上，三月廟見而後成昏」之說，但以別無可證，劉毓崧則引《列女·貞順傳》中的宋恭伯姬以證明，而知「大夫以上之昏禮，不同於士之昏禮，固確然有憑」。其論云：

> 先廟見後成昏之禮，見於《列女傳》者，莫著於宋恭伯姬。[32]《春秋》於成公九年，特書伯姬歸於宋，季孫行父如宋致女。《三傳》之舊注皆主此義。[33]次之

---

30 劉毓崧自注云：「《左氏宣五年·正義》云：『《儀禮》昏禮者，士之禮也。其禮無反馬，故休據之作《膏盲（當作「肓」》以難左氏。鄭玄箋之曰：『〈冠義〉云：『無大夫冠禮，而有其昏禮。』則昏禮者，天子、諸侯、大夫皆異也。」

31 劉毓崧《通義堂集》卷3，頁3。

32 劉毓崧自注云：「《列女·貞順傳》云：『宋恭伯姬，魯宣公之女，成公之妹也。其母曰繆姜，嫁伯姬於宋恭公，恭公不親迎，伯姬迫於父母之命而行。既入宋，三月廟見，當行夫婦之道，伯姬以恭公不親迎，故不肯聽命。宋人告魯使大夫季文子如宋，致命於伯姬。』」

33 劉毓崧自注云：「《春秋》成九年二月，伯姬歸於宋。夏，季孫行

者，則有齊孝孟姬。[34]其事雖未載於《春秋》，然所
述送女之誡詞，與《穀梁》桓三年傳略同。是必穀梁
家相傳古義，而子政采之也。……則賈、服所謂「大
夫以上先廟見後成昏」者，信有徵矣。鄭婦嬀所配者
公子忽，其位在諸侯夫人之下，卿大夫內子命婦之
上，而所行若彼，則鍼子所譏先配後祖者，非無說矣。
《春秋》文公四年夏逆婦姜於齊，《穀梁傳》以為責
其成體於齊。范甯、范邵復申明其說，謂譏公而兼貶
夫人。……夫不待反魯廟見，而遽在齊成昏，較諸公
子忽反鄭成昏，更為非禮，不特與宋伯姬相反，抑且
與齊孟姬迥殊，宜其為議禮者所責也。然則，觀於《春

父如宋致女。《禮記・曾子問正義》引服注云：「謂成昏。」《公
羊傳》云：「未有言致女者，此其言致女何？錄伯姬也。」何注
云：「古者，婦人三月而後廟見成歸。父母使大夫操禮而致之。
書者與上納幣同義，所以彰其潔，且為父母安榮之，言女者謙不
敢自成禮。」徐疏云：「重得父母之命，乃行婦道，故曰所以彰
其潔也。其女當夫，非禮不動，光照九族，父母得安，故曰榮之。」
《穀梁傳》云：「婦人在家制於父，既嫁制於夫。如宋致女，是
以我盡之也。不正，故不與內稱也。」楊疏引徐邈注云：「宋公
不親迎，故伯姬未順為夫婦，故父母使卿致伯姬，使成夫婦之禮，
以其責小禮，違大節，故傳曰『不與內稱』，謂不稱夫人而稱女。」
今按：《列女傳》云：「伯姬以恭公不親迎，故不肯聽命。」此
徐說所本，蓋子政治《春秋》，本《穀梁》家也。其下文云「還復
公命，公享之，繆姜出於房」云云，與《左傳》合。又云「《春秋》
詳錄其事，為賢伯姬」，與《公羊傳》合。是此事本兼采三《傳》也。
顧氏廣圻《列女傳考證》云：「『不肯聽命』，不見三《傳》，蓋采
他書也。」此未考服注、何注、徐注而止據杜注、范注耳。」

34 劉毓崧自注云：「《列女・貞順傳》云：「齊孝孟姬，華氏之長女，
齊孝公之夫人也，好貞壹。齊中求之，禮不備，終不往，齊國稱
其貞。孝公聞之，乃修禮，親迎於華氏之室，遂納於宮。三月廟
見，而後行夫婦之道。」

秋》褒伯姬,《穀梁》貶婦姜,《左傳》譏鄭嬀,《列
女傳》嘉孟姬,可知大夫以上之昏禮,不同於士之昏
禮,固確然有憑矣。

《左氏》隱八年《正義》云:「按昏禮,親迎之夜,
衽席相連,是士禮,不待三月也。」今按賈、服所言
者,大夫以上之昏禮,非士之昏禮也。《正義》所言,
殊嫌詞費。[35]

劉毓崧不只舉宋恭伯姬,證明先廟見後成昏乃古代大夫以上
通行之儀式,並以三國時期陸公紀之女鬱生為例,說明此婚
配程序,漢以後仍見行之者。[36]

　天子諸侯大夫之昏禮與士之差異甚多,不僅納徵所用之
皮幣,且〈士昏〉所云「至夙興,婦沐浴俟見」等節,亦非
大夫以上與士通行。劉壽曾申述劉毓崧說以駁劉端,云:

推〈昏義〉之說,則親迎後,綏綏、曲顧、行見、舍
見、俟門、俟著、俟堂,即席媵、御沃、盥交、合巹
共牢諸節,為相授受、相襲處者,夫婦之定分宜然也,
不得謂導淫蒙垢也,更不得謂狎瀆包羞也。……至夙
興,婦沐浴俟見,乃士昏禮,非大夫以上之昏禮,不
可指為衽席相接。若謂昏禮「敬慎重正而後親之」,
親字指當夕成昏而言,無論昏義,此節專屬士禮,即
謂指大夫以上而言,則「敬慎重正」四字,用以解三

---

35 劉毓崧〈大夫以上先廟見後成昏說上篇〉,見《通義堂文集》卷3,
　頁2-5。

36 其稱:「三國時,陸公紀之女鬱生貞節與齊孟姬、宋伯姬相埒,姚
　德祐上表於吳主,稱其待廟三月,婦禮未卒,則是先廟見後成昏,
　漢以後尚有行之者矣。豈可不加孳究而輕議古禮也哉!」

月成昏，不覺親切乎！

此明顯主張士昏禮與大夫以上之昏禮不同，而謂「綏綏、曲顧、行見、舍見」等為大夫以上之昏禮，「至夙興婦，沐浴俟見」則為士昏禮，蓋士昏禮為當夕成婚，故有「沐浴俟見」之誼；若大夫以上，則「綏綏」、「曲顧」等行止，在三月廟見之前，仍維持一定之分際及禮節規範。

劉毓崧論士昏禮與大夫以上不同的多處，其中最明顯者，在於致女、及留車反馬等儀式。〈大夫以上先廟見後成昏說中篇〉據《春秋》〈曲禮〉等說明大夫以上致女、留車反馬之意義，其正為三月廟見前，男女雙方昏配未成，故留車以備女用。〈大夫以上先廟見後成昏說中篇〉云：

> 古人昏禮，士以下無致女之儀，而大夫以上有之。其事書於《春秋》，其辭載於《曲禮》。[37]士以下無反馬之法，而大夫以上有之。其事見於《左傳》，[38]其象著於易爻。致女者，婦家之禮，不親迎則必致女，

---

[37] 劉毓崧自注云：「《曲禮》云：「納女於天子，曰『備百姓』；於國君，曰『備酒漿』；於大夫，曰『備埽灑』。鄭注云：「納女，猶致女也。」此其辭也。正義云：雖及大夫，不及士者，士卑故也。成九年夏，季係行父如宋致女，此云納女。故云『納女，猶致女也』。」今按：納女之辭，天子、諸侯、大夫皆有之，而士庶人無之者，天子、諸侯、大夫皆三月廟見，然後成昏，士庶人則當晚成昏。故有致女、不致女之殊，非第以位尊、位卑之別也。」

[38] 劉毓崧自注云：「《春秋》宣公五年秋九月，齊高固來逆子叔姬。冬，齊高固及子叔姬來。《左傳》云：「卿自逆也，冬來反馬也。」杜注云：「禮送女留其送馬，謙不自安。三月廟見，造使反馬。」《正義》引何休《左氏膏肓》：「言禮無反馬之法。」又引鄭玄《箋膏肓》云：「主人乘墨車，從車二乘。婦車亦如之。此婦車出於夫家，則士妻始嫁，乘夫家之車也。」《詩‧鵲巢》云：「之子于歸，百兩御之。」又曰：「之子于歸，百兩將之。」將，送也。國君之禮，夫人始嫁，自乘其家之車也。則天子、諸侯嫁女，留其乘車可知也。高固，大夫也，來反馬，則大夫亦留其車也。禮雖散亡，以《詩》之義論之，大夫以上，其嫁皆有留車反馬之禮。」

親迎則不致女。反馬者，夫家之禮，不親迎固當反馬，親迎亦當反馬，然則大夫以上先廟見後成昏者，致女之禮，或不盡行；而反馬之禮，未有不行。蓋婦入三月然後祭行，祭行然後成昏，成昏然後反馬。[39]

劉毓崧並稱「三月廟見」、「留車」等在婚配行為中均深有寓意，其中主要作用，在於使男女雙方在完成婚配前，有足夠時間互相熟悉，男方長輩能夠充分的考察女子是否足以承擔延續家族之責任，若女方行誼無法合乎男方規範，則毀昏出妻，亦不損女子之貞節。故劉壽曾謂「成昏前，既如此詳審，萬一出妻，正見不得已，而緩昏期，可以全婦，可為仁至義盡，何必仍以預易昏期為病乎！」[40]

二、輔教成婦以廟見，而後昏配成

「三月廟見」於昏禮中之意義，劉端與劉毓崧之觀點截然不同，前者強調其有一致性，劉毓崧及劉壽曾則強調大夫以上與士，雖均有「三月廟見」之儀式，然二者意義不同，劉壽曾申述其父之說，云：

先生（劉端）謂昏禮當夕成昏為一截，三月廟見成婦為一截，此說士禮可也。若大夫以上，則親迎或逆女為一截，三月廟見成婚為一截，與士昏禮截然不同。[41]

既廟見之後而婚配成，則自親迎至廟見之間三月，必有特殊之意義在。劉毓崧稱此時期為新婦學習與舅姑考察時期，其

39　《通義堂文集》卷3，頁9-19。「其象著於易爻」下，劉毓崧自注已刪節。
40　〈昏禮重別論對駁義・二〉，頁5。
41　〈昏禮重別論對駁義・二〉，頁3。

中之作用與意義，則有數端，〈大夫以上先廟見後成昏中篇〉
論云：

> 先王之制此禮，其用意實有數端：一則以輔教女之禮
> 也。[42]……一則以慎擇婦之禮也。[43]……一則以全出妻
> 之禮也。[44]

> 要之，士以下無世祿，大夫以上有世祿。無世祿者，
> 居必狹隘，罕有異宮，有世祿者，居必寬宏，且多別
> 館。無異宮者，成昏必在當夕；有別館者，成昏可俟
> 異時。且士、庶人嫁娶多遲，而天子、諸侯、大夫嫁

42　其論云：「古者，女子在父母家，皆有姆教。所謂女師、傅姆、阿
保者，並嫻習禮儀。既教於未嫁之先，復教於既嫁之後。然而，
寒素者多斂抑，富貴者每驕矜。故士以下之女，其聞教易於信從，
大夫以上之女，其聞教難於聽受。易教者固當致慎，難教者必先
求詳，是以臨嫁三月，教於公宮宗室，此士以下所共由也。初嫁
三月，教以待見祖廟，此大夫以上所特異也。三月成婦，與三月
教成，皆取已滿一時，可以有成之義，二者正相表裏。……」

43　其論云：「古者，舅姑為子擇婦，極其慎重。將聘，必審其世也；
既娶，必察其性情。惟是士以下之擇婦，止繫乎閨門，故先成昏
而後廟見；大夫以上之擇婦，有關乎家國，故先廟見而後成昏。……
此士以下之昏禮，蓋當夕即成昏，故次日即成婦也。……此大夫
以上之昏禮，蓋廟見始成昏，故三月乃成婦也。其必至三月者，
欲待經歷一時之久，知其情性之賢，然後妻可以事夫，勝可以接
君子，婦可以事宗廟，媵可以見外舅姑，而擇婦之禮於是乎成矣。」

44　其論云：「古者，夫婦之際，義合則留，不合則去。故大歸書於《春
秋》，而禮有七出之文，用免維家之索。顧士以下門楣罕貴，出妻
者其勢易行；大夫以上閥閱多崇，出妻者其情難處。先王知其然
也，故易於出者，使之先成昏後廟見，難於出者，使之先廟見後
成昏。蓋欲未昏時熟議去留，則既昏後免貽尤悔，其有未成昏而
見出者，仍得以處子更適他人，則於嚴峻之中，仍寓忠厚之意。……
蓋娶妻者，本求其助事宗廟；出妻者，亦斥其不共粢盛。良以妻
之事夫，義合則為宗廟主。義離則與宗廟絕，若被出者不俟廟見
成昏，則本未主宗廟粢盛，何必更言與廟絕乎？……出妻必遜詞，
載於〈雜記〉，無論成昏、未成昏，皆循此禮。而未成昏者，較諸
已成昏者，更為得宜。可謂仁義兼全，情法兩盡。既不至匿瑕含
垢，亦不至隙末凶終。而出妻之禮，於是乎定矣。」

娶較早。嫁娶遲者，成昏於當夕，則無遲暮之憂，嫁
娶早者，成昏於異時，則無太早之慮。此大夫以上之
昏禮，所以與士昏禮不同。

大夫以上為有國有家者，昏配不只合二姓之好，更有有維繫
家族之重要意義，劉毓崧依據諸侯大夫宗族繼承之須要，及
其宮室環境，故稱大夫以上之昏禮，有迎娶及廟見二段；前
段僅將迎娶之女子，另作居室於別館異宮，以三月之時間，
使其熟習夫家事物，並觀察其情性品德，指導其學習為婦之
道。劉壽曾申此義，論云：

昏義之釋婦順，先言順於舅姑，和於室人，即所謂重
於成婦，不係成妻也。繼言而後當於夫者，蓋順舅姑
和室人之後，而可以成昏也。此當是大夫以上昏禮。
由是推之，大夫以上昏禮雖亡，其義尚可考而得。蓋
於廟見前三月，教之學禮也。[45]

此說明三月廟見期間，女子所學習之內容。待女子之德行無
虧，能操持家務，侍奉姑舅，承繼家業，乃使其廟見先祖，
而正式成為新婦，昏禮至此完成。

三、親迎至三月廟見前女子之禮節與行事

劉毓崧不僅強調「三月廟見」於昏禮中之意義，並考察
此三月中男女相處之道。男方既親迎，女方歸於夫家，其夫
妻之名分已成，為尚無其實，且未祭告先祖，故男女之相處
授受，仍多受節制。劉毓崧認為「詩與禮本相貫通，明乎詩

---

45 〈昏禮重別論對駁義・二〉，頁 4。

意者，即知禮意，然則大夫以上先廟見後成昏者，其禮仍當取證於詩矣」。故其備采詩文，以證廟見於昏禮之重要性。

昏禮於男方親迎後，女子入夫家，其學習及男方考察者，首在於祭祀，故女子先為助祭之事，〈大夫以上先廟見後成昏下篇〉論云：

> 匡衡說《齊詩·關雎》「君子好仇」，謂后夫人奉神靈之統，能致其貞淑，然後可配至尊而為宗廟主。繹其語意，蓋言能奉神靈，乃能配至尊，與《毛詩》之義相合。由是言之，天子之后妃，固先行祭後成昏矣。〈召南·采蘩·序〉云：「夫人不失職也。夫人可以奉祭祀，則不失職矣。」鄭箋云：「奉祭祀者，采蘩之事也。不失職者，夙夜在公也。」
>
> 是故將助祭之時，夫人服次以視濯饎；方助祭之頃，夫人服副以執豆籩。至於既離廟中，將反燕寢，若在平日，但服纚筓，而茲必服次還歸者，以其將成昏禮。蓋能奉宗廟之祭，斯能稱夫人之職耳。由此言之，諸侯之夫人，亦先行祭後成昏矣。[46]

女子至夫家三月期間，學習禮儀規範，亦藉助祭以徵驗於先祖。而其與夫婿相處，則無事不相見，同牢共食而不同室而居，劉毓崧據《毛詩·草蟲》而論曰：

> 《詩》言「未見君子」者，即賈氏《左傳注》所言禮齊而未配，三月廟見，然後成昏。蓋雖同牢而食，尚未同室而居。此三月之中，無事不當相見，故必俟采

---

46 《通義堂文集》卷3，頁20-22。

蕨薇以供祭之後，始見接待於君子也。由此言之，卿
大夫之內子命婦，又先行祭後成昏矣。〈采蘋序〉云：
「大夫妻能循法度也。」能循法度，則可以承先祖、
共祭祀矣。

蓋大夫之妻，雖已嫁，而三月之中尚未成昏，故不稱
命婦而稱季女，足證教成之祭與成婦之祭，實相表裏。

為女時學祭禮，為婦時行祭禮，先行祭後成昏耳。[47]

大夫與其親迎之妻，在未廟見之前，教導其祭祀之儀節，現
其柔順忠信，以求先祖之受納，成為新婦女主。然期間男女
「不同室而居」、「無事不當相見」，是待女方如客，則見
男方護持女子潔清之禮義，蓋備其未成婚配而見出，「仍得
以處子更適他人，則於嚴峻之中，仍寓忠厚之意」，劉壽曾
申論劉毓崧之說，而稱三月廟見乃「緩昏期以全婦」之道也。

　劉壽曾《昏禮重別論對駁義》中，多發揮劉毓崧〈大夫
以上先廟見後成昏〉之觀點以駁劉端，以此而形成其家禮學
中嚴密之觀點，其後劉師培仍依循其說以釋《左傳》義，亦
發揮「三月廟見以成婚」之論點，《春秋左氏傳答問》中載
錄其回答弟子皮應熊之提問，云：

賈、服謂三月廟見，乃始成昏，謂大夫以上昏禮。《禮
經》于親迎之夕，即言御衽於奧者，則為士禮。據〈曾
子問〉及《公羊》何注，均有「三月廟見」之詞，惟
成昏必待廟見，未著明文。《左氏》先師，則以大夫
以上，其成昏必待廟見；故何氏僅云「三月致女」。

---

47 《通義堂文集》卷3，頁23-26。

服氏直以致女為成昏。今考《列女傳・宋伯姬傳》云：
「三月廟見，當行夫婦之道。」此即服氏以致女為成
昏所本。又考〈齊孟姬傳〉云：「三月廟見，而後行
夫婦之道。」即指成昏。是成昏後於廟見，古有明文。
鄭忽先配後祖，謂先成昏而後廟見也。賈、服之說至
為昭碻，孔疏本後鄭《駁異義》說，以士禮賅大夫，
以《考工記》證之，則天子聘女，與諸侯不同，天子、
諸侯均與士禮納徵僅用皮幣者有別，則昏禮所行之制，
緣位而區。經言下達，鄭謂媒氏通言，非謂天子迄庶人
無異制也。所引禹娶塗山，與史遷師說弗合，史言辛
壬娶塗山，癸甲生啟，弗作四日即去解。二鄭之說，均
遜服、賈，杜以告廟為說，在孔《疏》已疑其非，特
例不破注，強為之詞，此固無足辨也。[48]

此雖是回答弟子對於《左傳》中陳鍼子所譏刺的問題而發，
但劉師培據賈逵及服虔說，以申述先祖之說，則無疑。

　　以上昏禮儀式問題，為劉氏論禮之一端，不足以窺見劉
氏禮學全貌，但足見家族世代相承之觀點。總歸劉氏祖孫論
禮之精義，在於以禮制儀節之精神貫諸群經，劉文淇承前儒，

---

48 《春秋左氏傳答問》第十七，皮應熊問：「隱八年《傳》：鄭公子
忽如齊逆女，先配後祖。陳鍼子譏其非禮。賈逵以禮三月廟見，
然後配為說。孔謂昏禮，親迎之夜，衽席相連。又會禹娶塗山，
四日即去而生啟，力闢其謬。至鄭眾以配為同牢而食，先配後祖，
無敬神之心。鄭玄以祖為軷道之祭，孔斥二家，均云說滯。杜注
謂逆婦必先祖廟而行，故楚公子圍偁告莊公之廟，孔亦謂公子圍
告廟者專權，自由非正。且告廟或係鄭忽，或係鄭伯為忽告之，
孔游移其說，皆不能定，何以正之？」(《劉申叔遺書》本，頁316，
南京：江蘇古籍出版社，1997。) 朱冠華《劉師培春秋左氏傳研
究》頁329。(北京：光明日報出版社，1998。)

強調解「《春秋》必以禮」，已開其端，劉毓崧、壽曾發揚劉文淇之學。既重禮儀制度，又分辨禮制中之細節等差以求其適用之對象及施行之差異。

劉毓崧學藝精湛，思想通達，能知禮義根本所在，亦能闡發其中蘊含之人情義理，既稱遵禮「太高而過中者，君子未嘗不嘉而傳之」、「近厚失正者，君子未嘗不矜而容之」。[49]由此而謂禮以義起，達於禮意，則變禮可從，[50]故其考辨諸侯大夫之昏禮與士之差異，進而辨析其中喪禮之等差及喪服省簡之原則，於「三月廟見而成昏」則申明其內容，而彰顯先王制禮之意義與其中蘊含之寬厚精神。

第四節　餘　論

古代士大夫以上之昏禮，在合二姓之好，事宗廟，繼後世。其始於「納采」，成於「親迎」，中經過「問名」、「納吉」、「納徵」（納幣）及「請期」等過程，此見於《儀禮·士昏》及《禮記·昏義》。其中細節施行時或有省簡或變易，然大抵依循其步驟及精神。

清代學者於此問題亦見若干討論，或以其不如婚配成立於納徵或親迎事涉禮制及習俗之緊要，故除劉毓崧父子及劉端所論述外，未見有成編者。劉毓崧、劉壽曾父子所主張之

---

49 劉毓崧〈嫁殤非未婚守志辨〉，《通義堂文集》卷 3，頁 68。
50 劉壽曾〈三烈墓碑〉：「儀徵劉壽曾曰：『禮，婦人外成，其女未廟見而死者，歸葬於女氏之黨。』〈曾子問〉所稱，已為變禮，從姊妹、兄之女以同殉烈而同葬，則尤禮之變者也。訓導君之言，可不謂達於禮意者乎？三烈題碑，古人表墓所無也，亦禮以義起者也。」《劉壽曾集》，頁 173。

大夫以上「三月廟見」以成婚說，頗有可取，能駁劉端所論
云。然亦有其未臻周密之處，故劉恭冕雖採信其分別之說，
但主張大夫與士人同，均當夕成昏，三月廟見，唯行於天子、
諸侯耳。其〈昏禮重別論序〉云：

> 冕則謂明經所據《列女傳》必不可駁，而〈昏禮〉所
> 言「下達」，實為大夫以下通行之禮。〈玉藻〉始冠
> 緇布冠，自諸下達，與此言下達義同，故曰無大夫冠
> 禮，而有其昏禮，則知大夫是當夕成昏也。至天子諸
> 侯皆三月廟見後成昏。三月者，所以致齋戒也。〈月
> 令〉於仲夏仲冬皆言君子齋戒，足知齋戒本無定期，
> 非但如散齋七日、致齋三日矣。蓋爵愈貴則禮愈尊，
> 亦愈嚴，故凡禮之近人情者，皆非其至者也。……昏
> 義即昏禮之義，〈昏義〉、〈郊特牲〉雜說昏制，文
> 皆完善，不必疑其有闕佚也。凡此與明經、刺史說稍
> 有異，故因大令此編為附箸之。

劉恭冕所云「三月廟見」之意義與劉毓崧、壽曾所論，顯然
不同，不僅在於三月廟見適行之對象，且作用亦不同。劉毓
崧、壽曾著重在女子之學習考察，以求其合適於夫家；劉恭
冕則強調天子、諸侯之齋戒，以見其取妻婚配之慎重，蓋著
眼於利後嗣也。

　　婚配成立之問題，關涉風俗至鉅，故清儒多所論述，今
人探討亦多，茲不具論。[51]士昏禮親迎而後禮成，夫婦同房

---

51 詳見張壽安《十八世紀禮學考證的思想活力 —— 禮教論爭與禮秩
　　重省》（臺北：中央研究院近代史研究所，2001 年）第 5 章〈「成
　　婦」？「成妻」：清儒論婚姻之成立〉。

共席似無可疑議。然《禮記・曾子問》中，尚有「三月廟見」之禮，且稱既嫁未廟見而死，則「不遷於祖，不祔於皇姑」且「歸葬於女氏之黨」，以此而衍生出廟見之前，昏禮是否完成之疑。

劉端《古義昏禮重別論》未見，據《昏禮重別論對駁義》所引載，卷端有「重別論四」等語，則其說應多於劉壽曾所徵引而駁之十九則，論述及引證容有未著錄於《昏禮重別論對駁義》之中者。然其主張昏禮至親迎完成，則清人多贊同此觀點，故可以就各家論著探得其主旨。儀徵劉氏之說，據賈逵、服虔說立論，廣徵博引，論述細密，然仍有可疑之處，[52]故劉恭冕即認為三月廟見為天子、諸侯之禮，大夫階層仍屬親迎當夕成昏，與士階層同。然其從男方角度立論，稱三月乃為齋戒，頗能補充儀徵劉氏說，使劉毓崧〈大夫以上先廟見後成昏說〉更為完備。

---

52 林素娟〈古代婚禮「廟見成婦」說問題探究〉(《漢學研究》第 21 卷第 1 期，2003 年）稱劉毓崧父子之說：「只能說明士人並無三月廟見才成婚之說，並不能同時證明大夫以上有此禮俗。」頁 47-76。管東貴〈中國古代的媵娣制與試婚制〉(《中央研究院國際漢學會議論文集》，臺北：中央研究院，1981 年）則強調「『廟見』是確定夫妻名分的一項禮儀」，「是娣媵昏中顯示婚姻成敗的一項最重要的禮儀」，這制度「在春秋初年出現了破壞的事例」(指隱公八年鄭公子忽如陳逆婦媯一事）。頁 12。

第四章　劉氏的方志學要義與實踐

引　言

　　方志為最古之史，[1]中國地方志的編纂，學者多認為起自《尚書‧禹貢》或《周禮》，而《漢書‧地理志》、《後漢書‧郡國志》記載的戶口、山川、風俗及物產等內容，則是後世地方志的雛形。東漢之後，史學興起，史籍逐步脫離《春秋》獨立成類，至《隋書‧經籍志》史部列「地理」一類，收錄《山海經》以下一百三十九部，並強調其作用，在於「疆理天下，物其土宜，知其利害，達其志而通其欲，齊其政而修其教」[2]，故無論中央政府或地方均重視方志地理的編撰，在中央為史官掌職之要務，詳記各地地理差異及官員績效，作為因地制宜，施政修教的依據；在地方特重視民情習俗，以便官吏分職設事，並作為施政緩急，治民產物的參考。地方志的體例在後漢大致粗具規模，[3]至晉摯虞（約 240-311）

1　梁啟超：「最古之史，實為方志。」見《中國近三百年來學術史》（臺北：里仁書局，1995 年）十五，頁 418。
2　魏徵等撰：《隋書》（北京：中華書局，1973 年）卷 33、〈經籍志‧地理類敘〉，頁 987。
3　劉緯毅：《中國地方志初探》（《中國圖書文獻學論集》收錄，1986 年）云：「中國地方志實際創始於東漢，最早的作品當推東漢初年的《南陽風俗傳》。」頁 890。

《畿服經》記載的事物已見完備，《隋志》稱其書「州郡及縣分野封略事業，國邑山陵水泉，鄉亭城道里土田，民物風俗，先賢舊好，靡不具悉」[4]，既包含制度沿革、都城變遷、風俗物產及鄉賢人物，其為一地方的歷史無疑，唐宋以降的方志書，亦多取法於此。

《四庫全書總目‧地理類敘》以樂史（930-1007）《太平寰宇記》為州縣志之濫觴，蓋取其體例完整。其稱樂氏書「採摭繁富，惟取賅備，於列朝人物，一一並登，至於題詠古蹟若張祐（？-853）〈金山詩〉之類，亦皆並錄，後來方志必列人物、藝文者，其體皆始於史。蓋地理之書，記載至是而始詳，體例亦自是而大變」[5]。但《太平寰宇記》仍屬總志之屬，若《吳郡圖經續記》、《乾道臨安志》、《淳熙三山志》及《吳郡志》等書專記載一地的事物，則是體例完善的地方志。

地方志的內容及體裁經宋元明之發展，漸趨完備，至清代更因朝廷及封疆大吏的重視，無論體裁、內容或數量，均遠邁前朝，成為考察一地一時之山河物產、政經文化、民情風俗及地方耆老賢良最重要的依據。

清代重視地方志，康熙、雍正二朝，屢詔令各省修通志，於體例亦多所裁示，故清代纂修的地方志，多取法官修的一

---

4 魏徵等撰：《隋書‧經籍志‧地理類敘》，卷 33，頁 988。
5 永瑢：《四庫全書總目》（北京：中華書局，1965 年），卷 68，頁 595-596。地理類下分宮殿疏、總志、都會郡縣、河防、邊防、山川、古蹟、雜記、遊記、外紀十屬。都會郡縣之屬以《吳郡圖經續記》為首，次為《乾道臨安志》，提要稱《乾道臨安志》「為南宋地志中為最古本」。

統志或各省通志，內容或有詳贍疏略的不同，於體例則頗趨一致。考察清代的方志學發展與成就，明顯受到考據學風的助益，蓋學者熟習考據方法，既從事古籍校訂及闡釋工作，亦將其方法與態度，應用在文獻的徵集及編纂等工作上，最明顯的現象，在於記載事物同時多附考論文字。而其具體成就，則不僅表現在數量上，更在於地方文獻的編纂者，在著手撰述前，多提出精密周延的編輯原則，力求體例及內容編撰的完備，以期能呈現一地的整體風貌及文化特色，並藉以表彰鄉賢耆老，達到教化的功能。

地方志既有保存鄉邦文獻及闡揚教化的功能，也是地方仕紳名流、商賈富室及官員留名青史，彰顯政績的有效方式，故修志之議，常由知府知縣等地方主管主其事，或由仕紳發起並捐貲刊行，畢沅（1730-1797）修《湖北通志》，阮元倡修《儀徵縣志》，淮揚鹽商資助江淮揚徽各方志的刊行均為其中犖犖著名者。

今人論及方志的理論與實踐，均推崇章學誠的成就與貢獻，其對近代以來方志之編纂影響深遠，自不待言，方志之編纂要義，至章氏已臻於成熟，亦無庸置疑。儀徵劉氏則數世從事方志編輯，累積豐富經驗，劉壽曾參與《重修江寧府志》編撰，雖斟酌章學誠說以擬定凡例，[6]但劉氏方志學在經歷三世之實踐中，亦自展現出其不同於章學誠之若干特質，惟此向來未受到學界及研究者重視。

儀徵劉氏學起自劉文淇（1789-1854），以經學為研究重

---

6 見《劉壽曾集》卷 2、〈上汪梅邨先生書〉，頁 102。

心，以編纂校書為業，是清代乾嘉以後至民初揚州最著名的
學術家族之一，而方志編撰正是其學術工作的重要內容，對
揚州文化及劉氏學的傳承，均有重要意義。劉氏家族從事方
志編纂工作，自劉文淇晚年應儀徵知縣王檢心（1804-1869）
之聘，與張安保（1795-1864）同任《重修儀徵縣志》總纂開
始。之後即擬定體例，帶領子弟投注心力於採集文獻，覈校
史志記載與制度沿革，述論官守及鄉賢的事蹟，考察山川都
城與湖塘水道的興廢與變遷，不僅網羅舊聞，鉤稽異說，修
訂舊志的疏誤，並記錄當地數十年來的發展，以此開啟劉氏
方志之學。其後劉壽曾總纂《光緒江都續志》，分纂《江寧
府志》，劉貴曾分纂《續纂揚州府志》，劉富曾纂修《南陵
縣志》、審定《續修江都縣志》，大致沿襲此方式。至劉師
培則詳論地方志的體例與作用，搜求鄉賢著述的方法，並撰
著地理教科書，以作為地方教育的材料，不僅詳贍完備，亦
為近現代鄉土教育之先聲。

　　經學是劉氏學術的核心，斠讎與方志編纂亦為劉氏數世
從事的工作。其累積的經驗與觀念，可媲美其疏證《左傳》
舊注的成就，洵為一家之學，惟學者多忽略其斠讎與方志的
工作與思想，殊為可惜。筆者從事儀徵劉氏學的研究已有多
年，先後撰成其斠讎工作與斠讎學的論述若干篇，茲再據其
纂修的方志，論述其方志學要義，期能更進一步彰顯儀徵劉
氏的學術成就。

第一節　劉文淇與《重修儀徵縣志》

《重修儀徵縣志》從創議到付梓刊行，前後四十三年，其中主要工作均由劉文淇祖孫三代負責。透過《重修儀徵縣志》的編纂工作，劉文淇將其方志學付諸實踐，亦傳示子弟。

一、劉文淇對地方文獻的關注與《重修儀徵縣志》的修纂

劉文淇家族自其祖父占籍儀徵，後世均以儀徵冠其所自，故以邑人任《儀徵縣志》總纂。但自劉文淇開始，劉毓崧、劉貴曾均長期駐留揚州，講學授徒。揚州不僅為府治所在，人文薈萃，匯聚府下所轄州縣之名流巨室，亦是南北運河之起點，商旅往來駐留之處。劉氏祖孫關心地方文化，氏族祠堂古物，水道溝渠，無不考察，講學於揚州府城，除以文會友，結識當時名儒學者之外，同時考察揚州水道地理及習俗民情，因而熟悉史蹟文物，為時人所贊稱，故屢有代撰碑記及文獻校勘之請，[7]《青谿舊屋文集》中之〈上阮相國書〉[8]〈與王子涵司馬論修縣志書〉[9]及〈江都汪氏兩孝子祠記〉[10]

---

7 劉毓崧〈先考行略〉稱其父：「熟於鄉邦文獻，遇郡邑長官諮詢掌故者，必舉前賢之遺跡，屬其表章，自報謝以外，非公不見，於私事毫無所干。值採訪忠孝節烈，則慨然自任其勞。」《劉文淇集》收錄，頁 347。
8 《劉文淇集》卷 3，頁 35。篇中論述其校勘《嘉定真州志》、《隆慶儀真志》及《嘉慶揚州府志》所得，實即為《重修儀徵縣志》的基礎。
9 《劉文淇集》卷 3，頁 51。

〈更正揚州府學名宦鄉賢祠木主記代〉[11]等篇均因此而作。

劉毓崧〈先考行略〉稱父「釋經之暇，好讀史鑑，於地理之沿革，水道之變遷，尤所醉心」，地理沿革包含道府州縣之設置分合，同時包含史蹟文物的流傳、頹圮與修繕；水道變遷，則關係城鎮的位址與面貌，及其興廢變遷之緣由。劉文淇於地理沿革著有《楚漢諸侯疆域志》及〈項羽都江都考〉、〈駁全謝山九郡答問〉[12]各篇，於水道變遷則撰有《揚州水道記》[13]，均足以呈現其在興地沿革及地理方面的學術成就。而除此論著外，劉文淇並將其研治興地的心得與觀點應用於鄉里事務，如〈圩岸公修議〉之主張即是為解決圩岸紛爭而作。[14]亦將此用於方志編纂，藉以保存鄉邦史蹟與文獻，崇揚鄉賢的德操行誼，作為邑人學習的典範，《重修儀徵縣志》即為代表作。

《重修儀徵縣志》編撰始於道光二十八年（1848）間，當時知縣王檢心以「邑志閱四十年未修，慨然以重修為己任」

10　《劉文淇集》卷 2，頁 27。《續纂揚州府志》（臺北：成文出版社，1970）卷 5 載錄此篇。

11　見《劉文淇集》卷 3，頁 28。此篇作於道光 18 年（1838），係代揚州知府李璋煜作。《續纂揚州府志》（臺北：成文出版社，1970年）卷 3，頁 213 載錄此篇，篇名作〈釐正木主記〉。

12　《楚漢諸侯疆域志》三卷：《廣雅叢書》、《史學叢書》及《二十五史補編》等叢書收錄。筆者點校《劉文淇集》收錄於附錄。〈項羽都江都考〉、〈駁全謝山九郡答問〉二篇見《劉文淇集》卷 4，頁57-67。

13　《揚州水道記》四卷，清同治壬申（1872）年淮南書局補刊本。

14　《劉文淇集》卷 2，頁 17。篇中考察江都圩田水岸的治理維護沿革，指出當時圩岸由佃戶或業主維修乃一時便宜，而終成禍害，使「業戶受累無窮，而年年失收，錢糧亦無所出」。唯有恢復公岸公修，方能「除積弊而安生業」，「弭爭息訟」。

¹⁵，而屬意劉文淇及張安保¹⁶編纂，至咸豐二年（1852）完成，歷時前後五年。¹⁷

咸豐三年，《重修儀徵縣志》鎸版將竣之際，太平軍第一次攻陷揚州，劉文淇家避難至邵伯塦，¹⁸臨危之中，仍攜書稿以出，其對修志一事的重視顯然可見。隔年，劉文淇返回揚州，半年後棄世，《重修儀徵縣志》佚失一卷，餘由劉氏子弟護存，雖喪亂之際，未能綴補，但太平軍三入揚州，劉氏殘破之際，仍以護存書稿為務。張安保子張丙炎述記其始末云：

> （《重修儀徵縣志》）始於道光戊申（二十八），卒業於咸豐壬子（二年），成書五十卷。鎸版將竣，郡城淪陷，稿本幸為劉先生攜出，僅佚一卷。光緒戊寅（四年），丙炎歸自粵冬，劉先生文孫恭甫以稿本見示，並謀醵貲刊布。丙炎諾之，未及授梓而恭甫遽歿。深思舊籍淪落，乃屬其弟良甫、謙甫，出稿本，與何述庭廣文審定遺謬。所佚失一卷，依例補纂。校勘諸

---

15 張丙炎：〈重修儀徵縣志後敘〉，見《重修儀徵縣志》（《中國地方志集成》收錄，上海：上海古籍出版社，1991年）卷首。

16 《儀徵縣志》編纂過程中，張安保實際從事的工作，未見詳細記載，張氏後人多參與校勘工作，見張重威〈青谿舊屋儀徵劉氏五世小記序〉。但《重修儀徵縣志》由張安保子丙炎（1826-1905）召集卞寶弟（字頌臣，1824-1892）、陳彝（字六舟，？-1896）、何劍秋等人出資刊行，不足者由張丙炎補足，張氏對《重修儀徵縣志》的流傳，居功厥偉。詳見張丙炎〈重修儀徵縣志後序〉：《重修儀徵縣志》卷首。

17 據張丙炎〈重修儀徵縣志後序〉及小澤文四郎《儀徵劉孟瞻先生年譜》記載，重修工作始於道光二十八年（1840），完成於咸豐二年（1852）。

18 見〈漢延熹西嶽華山碑舊拓本跋〉：《劉文淇集》卷7，頁175。

　　君以誼關桑梓，不受修脯。蓋越九載而始告成，惜恭
　　甫之不及見也。[19]

張氏與劉氏世代交好，二家一同修纂地方文獻，本屬美談，
後人又共同促成其父兄之舊編付梓發行，更屬不易。[20]劉氏
三世本通曉斠讎考據，以此從事方志的修纂考訂，其精審詳
贍可期。而護持先人舊述，補纂訂訛，力求完善，以彰顯鄉
賢與文化，其中蘊含的劉氏學術思想與精神，深具教化意義，
洵為儀徵一地的重要象徵。

二、《重修儀徵縣志》的體例

　　《儀徵縣志》始修纂於趙宋南渡以後，南宋即有紹熙、
嘉定二修。明代永樂、正德、嘉靖及隆慶四朝均續修纂，以
上六種，劉文淇時除隆慶朝續修本外，均多已不傳。[21]清代

---

19 張丙炎〈重修儀徵縣志後敘〉，見《重修儀徵縣志》卷首，頁 3。
20 不僅張安保與劉文淇，張丙炎與劉壽曾兄弟論交往來，張氏後人
　張重威為劉師培門人。張重威〈青谿舊屋儀徵劉氏五世小記序〉（稿
　本，1962 年）自述張、劉二家的交往關係云：「寒家與劉氏同鄉里，
　道義交期，百有餘載，先祖兄弟友於孟瞻先生（劉文淇）。道光季，
　文達家居，主修《儀徵縣志》，曾伯祖石樵公（張安保）承命與孟
　瞻先生共為總纂，伯祖午樵公（張丙炎）與伯山先生（劉毓崧）
　各任分纂。……自道、咸、同、光四朝以來，寒家與劉氏祖孫父
　子兄弟咸預斯舉，艱苦合作，始終其事。文字雅故，重以姻聯，
　申叔先生復與重威之伯父濟亭（張允寬）同舉於鄉，其配何夫人
　為吾母之中表。重威童年隨宦，與之共居北京，早得奉手受教，
　業師吳江沈羹梅（兆奎）為果堂彤先生之族孫、小宛欽韓先生之
　族子，本與劉氏有舊。……重威請於申叔先生，著錄弟子籍，同
　時受業，月有常課，通家往來，習聞緒論，證以君之所記，幾無
　不合。」見梅鉽《青谿舊屋儀徵劉氏五世小記》卷首，頁 5-6。
21 阮元〈重修儀徵縣志序〉，光緒十六年（1890）重刊本卷首。諸舊
　志撰修者，見《重修儀徵縣志》卷 48。舊志凡例、序跋及論贊，
　見卷 49。

重視方志修纂，康熙年間即有三次續修《儀徵縣志》，分別是七年（1668）胡崇倫修纂，三十二年（1693）馬章玉修纂，[22]五十七年（1718）陸師修纂。其後續修者，有雍正元年（1723）李昭治修纂，及嘉慶年間顏希源所續修者。僅清以來可見者即五種，就方志的續修而言，不可謂之失修。但是諸書體例不一，或仍前志，或別有創述，內容亦多牴牾；藉以考察鄉賢故實者，頗生歧誤。劉文淇承命重修，乃將此六種，考訂歧異，裨補缺漏，並續增顏希源纂修以後四十年間的史實。[23]

王檢心聘請劉文淇擔任《重修儀徵縣志》總纂時，劉文淇致書王檢心論述修方志的體例，推廣阮元的主張及方法，以貴精密而戒疏漏為主要原則，實際進行，則以先考覈舊志再增輯新事為編輯方法。主張將所有舊志參互考覈，擇善而從，以此制定新志的體例。同時並將舊志與新志合輯，一併刊行，以進行彙斠及續修工作。其稱修新志而存留舊志，兼有五善：

（1）存留古志，使其與新志並傳不朽。

（2）詳列各家，逐條核對，得失自見。

（3）條列各志，無重複遺漏之弊，詳略互見則隨條附注，得其精密。

22　劉文淇〈與王子涵司馬論修縣志書〉稱：「康熙三十年馬公章玉續修。」頁51。

23　《重修儀徵縣志・凡例第三》：「儀徵舊志以《申志》最古，次《胡志》暨續修《胡志》，次《陸志》、《李志》、《顏志》。今各門纂錄者，首載《申志》，胡、陸以後諸志依次登列，異同則分註之。其在諸志後者，悉屬新增，均註明所采之書即各家誌狀，以昭核實。」各志的訪求，亦見於劉文淇〈與王子涵司馬論修縣志書〉：《劉文淇集》卷3，頁51。

（4）以前志為本，剟其可成，免半途而廢之弊。

（5）其後續修，易於集事，且不以新廢舊。[24]

依據以上五原則，《重修儀徵縣志》五十卷僅五年即完成。而編纂者「搜羅之廣，纂輯之勤」與「新采之功」，亦於此新修縣志之中，可以探得考見。

《重修儀徵縣志》除卷首外，總計五十卷，[25]仿《江南通志》[26]、《揚州府志》[27]例，分十二志，各志下各分若干門，其名為「重修」而非「續修」者，以其體例頗異於前修之《儀徵縣志》，蓋存新立方志義例之寓意。茲表列明隆慶元年（1567）申嘉瑞修撰之《儀真縣志》（簡作《隆慶儀真志》）

---

24 詳見劉文淇〈與王子涵司馬論修縣志書〉。
25 卷首記載纂修職名、凡例、輿圖及沿革表。卷 48 至卷 50 為「舊志序文」、「舊志論贊」及「校補陸志」。
26 《重修儀徵縣志》凡例二，頁 5。江蘇於康熙六年（1667）設省，但光緒末年以前，江蘇均未修纂通志。康熙二十三年（1684）修纂的《江南通志》係江蘇與安徽合志，雍正、乾隆年間續修者依循未改。宣統元年（1909）江蘇始設通志局，並完成《江蘇通志稿》，是為創修《江蘇通志》之始。《江南通志》志目首列《謨典》載錄詔諭及御制詩文，次《輿地》，次《河渠》，次《食貨》，次《學校》，次《武備》，次《職官》，次《選舉》，次《人物》，次《藝文》，次《雜類》。劉文淇即依此擬訂《重修儀徵縣志》志目及次序，惟增列〈祠祀志〉。
27 清代纂修的《揚州府志》有六部，分別於康熙三年（1664）、康熙十四年（1675）、康熙二十四年（1685）、雍正十一年（1733）、嘉慶十五年（1810）及同治十三年（1874）修纂。嘉慶十五年《續纂揚州府志》七十二卷，除卷首的職名、輿圖及巡幸外，全書分為〈建置沿革〉、〈星野〉、〈疆域〉、〈山川〉……等二十八目。此書於「增新中注重補舊」，並且「注重考證研究」（見許衛平〈清代揚州府志纂修方略對當今續志的啟示述略〉：《中國地方志》2003 年第 6 期）及〈清代揚州府志述評〉，《揚州大學學報（人文社會科學版）》1992 年 03 期）。劉文淇《重修儀徵縣志》中強調「補舊」及「考證」，蓋師法《續纂揚州府志》。

[28]及嘉慶十三年（1835）重修之《儀徵縣續志》（《嘉慶儀徵志》）[29]志目，以見其歧異。

志目	《隆慶儀真志》	《嘉慶儀徵志》	《重修儀徵志》
	疆域考、沿革考（卷1）	凡例、修志姓氏、舊序、	職名、凡例、輿圖、
	山川考、形勝考（卷2）	秩官、選舉（卷1）	沿革表（卷首）
	建置考（卷3）	建置、疆域、山川（卷2）	建置志（卷1、卷2）
	官師考（卷4、卷5）	民賦、學校（卷3）	輿地志（卷3~卷9）
	戶口考、田賦考、	祠祀、寺觀（卷4）	河渠志（卷10、卷11）
	馬政考（卷6）	藝文（卷5）	食貨志（卷12~卷15）
	食貨考、水利考（卷7）	名蹟、祥祲（卷6）	學校志（卷16~卷18）
	學校考（卷8）	列傳（卷7~卷9）	祠祀志（卷19、卷20）
	選舉考（卷9）	校補陸《志》（卷10）	武備志（卷21~卷23）
	人物考（卷10）		職官志（卷24~卷26）
	風俗考（卷11）		選舉志（卷27~卷29）
	祠祀考（卷12）		人物志（卷30~卷43）
	武備考、祥異考（卷13）		藝文志（卷44、卷45）
	藝文考附雜識（卷14）		雜類志（卷46、卷47）
	圖考[30]		舊志序文（卷48）
	前志序[31]		舊志論贊（卷49）
			校補陸《志》（卷50）

三《志》相較之下，《重修儀徵縣志》主要有幾項特點：

（1）志目名稱的改訂。《重修儀徵縣志》將舊志中名目不一的類目，改稱為「志」。此蓋取法史志、《江南通志》及《揚州府志》等省、府方志書的體例，彰顯其為儀徵縣正式歷史的性質。

（2）志目的省併分合。《隆慶儀真志》十九目，《嘉慶

---

28 即阮元〈重修儀徵縣志序〉（見《重修儀徵縣志》卷前）及《重修儀徵縣志》中所稱之《申志》。此本為當時所存最古之《儀徵縣志》。

29 題顏希源、邵光衿總纂，即阮元及《重修儀徵縣志》中所稱之《顏志》。此本為當時最後纂修之《儀徵縣志》，所記載時限為乾隆三十八年（1773）以後至嘉慶元年（1821）之間。

30 包含〈唐疆域圖〉、〈宋疆域圖〉、〈元疆域圖〉、〈皇明疆域圖〉、〈城隍圖〉、〈縣治圖〉、〈學宮圖〉、〈水利圖〉、〈陳公塘圖〉、〈宋兩塘圖〉。

31 包含《宋紹熙真州志》、《嘉定真州志》、《皇明永樂儀真縣志》、《皇明嘉靖儀真縣志》、《皇明隆慶重修儀真縣志》五序。

儀徵志》十三目，[32]《重修儀徵縣志》十二目。以志目總數
論，《重修儀徵縣志》最少，但主要參酌《江南通志》，故
志目精要簡潔，免除繁冗瑣碎之弊。如將《嘉慶儀徵志》的
〈疆域〉、〈山川〉、〈名蹟〉併於〈輿地志〉，〈祠祀〉、
〈寺觀〉併為〈祠祀志〉。將《隆慶儀真志》的〈水利〉併
於〈河渠志〉，〈戶口〉、〈田賦〉併於〈食貨志〉，均收
綱舉目張之效。另將《嘉慶儀徵志》的〈祥異〉及《嘉慶儀
徵志》的〈祥祲〉退於〈雜類志〉，與〈紀聞〉合併，[33]均
說明其未可據信的傳聞性質。

　　《重修儀徵縣志》不拘於儀徵舊志，而綜取諸家體例之
善者。全書雖主要《江南通志》立十二目，但仍多取捨，如
依據《江都縣志》首列宸翰以表殊榮。立〈人物志〉，則依
循《江南通志》、《丹徒縣志》例，以人物為總綱，而以〈宦
蹟〉、〈忠烈〉、〈忠烈〉、〈孝友〉、〈儒行〉、〈文學〉、
〈義行〉、〈隱逸〉、〈僑寓〉、〈藝術〉、〈方外〉、〈列
女〉十一目，分屬而類從。[34]總數達十三卷，儀徵的鄉賢事
蹟自能備載而無遺珠，此可見劉文淇意此志雖是續修，但能
不為舊志體例所限，不僅具有整齊舊志的目的，為方志修纂
立一典範，且表彰先賢的心意，亦於此得見。

　　（3）志目次序的安排。《隆慶儀真志》首立〈疆域考〉，
而將〈建置考〉列於〈山川考〉及〈形勝考〉之後；《嘉慶

---

32 〈凡例〉、〈修志姓氏〉、〈舊序〉及〈校補陸《志》〉不計。
33 《嘉慶重修揚州府志》將〈祥異〉列於〈事略〉之末〈雜志〉之
　　前，劉文淇則將〈祥異〉併入〈雜類志〉，改列之意若可得見。
34 詳見《重修儀徵縣志》卷首〈凡例〉。

儀徵志》先〈秩官〉及〈選舉〉，而後列〈建置〉、〈疆域〉；《重修儀徵縣志》則依據《江南通志》，首列〈沿革志〉、〈建置志〉，如此則儀徵縣的設置及變遷的過程，清楚明白，亦得以作為篇中各志參照的依據，以此為主軸，貫穿古今，對於當地的歷史，自易於掌握。

在〈輿地〉、〈河渠〉等疆域志目之後，依序為〈食貨〉、〈學校〉、〈祠祀〉，亦合於《尚書》八政首食貨之道，〈學校〉、〈祠祀〉則禮樂教化之所在，與地方風俗息息相關。於此亦見劉文淇等修纂《重修儀徵縣志》所特為彰顯的意義。

三、《重修儀徵縣志》的特點

就《重修儀徵縣志》的內容考論，雖其十三則凡例已說明修纂要旨，但修纂的細節，篇目的考訂移易，及載錄內容的取捨等編輯原則，則散見於各卷志目的注釋及各條記載的按語，據此亦得見《重修儀徵縣志》編纂者的用意與其主張。除新增史事之外，劉文淇在編纂《重修儀徵縣志》，尚有下列若干特為著意之事：

（1）整齊舊志的名目。《重修儀徵縣志》重新擬定志目，依次編輯舊志，舊志名目及次序與新編不同者，則妥為移易。其移易及刪併者，必說明舊志原來所繫屬，其新設置志目，亦說明其依據及緣由。如〈輿地志〉的「津梁」，劉文淇按云：

> 橋樑，申、胡《志》屬〈建置〉。陸、顏《志》屬〈山川〉。今從《府志》入「津梁」。

同例，「形勝」，劉文淇按云：

「形勝」、「風俗」，申、胡《志》別立一門。陸《志》
俱入「疆域」。[35]

又如〈人物〉「僑寓」，按云：

胡《志》「寓賢」分「教澤」、「師旅」、「籍著」、
「築隱」四子目，今概名之為「僑寓」。[36]

此均見劉文淇透過合併移易，以求整齊舊志篇目，達到以簡
御繁，綱舉目張的用意。《重修儀徵縣志》未立〈山川志〉，
其將相關內容統整，設為〈輿地志〉的子目。〈輿地志〉立
「疆域」、「星野」、「形勝」、「風俗」、「鋪舍」、「鄉
都」、「坊巷」、「鎮市」、「津梁」、「山川」、「名蹟」、
「水利」十二子目，記載山川江河、溝渠池泉，及亭臺樓閣
等景物。津梁因江河而造，形勝本與輿地相因，亦為景物，
故屬之〈輿地志〉，誠為合宜。

又如〈人物志・宦績〉首列「文治」，與舊志不同，劉
文淇按云：

胡《志》〈顯仕傳〉分「明臣」、「忠貞」、「循吏」、
「風節」、「介操」、「義烈」六目。〈武功傳〉分
「名將」、「良將」、「智略」、「英勇」、「節義」
五目。今概名為「宦績」，分二子目，文職列入「文
治」，武職列入「武勳」。[37]

35 《重修儀徵縣志》卷 3，頁 27。「津梁」載錄申《志》下按云：「按
　申、胡《志》津梁俱屬山川，今從《府志》移入津梁。」、「形勝」
　見卷 3，頁 20。又《重修儀徵縣志》中逕稱《府志》者，均為嘉
　慶十五年《重修揚州府志》。《重修揚州府志》立〈津梁志〉。
36 卷 39，頁 19。
37 卷 3，頁 5。

《重修儀徵縣志》記載人物，分為十一子目，將仕宦歸為一類，與「孝友」、「儒行」、「義行」等子目並列，此不僅整齊舊志錄目，免其淆亂，能與府志參照，並且凸顯出地方志的特質。即地方人物雖非高官顯要，然其德風足為鄉黨典範，行誼可為邑人效法，則為之立傳以傳其事蹟。

　　《重修儀徵縣志》中為整齊體例而改隸舊志錄目者頗多，然因劉文淇均注明其所改易，故亦能藉以考見舊志原貌，如〈學校志〉「訓導署」及「名宦鄉賢祠」下，均注明「申、胡《志》見〈學校・總類〉」[38]，此均見其雖求詳善，但尊重舊志的態度。

　　（2）輯補舊志未備的事文。因舊志涵蓋的時代與新修不同，舊志未記載的事蹟，無由於續修中增補。但劉文淇《重修儀徵縣志》欲合舊新成一編，故儀徵相關事文、人物見於各書而舊志未記載者，均廣搜以備考。如〈疆域志〉除載錄《陸志》外，並采錄《太平寰宇記》、《元豐九域志》、《嘉靖府志》、《方輿紀要》、《嘉慶府志》[39]中相關記載，綜合《嘉靖府志》以下三書，儀徵縣的位置、轄區、疆界及毗鄰的州縣方可確知。[40]

　　補錄舊志當有的文獻者，如〈學校志〉「奎光樓」一條，《顏志》記載雍正五年（1727）馬復重修，陳鵬程撰記，劉文淇則補錄碑記文，以供徵實。[41]又如「教諭署」，《陸志》

38　卷17，頁18、頁25。
39　《嘉靖府志》蓋指嘉靖二十一年（1542）纂修的《惟揚志》。《嘉慶府志》則是《重修揚州府志》。
40　詳見《重修儀徵縣志》卷3，頁1-3。
41　卷17，頁22。

僅記載順治十八年馮益熺重建，始末未詳，劉文淇亦自署中刻石錄載原文，以備覈考。[42]此不僅可以補舊志未備，亦頗有功於保存鄉邦文獻。

　　輯補舊志失載的鄉賢人物，如〈人物志·宦績中〉據《揚州府志·人物》增補宋代張某、清初王琳徵。又訪求明代張豸、清代王亭棟、施詔、汪端光、鄭文明、吳承緒、吳紹浣等人，[43]其出處年代均屬舊志所應記錄而失載者，劉文淇據各家文集及家傳等文獻補載其事。

　　此外，《重修儀徵縣志》於舊志記載的史蹟流傳，亦敘述其流變，如〈學校志〉「四賢祠」，陸《志》記載：「宋嘉定七年，郡守李道傳建，繪濂溪、明道、伊川、晦安四先生像以祀，今廢。」劉文淇注云

> 今樂儀書院樓上供宋五子位奉祀，殆亦由祠廢之後，續為是舉歟？然其繪像，已不復見矣。[44]

此注說明四賢祠與樂儀書院奉祀北宋周敦頤等牌位的由來與轉換，不僅是古蹟興頹及文物流傳，同時也彰顯儀徵文人尊崇性理之學的教育精神。

　　（3）考察地名的原始及古蹟興廢。方志書記載的地理沿革，橫亙百千年，其地理地物的稱號或習俗，自有命名緣由。惟時隔日久，或有佚失者。劉文淇修纂《重修儀徵縣志》於此，多考證源流故實以說明其緣由。如〈輿地志〉「揚子江」一條，按云：

---

42 卷 17，頁 24。
43 卷 31，頁 8-12。
44 卷 17，頁 21。

> 《天下郡國利病書》云：「今人呼揚子江，不知所由
> 名。」按隋江陽縣有揚子宮，遂名揚子鎮。唐改為揚
> 子縣，南唐改為永貞縣，宋復為揚子縣。後陞為真州，
> 治揚子。政和七年賜名儀真，揚子江之名以此。[45]

載此，而揚子江的命名緣由，可得考見。劉文淇不僅追溯地
名原始，於舊志記載事物的沿革興廢，亦多論述。如〈建置
志‧官署〉「縣丞衙」一條，按云：

> 縣丞衙廢於嘉慶二十五年。自道光十二年奏改以縣丞
> 治河務，於是縣丞恆在城南賃屋以治，遂無定署。[46]

此說明縣城衙因職掌變易，而改變其治所，以致於衙門廢除
緣由始末，於了解地方故跡，頗有助益。同例，如「明儀真
衛」一條，按云：

> 陸《志》云：「衛有鎮撫，司領刑獄。在衛東北有廳
> 事，有囹圄，周以土垣，凌實建置。衛倉在城南倉巷
> 之東，永樂間置，今俱廢。[47]

不僅說明儀真衛包含的建築、位置及建設者，亦說明其相關
遺跡，為當時均已廢置。又如〈輿地志‧鎮市〉「黃池市」
下，綜述新城米市、東關米市、宋步瓜鎮及黃池市、南市、
北市的興廢，按云：

> 陸《志》云：「宋瓜步鎮，今屬六合。《明嘉靖志》
> 惟有新城、樸樹灣、石人頭三鎮。何家港、陡山舖二
> 鎮，《隆慶志》始有之。」又云：「宋市有三：在朝

---

45 卷 4，頁 13。
46 卷 2，頁 8。
47 卷 2，頁 29。

> 宗門左曰黃池，市門外曰天開，圖畫樓左曰南市。北
> 市，郡守吳機創屋七十楹，俾民就居，遂成闤闠。」
> 今俱廢。《明嘉靖志》城內有羊市，城外有三壩市、
> 四壩市，今俱廢。[48]

新城米市及羊市等均為當時市集，反映出宋明時期當地百姓
的生活及商業情況。舊志僅留存地名，對於事蹟略而未記，
稍見闕漏。劉文淇藉按語考論其事，不僅補充史跡，亦為舊
志添采增華。

　　（4）辨正舊志的異說與疏誤。〈輿地志・津梁〉「北山
橋」申《志》稱「在縣北東四十里」，按云：

> 北山橋，申《志》作四十里，陸《志》作一里，里數
> 不同。然申《志》北山在縣治北一里，則北山橋亦當
> 去縣治不遠，陸《志》不誤。[49]

此二說雖見歧異，然劉文淇根據縣治所在及北山橋的相對位
置，說明里程上的差異應是新舊縣城位置不同。其謂「陸《志》
不誤」，而不稱申《志》有誤，意以為並非申《志》或陸《志》
的記載有誤，而是據以計算的基準不同，或縣治位置改變所
致。

　　劉文淇不僅覈查舊志記載，府志中與儀徵相關事物，亦
一併覈斠，以辨正其疏誤，如卷一〈建置志・廢城〉「新城」
一條，李《志》原稱「新城在東關外。晉史：新城本謝安出
鎮廣陵府所築壘也。」劉文淇按云：

> 《府志》載謝安新城於甘泉，非儀徵之新城。李《志》

48　卷 3，頁 18-19。
49　卷 3，頁 26-27。

以為謝安公當年所築者非止一處。無所本，今姑仍其原文，而附正其誤。[50]

其辨正亦見於〈輿地志‧鎮市〉「新城鎮」下，按云：

《重修府志》云：「在城東十里，瀕運河，縣志以為是謝安所築。」按安於步邱築新城，在今甘泉縣北二十五里，非此地也。[51]

原《重修揚州府志》及李昭治《儀徵縣志》，分別於揚州新城及新城鎮記載謝安築壘守城的事蹟，但劉文淇依據《揚州府志》以謝安築壘處在甘泉，而非儀徵，辨明《重修揚州府志》及李昭治《儀徵縣志》記載的築壘之地，均屬誤植。

（5）刪汰舊志濫收的內容。方志濫收名人以充鄉賢者，各地方志均頗常見。劉文淇詳考舊志中記載的人物，確實與儀徵無關涉者，則將其自篇中移除，而暫置於附錄中。如〈職官志〉按云：

康熙《府志》載唐江陽令李瓘、李穩、李晤、康令、劉守孫五人。雍正《府志》載隋江陽令長張紹惠一人，增唐江陽令陸調一人。陸《志》列傳遂將康令宦蹟載入。攷隋、唐間，儀徵屬江陽地，非謂江陽即儀徵也。自高宗永淳元年，始析江陽地置揚子縣，故陸《志》「秩官表」斷自永淳以後始。今從之，凡江陽令長均不載。[52]

因行政區域的分合，致使若干人物所屬郡邑不一，故時有誤

---

50 卷 1，頁 29。
51 卷 3，頁 17。
52 卷 24，頁 7。

闕者,劉文淇既欲藉重修以纂輯舊志,故將舊志所載,詳為考斠,實非儀徵官吏或人物,均不載於志中,而附錄於篇末。又如〈人物志〉「隱逸」下,按云:

> 漢晉廣陵不定屬儀徵,邵平以下五人,陸《志》均未載,今姑錄胡《志》原文於後,低一格以別之。[53]

「宦跡」下按云:

> 自劉瑜至杜杞,胡《志》以其為廣陵人載入,然廣陵本屬江都。今附錄於各傳之後。[54]

此類人物遍佈於〈人物志〉各目之下,劉文淇均詳加考訂,非屬儀徵人物,則裁載於附錄,以與正文有別。

除人物濫收者,碑記詩文亦多見此情形,劉文淇編纂《重修儀徵縣志》亦刪汰以避其浮泛,如〈輿地志・堂〉「遠清堂」一條,按云:

> 申《志》、胡《志》古蹟內有知州題名碑,云:「宋紹定間知州史巖之立,在今縣治後堂。」考題名碑以人為主,非以地為主,置諸宮室臺榭間,殊不類,今存其目而刪其文。[55]

刪汰此類記載,可見《重修儀徵縣志》對舊志去取的慎重態

---

53 卷 39,頁 6。同其例者,如「人物僑寓」,按云:「陸羽與李彥卿暫遇於揚子。文信國以下五人,均非久寓儀徵者,故陸《志》均不載,今錄胡《志》原文於後,低一格以別之。」頁 22。

54 卷 30,頁 32。與此情況相同者,如〈人物・宦續・武功下〉按云:「呂安國以下六人,亦皆廣陵人,附錄於後。」卷 32,頁 9。〈人物・忠烈〉按云:「戴淵以下四人,皆非儀徵人。今附錄於後。」卷 33,頁 9。其餘如「僑寓」辨別陸羽等五人非久寓儀徵者,不宜載入正篇,故別為附錄。

55 卷 7,頁 15。

度，刪汰與儀徵無涉或與主題無關的內容，方使縣志記載確實有徵。同時表現出劉文淇既尊重先賢文獻，又不因循苟且的負責態度。

（6）補錄舊志刪節及失載的詩文。如〈輿地志〉「馬仲溫」一條載錄吳澄〈遠清堂記〉，按云：

> 吳澄〈記〉，申、胡《志》已載其略於遠清堂……陸《志》所引較詳，故兩存之。[56]

同卷「元刑曹尚書江東宣慰史珊竹介墓」，申《志》及陸《志》均著錄〈集賢院學士姚燧神道碑銘〉，按云：

> 陸《志》引此文有所刪節，今從申《志》錄之。[57]

類此情況，如卷九陳鳳梧〈黃瓚神道碑〉、黃瓚〈官河義塚記〉[58]二文，均稱陸《志》載錄有刪節，故從申《錄》。

《重修儀徵縣志》以舊有縣志去取增補而成新纂，暨保存舊志之文，亦詳補其未備之處。如此使鄉賢事蹟遠而可徵，亦使舊志並傳不朽。其體例既本《江南通志》、《揚州府志》而酌為併省，亦使觀覽此者，得與府志、省志相通互考，其立意及作法，均可謂完善。

四、《重修儀徵縣志》對劉氏家學的意義與影響

《重修儀徵縣志》對儀徵劉氏的學術及家族處世風格的形成，具有多重意義。首先是劉文淇的方志觀念在透過此志的修纂付諸實踐。劉毓崧及劉壽曾兄弟親炙其學，並傳承於

---

56 卷 8，頁 3。
57 卷 8，頁 21。
58 卷 9，頁 5、頁 7。

後，確立劉氏在方志修纂的地位與聲名，成為儀徵劉氏學術的重要內容。

《重修儀徵縣志》雖是劉文淇與張安保同任總纂，實則劉文淇承擔主要工作，[59]並率子毓崧任分纂；重刻時，壽曾為之拾遺補闕，貴曾、富曾、顯曾擔任校對工作。現據《重修儀徵縣志》雖無法考見劉毓崧編撰及劉壽曾兄弟所拾遺增補的內容，但劉氏方志學得以傳之數世，父子、祖孫同任其事，自是傳承的重要原因。

其次，《重修儀徵縣志》為劉氏斠讎學的具體應用。劉文淇處於考據學盛行時代，熟習斠讎原理，不僅用於辨正《五經正義》的舊疏，亦用於斠訂輿地方志，《輿地紀勝》、《宋元鎮江志》、《舊唐書》等書的讎斠為其特著名者。劉文淇率子弟從事考訂編纂，對舊志記載進行整理覈斠，修訂志目，並新輯文獻，其工作的內容與意義，亦同於劉向、劉歆父子斠書之業。

第三，《重修儀徵縣志》呈顯劉氏治學及處世精神。劉文淇關懷鄉土，注意地理沿革，留心古今變化，熟於鄉里掌故，既能增補前著之失漏，亦能辨別訛誤。故其修地志，廣備各編，擇善而從，以成其善。表彰先賢及關心民瘼之心，亦藉《重修儀徵縣志》的修纂示諸子弟。

因劉文淇平時即注意水道變遷及水利設施，故《重修儀徵縣志》中對於水利興廢特為關注。舉例而論，〈河渠志〉記載乾隆三十七年「兩淮鹽政敕修三汊河口埽壩，使淮水歸

---

59 劉毓崧〈先考行略〉稱其父：「總纂《儀徵縣志》，於編訂則獨肩其全，於修脯則僅受其半。」《劉文淇集》附錄，頁 347。

於儀河濟運」事，劉文淇按云：

> 三汊河口建橋束水，始於前明萬曆六年。國朝因之，
> 改作草壩，三年一修，是以漕艘鹽銅船隻，四時均由
> 內河出入，不至冒險繞江，而徵之殷阜亦甲於他邑。
> 是年以後，修理不繼，工程又多草率，淮水遂全屈瓜
> 口，刷濁無資，邑之衰，實由於此。[60]

由河口壩提的作用與荒廢失修，考見郡邑的興廢，及百姓的
殷富與貧勞之緣由，此不僅呈現劉文淇卓越的輿地沿革見
識，亦彰顯其關懷邑民百姓生活的胸懷。

第二節　劉壽曾的方志編纂工作

劉毓崧隨劉文淇纂輯《重修儀徵縣志》，雖亦從事纂輯
斟酌工作，對家族及地方文獻的考辨蒐集，亦頗有撰述，但
似未見其參與其他方志的編纂工作。劉壽曾兄弟追隨在劉文
淇及劉毓崧左右，不僅能繼承其方志工作的要旨，亦傳承其
負責精神及處世態度，頗受時人肯定。

劉壽曾兄弟任總纂或參與編纂的方志有六部，分別是：

劉壽曾：《光緒江都縣續志》（下略作《光緒江都志》）
總纂，《續纂江寧府志》[61]《同治上江兩縣志》[62]分纂。其中

---

60 卷 11，頁 15。《重修儀徵縣志》多見劉文淇就漕運水利的論述，
其中若干裁取《揚州水道記》，不僅記錄水利工事沿革，亦顯示劉
文淇對城鎮興廢的觀察。與其〈圩岸公修議〉（《劉文淇集》卷 2，
頁 17）相參照，更見其為鄉梓百姓謀求生計的用心。
61 《續纂江陵府志》十五卷（人物等卷再細分若干卷），光緒六年

《續纂江寧府志》編纂〈藝文〉、〈金石〉、〈祠祀〉、〈咸豐三年以來兵事月日表〉四卷。《同治上江兩縣志》各卷分纂者未題名。

　　劉貴曾：《續纂揚州府志》分纂。

　　劉富曾：《南陵縣志》分纂，審定《續修江都縣志》。

　　其中任分纂者，惟劉壽曾《續纂江寧府志》具名，故能考見其纂輯大意及其中呈現的方志學思想。

　　劉壽曾參與《重修儀徵縣志》編撰及斠補，親炙父祖的教導。但其方志觀念，非全然因循父祖，蓋一方面得於父祖，實習體會，一方面參酌當時論述，[63]故頗有創述。而其表現主要在方志的類目擬訂及記載內容的歸屬上。蓋方志記錄一地的大小事蹟，不僅纂修的體例，各地不一，記載的內容，各有所重：且前後所修，亦多見違異者。劉文淇總纂《重修

（1880）刊。汪士鐸總纂，卷首列分纂者十二，實際進行編纂者汪士鐸、甘元煥、羅震亨、石永熙、田曾、朱桂模、鄧嘉緝、胡光煜、何延慶、陳作霖、劉壽曾、張鑄、陳槎、吳崧慶、顧雲、方培容、甘垣、秦際唐十八人，見《汪梅邨先生文集》卷 5 及《續纂江陵府志》各卷目下）。劉壽曾分纂〈祠祀〉（卷 4）〈學校〉（卷 5）〈藝文〉（卷 9，分上下二卷，下卷與甘元煥同纂）及〈咸豐三年以來兵事月日表〉（卷 13）等四卷，故汪士鐸〈劉壽曾墓誌銘〉稱其「份份冠吾曹」（見《劉壽曾集》卷首，頁 12），頗章表其勇於任事的態度。

62　見《同治上江兩縣志》（臺北：成文出版社，1970）卷首，分修，頁 2。

63　劉壽曾〈上汪梅邨先生書〉云：「壽曾嘗讀章氏學誠《文史通義》而善之，其言曰：『州部專書，古有作者：《丹陽尹傳》、《會稽太守贊》、《成都幕府記》，皆取蕆是邦者，注其名蹟。其書別出，不與《廣陵烈士》、《會稽先賢》、《襄陽耆舊》，猥雜登書，是則棠陰長吏、梓里名流，初非類附雲龍，固亦事同風馬。』故其撰《永清縣志》，取官師、名蹟別為〈政略〉，次諸〈列傳〉之前，〈山川〉、〈食貨〉、〈禮樂〉諸志之後。其書今雖未見，然就所為敘例核之，蓋以歷官時代為次，督、撫、丞、簿，鱗次編列，先書官階、姓名，次詳政績。」《劉壽曾集》卷 2，頁 102。

儀徵縣志》，即參酌諸家，重立類目，以求完善。

　　劉壽曾親受父祖教導，得其學術要旨，對方志類目的增減分合，省易與流變，頗為關注，分纂《續纂江寧府志》時，於汪士鐸所擬制體例，有所質疑。[64]要者如任職當地的官師及鄉里書院的主講，舊志多錄於人物門，劉壽曾以為不可，認為當另為別立，以示尊崇教化之功。〈上汪梅邨先生書〉云：

> 方志「人物」一門，義繫桑梓，其自外至者，惟錄「官師」、「流寓」。「流寓」無關重輕，掇拾僅備篇卷，通例次於「方技」之後，今府志亦同，無庸深論。若「官師」，有牧圉教誨之責，地方舒慘繫焉，詩歌具瞻，亦曰父母。專城分符，同古侯伯，其體望甚尊。今方志通例，乃與本郡邑人物同為列傳，似非尊崇愛戴之意，且其標目多云「名宦」。名宦，澤宮祠名也，非列傳之稱也。既立此目，則令甲祀名宦者入之，未祀名宦者亦入之，時移世易，澤宮版位，亦因而淆，殊非慎重祀典之誼。前修《上、江縣志》，有〈名宦傳〉，取與「鄉賢」、「孝悌」、「忠義」三傳儷，蓋有取耳。今承諭，列傳全用史傳馬、班以下義例，一洗從來方志分析名目之陋，則「官師」之傳，亦宜議改作，不當沿襲俗例矣。[65]

---

64 汪士鐸〈同治上江兩縣志敘例〉論述其纂修方志的重要觀點。見《汪梅邨先生集》（臺北：文海出版社，1967 年）卷 5。劉壽曾〈上汪梅邨先生書〉可以參照。
65 《劉壽曾集》卷 2，頁 102。

此問題的提出在於當時任官的迴避制度，[66]故官宦概非當地人，然其既為撫守令長，則為民之父母，對鄉邑有建設維護的責任，對邑民亦有教育安養的義務。其能體恤愛護，對邑民恩同再造，如暴虐苛斂，則民不聊生，故云官師有「牧圉教誨之責」，「體望甚尊」。舊志於此，多立「秩官」及「宦績」，或逕列於「人物」中，汪士鐸擬訂的《續纂江寧府志》即於〈人物〉立「名宦」子目，記載其事蹟，與「先正」、「孝友」、「儒行」等並列。劉壽曾認為不當將官師與鄉賢並立，甚至與留寓者雜廁，而失尊崇之義。主張宜採章學誠之法，別立「政略」一目，「以歷官時代為次，督、撫、丞、簿，鱗次編列，先書官階、姓名，次詳政績。」如此則有四善：

> 興革政俗，義在一方；前後歷官，當從刪省，則簡而不蕪，一善也。蓋棺論定，近則易審；遷除異邦，起居莫詢，斯無生傳嫌諱，二善也。蒞官年月，既見於表矣；政績有述，表章斯貴，隱約之際，抑揚已具，三善也。郡邑風尚，以百年論升降；火烈水懦，一張一弛，迹各不同，以世繫之，可明政要，四善也。

汪士鐸在《續纂江寧府志》中並未採取劉壽曾的意見，劉壽曾則用之於《光緒江都志》，立〈官師年表〉於〈大事表〉之後，立〈政考〉於〈建置考〉之前，正是劉壽曾採章學誠之說而稍異其次，[67]均見尊崇官師之意。汪士鐸於官師事蹟

---

66 詳見魏秀梅：《清代迴避制度》（臺北：中央研究院近代史研究所，1992 年）第一章至第四章。

67 《光緒江都志·官師表序》云：「會稽章學誠曰：『正史而外，州部專書有《丹陽尹傳》、《會稽太守贊》、《成都幕府記》，皆取蒞是邦者，注其名蹟。其書別出，不與《廣陵烈士》、《會稽先賢》、《益

的處理雖未採取劉壽曾的意見，但其主張人物列傳依據《史記》、《漢書》的作法及志書的體例，對劉壽曾《光緒江都志》則有深刻的影響。[68]

　　《光緒江都志》三十卷是劉氏家族在《重修儀徵縣志》之後再度展現其學術思想的代表著作，也是劉壽曾方志學的具體實踐，其中既傳承其父祖慎重篤實的為學態度，及竭力保存故實、表章鄉賢的精神。[69]亦有顯見其與父祖不同觀點之處。劉壽曾取法章學誠及汪士鐸，《光緒江都志》仿正史，[70]將方志的地位提升，使其足以參證國史。與乾隆八年（1743）修纂《重修江都縣志》及嘉慶十六年（1881）的《江都縣續志》對照，更顯見其中差異。[71]

部耆舊》，猥雜登書。」斯言也箴方志儕長官於列傳之失也。今長之職，視古邑大夫，詩歌具瞻，亦曰父母，使官民接武，賓主同位，名義之謂。何章氏知言哉！自有方志以來，其識皆未及此也。」卷 11，頁 1。

68　《光緒江都志》中不乏取法汪士鐸擬訂的體例，如〈女行旌門表〉序云：「若夫已邀旌典，復殉寇難，亦備載之，不厭求詳：《上江兩縣志》例也。」卷 5 上，頁 2。

69　《光緒江都志・官師表序》云：「嘉慶十六年以來職官，自知縣外，除罷歲月多不能相承……遠者五十年，近則二十年耳，其姓名已不可考，他曷論焉。然《唐書》嘗錄何易于矣。德聲感人，雖軼必章，是在有民社者自勉之。」卷 3，頁 1。略見其表章前賢之意。

70　章學誠《文史通義》（葉瑛：《文史通義校注》，北京：中華書局 1994年）外篇〈方志立三書議〉：「凡欲經紀一方之文獻，必先立三家之學，而始可以通古人之遺意也。倣紀傳正史之體而作志，倣律令典例之體而作掌故，倣《文選》之體而作文徵。三書相輔而行，闕一不可；合而為一，尤不可也。」卷 6，頁 571。

71　《重修江都縣志》三十三卷，完成於乾隆八年，知縣五格等纂輯。《續志》十二卷完成於嘉慶十六年（1811）王逢源、李寶泰纂輯。前者志目略依《揚州府志》等方志通行篇目，依序為〈建置〉、〈星野〉、〈疆域〉、〈山川〉……〈藝文〉、〈雜記〉。後者變易其志目，而大抵略同。

　　《光緒江都志》上承嘉慶十六年的《江都縣續志》，下
至光緒九年（1883）。體例仿正史，分〈紀〉二，〈表〉八，
〈考〉十，〈列傳〉九。卷首有〈圖說〉，卷末〈拾補〉。
各志目前有序文，不僅論述其原委及採錄纂輯的原則，並能
辨章源流，如卷首〈輿圖〉，序（〈圖說〉）云：

> 地圖之學，湮廢久矣！《元和郡縣志》分道列圖，當
> 得裴秀遺法，惜已不傳。自後都會郡邑之書，無措意
> 於斯者。內府輿圖，精密軼前代，《統志》之所出。
> 然郡縣志乘之圖，簡陋榛薉，仍守前轍。東南兵事以
> 來，官府講求地圖，遂成風尚。今所述，一為城圖，
> 用前令胡君所刊〈巷坊圖〉，而參以邑先正李氏斗之
> 說也。一為〈四境圖〉，用督府李公所刊江寧布政司
> 屬府州縣圖也。一為〈江防圖〉，用長江提督黃公所
> 刊長江圖也。事會所值，美善斯萃，其原圖有說采坿
> 於篇，亦古人左圖右史例爾。[72]

序文既說明地志列圖與以事蹟相參照之意，亦說明郡縣於輿
圖修纂多多不措意，故簡陋蕪薉，不可取用。其後說明其依
據，除〈巷坊圖〉為前江都縣令修繪，其餘均取裁自督撫所
作，而非江都舊志所載，[73]附以相關記載，內容自是信而有
徵。

　　劉氏家族長期定居揚州，接待南北賓客，熟悉地方事物

72　《江都續志》卷首，頁 1。
73　嘉慶《江都縣續志》無輿圖。乾隆《江都縣志》卷首有圖式（志
　　目作「輿圖」）包括〈江都縣城原圖〉、〈江甘四境分界圖〉、〈江都縣
　　治圖〉、〈江甘學宮圖〉、〈文選樓圖〉等名勝，惟缺山川水道等輿圖。

及掌故，對於方志文獻的取捨及編輯，均顯見其卓識，如〈女行旌門表序〉除通行方志習分的「節孝」、「孝婦」、「孝女」、「節婦」、「烈婦」、「烈女」等六類歸為「節孝」、「節婦」、「烈婦」三類外，對於嘉慶十五年後的江都女行，依據六原則載錄：

> 有當寬取之以存其舊者，有當嚴限之以立其界者，有當詳載之以留其迹者，有當約取以去其複者，有當備錄之以質其疑者，有當附注之以存其異者。[74]

寬取、嚴限、詳載者，人物雖見於江都碑石志乘，但是並未確定為江都人士，則姑錄文存疑，以待考訂。此本劉文淇修《儀徵縣志》的嚴謹態度。嚴限、約取，則去其誤闌及複重。附注者，文獻並存而所載述歧異，難以裁定真偽，則附註諸說以誌異同。

　　此六者，雖就〈女行旌門表〉而言，但不僅用於女行甄錄，實為全書採錄之原則。由其體例及輯錄原則，皆見《光緒江都志》精善之處。故劉壽曾修纂《光緒江都志》，被其後續修《江都縣志》者，譽為體例最善。錢祥保《續修江都縣志・序》云：

> 清代《江都志》昉自雍正，一修於乾隆，再修於嘉慶，三修於光緒。以文字言，則《雍正志》為優；以體例言，則《光緒志》為善，蓋出於儀徵劉恭甫先生所纂訂，具有師法者也。[75]

若斟閱雍正、乾隆二修《江都縣志》及續修各本，則劉壽曾

---

74 《光緒江都志》卷 5 上，頁 2、3。
75 錢祥保《續修江都縣志》（臺北：成文出版社，1970 年）卷首。

修纂《光緒江都志》，不僅體例邁越前修，其各篇序文亦頗
出新裁，展現其深厚的學術素養。其各志目序文論述載錄要
旨，及人物事蹟在當代的意義，均簡明扼要而深寄寓意，如
〈寓賢列傳序〉云：

> 郡縣志流寓，所以別土著，重名賢也。邑為四達之衝，
> 舟車駢闐，冠蓋相望，有客信宿，履舄實繁，不能悉
> 記也。嘉、道以來，海內晏謐，民物阜康，邑中池館
> 園林之盛，足資遊覽。名德大師，咸願蒞止，或以壇
> 坫夙望，代持講席。又或愛其風土，於焉卜居，綜厥
> 遺躅，同古寓公。此邦人士，亦可藉以興起云爾。甄
> 錄斷自外郡，本郡名賢寓居邑中者不載。[76]

序文中既說明立此〈寓賢列傳〉的用意，並說明甄錄的範圍
及對象，寄寓人士中，以明德賢士，為人仰望者，及講學郡
邑者為主。而為其立傳的用意，不僅彰顯江都的民物阜康，
並以寄寓賢士作為鄉邦邑人效法的對象，有移風易俗的作
用。又如〈列傳序〉說明載錄者，上至名臣賢相、臺省卿貳，
並取雖無功名但篤志研經、文學議論之士，下至鄉里忠義賢
孝，急公好義者，醫藥百工，書畫技藝之民，其德其行足為
鄉里景仰者，均著於錄。劉壽曾稱云：

> 凡此數科，悉加甄錄。景仰前型，抗懷高矩，斯固邦
> 家之光，而豈僅閭里之榮哉！[77]

其於文中不僅說明列傳人物的類型及事蹟，並能闡明立傳的
深刻意義，洵足為修方志者取法。此正見劉壽曾深厚的學術

---

76 《光緒江都志》卷 28，頁 1。
77 《光緒江都志》卷 20，頁 1-2。

修養，並能將其觀點付諸實踐，故其修訂的方志體例及文獻
的裁取與編輯原則，均深具識見，屢為其後續修者所讚譽。

第三節　劉師培鄉土志編纂序例與鄉土教科書

劉師培自幼從其父母讀書，其學由其父劉貴曾及母李汝
藹（1842-1920）親授。[78]劉貴曾駐揚持家，以斠刊編輯為業，
任《續纂揚州府志》分編，故劉師培自幼熟習方志及斠讎工
作。

據今所見劉師培論著，其未實際從事方志編輯工作，然
確能正視地方志的教化作用，故重視鄉里文獻之蒐集編纂，[79]
並以此作為號召國民奮起的重要方式。

〈編輯鄉土志序例〉及〈勸各省州縣編輯書籍志啟及凡
例〉二篇，詳論編輯鄉土志的重要性，編纂的原則及條例，
實為劉氏歷世協助纂輯方志經驗的總結。〈編輯鄉土志序例〉
云：

> 近代以來，郡縣志乘，猥濫無法，掇拾不精，而所立
> 之例，互相參差，不可為典要，故治目錄學者多視為
> 地理家言。不知國家者，合無量郡邑而成者也，郡邑

---

78 詳見筆者〈劉師培之斠讎思想要義〉：《國文學報》（臺北：臺灣師
範大學國文系）第 45 期，2009 年，頁 25-56。

79 劉師培未實際從事方志的編纂工作。但光緒末年至民初年間，申
叔為江蘇、安徽省編輯鄉土歷史及地理教科書，乃其方志觀念的
應用。

> 無志乘，則一代之史無所取資。故就近世之志乘觀
> 之，既不足供國史之采擇，則志乘以外不得不另編鄉
> 土志，廣於徵材，嚴以立例，非惟備國史之采也，且
> 以供本邑教民之用。[80]

劉師培認為方志即鄉土志，其作用「非惟備國史之采，且供
本邑教民之用」，更重要者能激發邑民愛土之心，深具教化
意義。其主要功用有數端：

> 若一郡一邑，均編鄉土志，則總角之童，垂髫之彥，
> 均從事根柢之學，以激發其愛土之心。
>
> 觀物必相其土宜，而物宜布則實業之要素也。使童而
> 習之，則普通學科可以得所入門。而國粹之保存，又
> 以鄉邦為發軔，其有裨於教育，豈淺鮮哉！
>
> 若一郡一邑咸編鄉土志，則鄉邦文獻，童稚能嫻；而
> 旅人之蒞止者，亦可入國問禁，入境問俗，以得所參考
> 之資，此則章氏實齋〈州縣請立志科〉之意也。（同上）

劉師培藉方志編纂提供鄉土教育的教材，更以此提倡鄉土教
育，以激發邑民愛鄉土自重其俗的熱忱，改變通古略今、詳
遠疏近的教育內容，[81]實開現今鄉土教育之先河。劉師培以
當時所見方志多「猥濫無法」，不足為用，故為鄉土志擬訂
切合時用的體例。主要分為八志，分別是：「輿地志」、「政

---

80 《左盫外集》（《劉申叔遺書》本，南京：江蘇古籍出版社，1997
　年）卷 11，總頁 1587。本文徵引自《劉師培史學論著選集》（上
　海：上海古籍出版社，2006 年），頁 247-274。
81 同篇，劉師培抨擊當時教育云：「今也教民之法，略於近而詳於遠，
　侈陳瀛海之大，博通重譯之文，而鈞游之地，桑梓之鄉，則思古
　之情未發，懷舊之念未抒，殆古人所謂數典忘祖者矣。」

典志」、「大事志」、「人物志」、「方言志」、「文學志」、
「物產志」及「風俗志」，此乃本既有的方志體例而變通。
其中特具時代精神者在於「方言志」，劉師培認為立「方言
志」的作用，除考古書音義之外，[82]尚有三善：

> 觀於發音之不同，可以驗風土之同異，下至一郡一
> 邑，地僅百里，而各區之地，音復不同，則亦風土之
> 不同故耳。若彙而觀之，考其發音之同異，亦覘風土
> 者之一助也。其善一。

> 蓋民性各殊，不可推移，故入境問俗，觀於居民之發
> 音若何，即知居民知稟性若何……非惟可以驗民性
> 也，並可覘社會程度之若何……蓋進化速者音愈眾，
> 開化緩者音愈單，若援比例以求之，觀於方音之不
> 同，則群治之進退可驗矣。其善二。

> 觀於古今方言之變遷，則古今民族遷徙之跡亦可瞭
> 如。其善三。（同上）

劉師培強調方言的重要性，故宜詳為記錄整理，不僅可以作
為考察一地風俗的參考，而「國語一科，必以小學植其基，
而欲通國語，又必以方言為階梯」，其有用於教育邑民，啟
發蒙昧之功大矣，「豈僅備考古之用哉」！

　　晚清年間，西方帝國依恃其船炮，鯨吞中國，國家隨時

---

82 其舉毛奇齡《越語肯綮錄》及吳文英《吳下方言考》，說明其意義，
　論云：「胡氏文英亦作《吳下方言考》，為吳音備具四聲，以吳音
　證之經史諸書，以參其離合，亦稽古審音者之責。錢氏人麟序其
　端，謂好學深思之士，常師此書之義，凡所讀書及所聞街談里語，
　一字一句，皆援古證今，必求其意義之所在。則方言之志，一郡
　一邑，咸當自別為書，昔人固有言之者矣。」頁 259。

有覆亡之危，百姓時有滅族之險。劉師培憑其書生論政的精神，投入革命行列，既辦報論述以圖喚醒國人，又特重視鄉土教育以激發人民護家守土的情懷。其雖未從事編纂方志的工作，但熟習方志的體例，亦能深刻闡發其意義與作用。

　　劉師培不僅論列鄉土志的體裁，同時也書勸各地廣建藏書樓（圖書館），致力編輯地方藝文志，以保存鄉土文化，開展士人見識，以為國學昌明，國族強盛的基礎。〈論中國宜建藏書樓〉云：

> 曹學佺謂釋、道有《藏》，儒何獨無……以致好學之士，難於得書，見聞狹隘，囿於俗學，並博聞之士，多識之才，且不可得。況欲窺古人學術之真乎？故國學式微，由於士不悅學，此非士不悅學者之疚也，書籍不備，雖欲悅學而無從，此則保存國粹者之憂也。今考東西各邦，均有圖書館……今宜參用其法，於名都大邑設藏書樓一區，以藏古今之異籍。
>
> 欲建藏書樓，必先令一州一邑，普編書籍志博采旁收，悉著簿錄。他日按簿而稽，見存之書，則檄繳郡邑……及簡編既備，棟宇既成，然後條列部目，按類陳列……以供專門之尋繹，以廣學者之見聞，庶載筆儒，凌雲之彥，專業是尚，師承並興。及後來承學之士，亦興起於斯，此則國學昌明之漸也。[83]

各州縣建圖書館，旁搜博采，廣備書籍，以保存文獻。並提供士人研讀，開啟見識，以造就博學多聞之士，以此提升國

---

83 《左盦外集》（《劉申叔遺書》本）卷 12，頁 1612。

民知識，培育其愛護鄉土文化之心。

劉師培認為編輯州縣書籍志與建圖書館相輔相成，〈勸各省州縣編輯書籍志啟及凡例〉力陳州縣鄉邑應在方志之外，另行編輯書籍志，其謂「欲保存舊籍，宜先編書籍志」，其作用不僅在於保存鄉邦文獻，並有多重功用，其〈啟〉論云：

> 昔孟子謂友善始於一鄉，又謂誦詩讀書，可以知人論世。夫式盧表墓，表彰名德，承學之士猶多興起，況親見其書，謦欬若接，可不思其人乎！其善一也。
>
> 先哲著述……洞明一方利病，諳悉風土人情，於兵刑錢穀，深求端委，可以坐言起行。若條論其緒，擷其菁英，則私門論議，足補官府文移之缺。異日革新頒政，興利除弊，或奉其言為導師，禆益鄉閭，學該實用。其善二也。
>
> 巫醫卜祝……今仿劉、班之例，方技術數，雖列其書，然反覆辨難，指隙攻瑕，黑白既昭，務去斯易。……啟淪民識，即肇興學之基。其善三也。
>
> 記載傳聞，私書別錄，各逞私臆，淆亂是非。……郄書燕說，或取信於他方，而本邑士民，則耳目近接，聞見易審，若能考定篇章，覆審文字，參以嗜舊之傳聞，以判其真偽，庶幾涇渭雖淆，緇澠可辨。其善四也。[84]

此四善均有助於地方文化的傳承與發展，既能振奮士民，追

84　《左盦外集》卷 12，頁 1605。

隨前賢，亦能開啟民智，興學教化，更能作為行政擘畫的依據。其下尚且能辨別真偽，有功於學術文化。

　　劉師培擬定編輯地方書籍志的凡例三十條，強調以州縣郡邑為基礎，逐步發展，則不僅「天下之文字，皆著籍錄」，且「異日名都大邑，設藏書之樓，或儒林之彥、文苑之雄，編輯一代之學案，彙刻一代之詩文，凡購求典籍，皆可案簿而稽」。總結其作用則可以發揚國學故業，「以與哲種之學術，爭驂比靳，保存國學，意在斯乎！」[85]於此可見劉師培重鄉土文化的興革損益，又見其以鄉土教育為基礎，而寓保存國學文化的用心。

　　劉師培早年奔走革命，流寓四方，以編輯[86]、教學為業。但以保存鄉土文獻，了解地方文化作為民族復興的基礎，及社會革新的端緒。其任教中小學期間，均親自編撰地理教科書，以從事鄉土教育，今可考見者，有《江寧鄉土歷史教科書》、《江寧鄉土地理教科書》、《江蘇鄉土歷史教科書》、《江蘇鄉土地理教科書》、《安徽鄉土地理教科書》五種，均僅完成第一冊。[87]其中地理教科書實以地方志為雛形，故均首列沿革，而後疆域、山川、人文等內容。此皆儀徵劉氏

85　以上徵引，均見〈勸各省州縣編輯書籍志啟及凡例〉，劉師培擬定凡例三十條，作為編籍書籍志的原則。大致依據章學誠立說。
86　其參與編輯的報刊，前後有《警鐘日報》(1904)《國粹學報》(1905)《民報》(1907)《衡報》(1908)《四川國學雜誌》(1912)《中國學報》(1916)及《國故》(1919)等，詳見萬仕國《劉師培年譜》（揚州：廣陵書社，2003）及《劉申叔遺書補遺・前言》（揚州：廣陵書社，2008 年）。
87　此五種均為第一冊，依據其書前〈編輯大意〉，各書都是五冊，以供五學期之用。另有《安徽鄉土歷史教科書》，萬仕國《劉申叔遺書補遺・前言》云未見。

歷世致力於方志文獻的纂輯中所寄寓的深刻意含，而劉師培能闡微顯幽，發揚其意，並付諸實踐。作為儀徵劉氏家學的殿軍，劉師培在方志學上，尚頗有建樹。

第五章 劉氏的斠讎工作與斠讎條例論析

引 言

在清代學術史上，儀徵劉氏以《春秋左傳》學最著名，但其方志輿地、斠讎纂輯之事，亦前後相繼，迭有撰述，頗受時人稱道。是清代的學術家族中，少數累世相承，戮力思考文獻斠讎的原則，並付諸實際工作的家族，其斠讎成就及文獻學思想，在清代學術史中具有代表性的意義。

劉文淇自幼讀書即自考據入手，辨別不同傳本的字句差異，故於斠讎精義頗有體會。學成後常居揚州，以講學授徒及校勘為業，率子毓崧協助時賢校訂《嘉定鎮江志》[1]《輿地紀勝》及編纂《儀徵縣志》等書，頗受讚賞。

劉文淇沒後，劉毓崧攜壽曾兄弟旅居金陵，經郭沛霖，入曾國藩幕府，司掌金陵書局校刻事。毓崧沒於金陵，壽曾、富曾、顯曾兄弟賡續其業。劉貴曾則留駐揚州，守持家業，

---

[1] 《嘉定鎮江志》二十二卷，宋盧憲撰；《元至順鎮江志》二十一卷，元虞希魯撰。劉文淇撰〈宋元鎮江志校勘記〉，意欲兼校二書，但實際僅作《嘉定鎮江志校勘記》二卷。

亦任校勘編纂事；子劉師培自幼由父母親教[2]，熟習祖業，斠補及釋注秦漢諸子書二十四種，並有辨章學術流變的論著多篇。故張舜徽《清儒學記》以校勘學與經學（《春秋左傳》學）作為儀徵劉氏學術成就的代表。[3]

儀徵劉氏三世受倩於地方仕紳官員從事斠讎工作，故其斠讎內容以輿地方志為主，而非乾嘉盛行的經史及諸子，故長期受到文獻學者的忽略。近人張舜徽《清儒學記》雖提及，然僅一小章節，內容頗簡略，於劉氏祖孫的斠讎要旨、工作要領，及劉氏祖孫斠讎工作的差異及得失，均無論及，殊為可惜。

劉氏祖孫於斠讎工作中領會治學精義，從而發展出儀徵劉氏家學。斠讎學既是儀徵劉氏學術的基礎，亦是貫串其學術思想的內在綱領，此特質在清代揚州學術中極具代表性，忽略其內容，對於理解儀徵劉氏學術的價值、意義與清代揚州學術，均有所欠缺。

本文以劉文淇、劉毓崧及劉壽曾兄弟的斠讎工作及論述為探討範圍，蓋三代前後相承，頗成體系。論述次序蓋先就劉氏擬定的各條例，及應用在斠讎工作的情況，歸納其基本

---

2 劉師培幼年與師鑠由母親李汝藼（1842-1920）親授《爾雅》、《說文解字》、《詩經》年十二，已經讀完《四書》、《五經》，建立學術根基。李汝藼係江都名士李祖望次女。李祖望住揚州文選樓巷，稱選樓李氏，從劉文淇至交梅植之問學，與劉氏世代交好，著有《說文統繫表》、《古韻旁證》、《契不舍齋詩文集》等多種。李祖望婦葉蕙精通經史，著有《爾雅古注斠詮》，李汝藼自幼熟習，亦精通經史訓詁之學。詳見梅鋮《青谿舊屋儀徵劉氏五世小記》。
3 見張舜徽《清儒學記·揚州學記第八·己》（濟南：齊魯書社，1991年）頁 468-472。

斠刊原則及工作方法，後就其校訂的典籍著作及撰述的校記中探討其斠讎學觀點。劉師培斠讀諸子諸部，雖在其父母的指導下進行，但讎校的目的、範圍與體例，均與其先人頗有不同，詳見本書第六章，茲不再論云。

有文字即有斠讎，[4]傳統斠讎學包含文字斠訂，篇目編次、辨析學術源流，編著目錄等工作。王叔岷師言「所謂斠讎學，即恢復古書本來面目之學，本來面目包括作者、書名、版本、篇目、篇數、篇名、字句、章節、篇第、殘佚、真偽等」[5]。欲從事上述工作，非學養深厚，熟習古籍則不能。劉文淇自幼勤奮向學，手自鈔斠，累積識見，於古籍體例及流變，瞭若指掌，於斠讎主旨及方法，亦深有體會。其斠刊之《嘉定鎮江志》、《輿地紀勝》等書，則於不同版本，先考察其源流；於篇目、篇名、篇第、章節，則詳為考校，擬訂次序；於字句，則正其訛誤，補其闕漏，以求其體例精善，內容接近原貌。晚年帶領子弟編纂之《重修儀徵縣志》，既詳校舊志體例的同異，斟酌損益，擬定卷目、凡例，以求合於時代需要；於文獻記載及鄉野之傳聞，則詳加考訂，以求其能彰顯鄉賢行誼，記錄鄉邦故實。此均為其斠讎學的應用，亦是傳統斠讎學的具體實踐。

劉氏的斠讎工作及論述，是傳統斠讎學的具體實踐，亦是清代考據學的實際應用，有其強烈的時代性；其中雖不免

4　王叔岷師語。見《斠讎學》（臺北：中央研究院歷史語言研究所，1995 年）第貳章，頁 7。傳統說法，斠讎學起於孔子斠書，清代段玉裁、俞樾等主此說。
5　詳見《斠讎學》第壹章，頁 6。

仍有缺失不足之處，但其審慎精密的斠讎原則和方法，於今日的古籍整理工作，仍有一定的參考價值。

第一節　劉氏祖孫的斠讎工作

一、劉文淇

　　劉文淇字孟瞻，清揚州儀徵人。自幼承父命習舉業，篤實向學，精通《春秋左傳》，開創儀徵劉氏一家之學。劉文淇精於斠讎，戮力從事，以表彰鄉賢的學思風範，劉毓崧稱父「精於校　之事，為人校勘書籍，不啻如己之撰述。搜羅鄉先輩及亡友之書，釀金付刊，汲汲然願其行世」。其中包括受聘於岑建功，校刻朱彬《禮記訓纂》[6]及《舊唐書》、《輿地紀勝》等書，與包世臣等輯錄亡友薛傳均讀《十三經注疏》箚記、編校《文選古字通疏義》、《閩遊草》等書，[7]又募貲刊行鄉賢戴清《四書典故考辨》二卷，[8]各書均以精善著稱。刊刻序跋及書後附錄的校勘記，清楚呈現劉文淇從事斠讎工作的敬業態度及其識見；戮力募貲，以刊行先輩友人的著述，

6　朱彬《禮記訓纂》，岑建功刊行，劉文淇擔任斠讎工作，見其與劉恭冕書。《劉文淇集‧附錄》，頁 234。
7　見包世臣〈清故文學薛君之碑〉，《藝舟雙輯》（《包世臣全集》本，合肥：黃山書社，1993 年）卷 4，頁 359。
8　戴清撰《四書典故考辨》十二卷、《群經釋地》十卷，均未刊行。劉文淇於二書中各擇數十條編為二卷，咸豐元年（1851）募貲刊行。刊刻經過見劉文淇〈四書典故考辨序〉（《續修四庫全書》本《四書典故考辨》卷首。上海：上海古籍出版社，1995 年）。

又見其亟欲表彰鄉賢及友人的苦心。

　　據文集及相關記載，劉文淇所編纂校訂的各書中，以編纂《儀徵縣志》最著名，校勘則以《嘉定鎮江志》及《舊唐書》、《輿地紀勝》三部最為重要，此三部分別受聘於阮元及岑建功而作，《嘉定鎮江志》、《輿地紀勝》由劉文淇、劉毓崧父子同校，[9]《舊唐書》校勘工作由劉文淇總領其事，內容分別由劉氏父子及友人羅士琳、門人陳立等一同從事。[10]劉文淇在讎校各書的過程，對版本的甄擇及校字的原則，均有深刻的體會，顯示其精深的斠讎學見識，如其代岑建功撰的〈重刻舊唐書序〉，說明依據的底本及校字原則，云：

> 全書字句悉以殿本（武英殿刊本）為主，其間有刊刻小譌，為人所共知者，即隨筆改正，此外則不敢妄改……〈校勘記〉共若干卷，凡殿本、閣本（《四庫全書》七閣鈔本）之與聞本（聞人詮刊本）異者，一一臚列，並登載其考證，而沈氏《新舊合鈔》（《新舊唐書合鈔》）所辨析者，亦附見焉。[11]

在底本的選擇上，劉文淇認為《四庫全書》本的各史考證較武英殿刊本詳盡，文字亦應較可信；但因《四庫全書》本並

9　為便宜行文，本文舉《嘉定鎮江志》、《輿地紀勝》二書校勘記，均僅稱劉文淇論云。

10　《舊唐書校勘記》全書六十六卷，〈凡例〉為羅士琳與劉文淇共同擬定。據目錄，則卷 1 至卷 10、卷 20 至卷 23、卷 61 至卷 66 為劉文淇校，卷 13、卷 14、卷 28、卷 29、卷 48 至卷 60 為劉毓崧校，其餘分別為羅士琳及陳立校，本篇徵引的論述以劉文淇、劉毓崧所作校記為限。引文據臺北正中書局影印《舊唐書校勘記》（1971 年）。

11　《劉文淇集》卷 5，頁 99-100。

無單行，學者不易購求或抄錄，故仍以殿本作為校勘工作的底本，[12]除改正顯見譌誤外，並不更動字句。其校記除記明文字差異外，亦廣取前人校勘和考證的成果，以供學者參照。

選定底本後，劉文淇除廣錄前人辨析論證的資料，及殿本、《四庫》本的考證與校記外，並另外蒐錄相關文獻以作讎校依據，此類讎校資料包含前人著作及論述中徵引《舊唐書》的記載，〈重刻舊唐書序〉續云：

> 若夫北宋初年，《太平御覽》、《冊府元龜》等書皆成於歐、宋未修以前，其引唐史，確係劉書，所據實最初之本，足以補正閩本者，不可枚舉，皆採而集之。他如《通典》、《通鑑》（《資治通鑑》）、《唐會要》、《文苑英華》以及《十七史商榷》、《廿二史攷異》之類，可以互證參訂此書者，亦廣為尋校，加以斷制。

《舊唐書》在北宋未見官刻本，雖南宋紹興年間有兩浙東路及茶鹽司本刊本，[13]但宋元以後，宋祁、歐陽修合撰的《新唐書》盛行，《舊唐書》不受重視，因此元代未見有刊行記載，至明代嘉靖年間聞人詮求一完本不可得，乃併合不同舊刊重新整理。

劉昫編纂《舊唐書》，始於五代後唐，成於後晉，北宋初期編撰的政書及類書涉及唐代史事，多以其記載為主要依據，故劉文淇認為《太平御覽》、《冊府元龜》徵引的唐代

---

12 同前注。同文云：「閣本考證，又較殿本加詳。惟是閣本但繕寫而未發刻，讀者既艱於傳鈔……。」（頁 99）《四庫全書》本的考證與武英殿刊本的考證重點不同，也非如劉文淇所云「較殿本加詳」，詳見後論述。

13 詳見趙惠芬〈略論《舊唐書》版本於各代的刊刻狀況〉（《東海大學圖書館館訊》卷 59，2006 年 8 月）。

史事，即是取材自《舊唐書》原本，必然可作為校勘的主要材料。其他完成於唐代的著作，如《通典》記載唐代天寶末年以前的典章制度，自可以與《舊唐書》各書志相參照，《資治通鑑》完成時間雖後於《舊唐書》及《新唐書》，但其記載的唐代史事，多有二書之外者，且文獻編撰的時代接近，自足以作為校訂的參考。據劉文淇所擬用以斠讎的材料，可見其目的並非僅校訂《舊唐書》的字句語詞，而且也考訂內容；此一方面可以修正因後世屢次翻刻所產生的訛誤，另一方面也企圖藉原始記載以說明劉昫撰修時即有的疏誤。

　　劉文淇廣備資料作為參校依據，正見其求精密詳贍的斠讎原則；在此原則上，劉文淇參考武英殿刊本及《四庫全書考證》的體例，而校記所包含的內容，則遠遠超過官修各書。〈重刻舊唐書序〉續云：

> 其體裁義例，悉遵殿本、閣本之成法，而推廣引申，以竟其緒。蓋殿本之總校為沈歸愚尚書（沈德潛），其自作考證跋語云：「蒐羅未備，挂漏良多。」閣本之分校為邵二雲學士（邵晉涵），其集中所載提要云：「參核攷定，尚有待耳。」誠以官修之書，人心不齊，議論多而成功少，每致卒業無期，故但能略舉大端，開其門徑而已。後人若不由一反三，因源及委，其何以成前賢未遂之志哉！

《舊唐書》二百卷，武英殿刊本考證總計七百八十一條，[14]《四庫全書》本的《舊唐書》即是依據武英殿刊本謄錄，考證內

---

14 依據藝文印書館影印武英殿刊本《舊唐書》統計。

容並無不同；[15]劉文淇所稱的閣本考證，應是王太岳、王燕緒所撰的《四庫全書考證》。[16]武英殿刊本各史考證的內容，多涉及史事的辨證，王氏《四庫全書考證》則注重文字差異的的校訂，此是二者重要的差異。蓋如劉文淇所云，官修書受限於參與纂修官員的見解不同，除明顯訛誤外，字詞文句異同的見解，難求的一致的觀點。因此依據舊本重刊，除統一各書的行款之外，內容儘量不作更動，是各代官修書的基本原則。

劉文淇晚年應儀徵知縣王檢心之聘，任《重修儀徵縣志》總纂，[17]投注心力於鄉賢事蹟及制度沿革的考訂工作，從擬定體例到覈校勘行，劉氏子弟均參與其事，職司要務，既是其斠讎學的具體應用，亦開啟劉氏方志之學。[18]

《重修儀徵縣志》在劉氏斠讎學上，具有多重意義：

---

15 依據臺灣商務印書館影印文淵閣《四庫全書》。

16 王太岳、王燕緒等人纂輯的《四庫全書考證》（北京：中華書局，1985 年），《舊唐書》考證總計 270 條（以《叢書集成初編》據《武英殿聚珍版叢書》排印本統計），但其中內容與《四庫全書》各書卷末的考證大不相同。楊家駱〈四庫全書考證識語〉稱「此所謂『考證』，即附於《四庫全書》每卷後之校記」，並非實情。

17 張丙炎〈重修儀徵縣志後敘〉：「道光丁未（二十七年，1847）、戊申間，王公檢心宰斯邑，留心掌故，知邑志闕四十年未修，慨然以重修為己任……乃屬劉孟瞻既先君子（張安保）從事纂輯……經始於道光戊申，卒業於咸豐壬子（二 2 年，1852）成書五十卷，鋟版將竣，郡城淪陷，稿本幸為劉先生攜出，僅佚一卷……光緒戊寅（四年，1878），丙炎歸自粵東，劉先生文孫恭甫以稿本見示，並謀釀貲刊布……未及授梓，而恭甫遽歿。深憂舊籍淪散，乃屬其弟良甫、謙甫出稿本，與何述庭廣文審訂譌謬，所佚一卷，依例補纂……。」見《重修儀徵縣志》卷首，頁 1。

18 略見前注徵引張丙炎〈重修儀徵縣志後敘〉。劉氏家族三世從事方志編纂工作，對方志工作頗具心得，筆者將另撰〈儀徵劉氏方志學的成就與時代意義〉，探討其得失，以呈現劉氏學術工作的具體成就。

　　第一，此書是劉氏斠讎學的傳承撰述。劉氏三世同時分任不同工作，劉文淇的斠讎觀念及方法編撰中傳授，劉文淇與張安保同總纂，劉毓崧任分纂；重刻時，劉壽曾為之拾遺增補，貴曾、富曾、顯曾則任校對工作。劉氏方志學得以傳承數世，且均以體例完善，斠讎精密著稱，劉文淇親率子弟同修，自是重要原因。

　　第二，《重修儀徵縣志》為劉氏斠讎學的具體應用。劉文淇早年讀書，即熟悉古書體例，留意典籍文獻的傳流與學術思想的關係，此既用於辨正《五經正義》的舊疏來源問題，亦用於考訂地理沿革及鄉里掌故；故其率子弟修地志，既斠讎各種《儀徵縣志》傳本的差異，擇善而從，亦考訂舊志之誤，而成其精善之作。

　　除已刊行各書外，今可見劉文淇校勘而未刊行者，有朱熹《周易本義》、《詩集傳》及薛傳均《說文答問疏證》三種，稿存北京國家圖書館。

二、劉毓崧

　　劉毓崧早年隨父一同編纂《儀徵縣志》，校訂《嘉定鎮江志》、《輿地紀勝》及《舊唐書》等書，並代父撰〈輿地紀勝校勘記序〉，及為阮元、岑建功代撰各書刊行序文。

　　咸豐三年（1853），太平軍入揚州，劉毓崧攜家避難，其父歿後，旅居金陵，先受聘於郭沛霖，同治二年（1863）入曾國藩幕府，次年曾國藩委以金陵書局斠刊事務。劉毓崧秉持父訓，以表彰先賢學行為務，故其任斠讎工作所經手各書，均詳為搜逸撮殘，刊逐訂謬，較自己之撰述，尤加矜慎。

最具代表者，即斠刊《漢書》的十二紀八表共二十卷，[19]及編訂《船山遺書》，後者並作《王船山年譜》及《船山遺書校勘記》二卷。

劉毓崧長期跟隨其父從事斠讎工作，對於舊刊文獻的校勘原則，亦承其父觀點，以保存原貌為首要目的。其校勘《船山全書》，最初擬定完全仍襲舊式，欲僅作校勘記，載明各版本的差異及其對內容考訂的結果，〈王氏船山叢書校勘記自序〉云：

> 舊刻本有臆改之誤，新抄本有傳寫之誤，王氏原本有檢閱之誤，亦有記憶之誤……初擬悉仍其舊而臚列於《校勘記》中，同人有謂詞義顯然不必存疑者，於是刻本內此等遂多改易；惟誤處須引證而後明，以及改之有礙於上下文者，則未嘗改。爰即此類，次第編輯，成《校勘記》二卷。諸同人按語，就其籤記之存者，並為錄焉。[20]

依據此序文，可見將王夫之的著作依照舊式刊行，是其最初擬定的方式，但王夫之的著作有各種不同的刊本同時流傳，不僅刊刻時代不一，內容、板式亦多差異。新刊的《船山全書》，同時將不同時期和不同地方的舊刊本、鈔本合成一編。但各本的來源不一，致誤的原因不同，故難以一式處理；且既是新刊，全書板式應一致，自然也無法依照各書舊式。因此，劉毓崧根據不同的情況，擬定〈刻王氏船山叢書凡例〉

---

19 見《通義堂文集》（《求恕齋叢書》刊本，1920 年）卷 5，頁 1-5。
20 同前注，卷 8，頁 31-33。

十一則，其中第二則至第九則詳細說明校訂改易原則。[21]由
此條例可知劉毓崧校改者，主要在於各種不同傳本中明顯的
疏誤，因而造成文義有所扞隔不通之處，故徵引古書以更定
之。此因其受限於底本不一，故與劉文淇校勘《舊唐書》不
改易原文的原則略有不同。

　　就劉毓崧校刻《船山全書》，可見求全備而不浮濫，是
其斠讎及編輯工作的重要原則。欲不浮濫，則須先詳細考證
徵引的資料，其隨父校勘《輿地紀勝》及助岑建功從事補闕
工作時，對於各書徵引《輿地紀勝》相關的記載，均先詳加
考訂其說與原書的關係，〈輿地紀勝補闕序〉云：

> 所引逸文有作《方輿紀勝》者，疑即《輿地紀勝》之
> 訛。有但言王象之者，亦皆《輿地紀勝》之語，今並
> 一律采錄，以備參稽。其非《紀勝》原文，則毫不濫
> 載，蓋用《元和志》逸文之例，不使他說與原文雜糅。

《輿地紀勝補闕》主要在補足各種版本在傳刻中的闕漏，並
非補充原書記載的內容，故其輯錄資料以王象之論述為主。
對於王說，儘其可能求得完備，但後人補作、評論的資料，
則辨別而另行處理，如此既使《輿地紀勝》的內容臻至充實
完備，提高其參考利用的價值，又能保持王氏的著作精神。
故其校訂的《輿地紀勝》及編撰的《輿地紀勝校勘記》，至
今仍是精審之作。

　　劉毓崧除編訂叢書及校勘文字的工作外，於斠讎學所重
視的學術流變，亦有所發明。如論先秦法家流變，重於賞而

---

21 同前注，卷 8，頁 35-42。

輕於罰，故與禮制相輔，為聖人所稱；其後雖漸入深文，然猶賞罰並提；及其末世，藉賞行罰，遂流於刻薄寡恩，〈法家出於理官說〉論此過程云：

> 《漢書・藝文志》云：「法家者流，出於理官，信賞必罰，以輔禮制。」……欲考法家之宗旨者，所當辨職業於理官矣。今夫寧僭無濫者，為國之常經；勸賞畏刑者，恤民之大體……觀於法家之書，今日流傳者，以《管子》為最古，諸篇之言，及於法者，大抵以賞與罰對言，且其中有雖言罰，而仍以賞為主者，有不言罰，而專以賞為事者……。自是以降，《慎子》、《鄧析子》諸書，漸入於深文，而猶以賞罰相提並論，未嘗顯然偏用罰也。至於商鞅、韓非之徒，競尚繁苛，務為殘忍，其書雖亦兼及於賞，而終以罰為指歸。於是理官之用賞者少，而用罰者多……。而法家之弊，遂失於刻薄寡恩矣。迨嬴秦以還，法官有大理、司理之稱，但主刑而不用賞，竟致恩威、勸懲，截然兩途。[22]

此由法家著作的內容論述禮與法、賞與刑的學說應用在政治教化上演變的過程，頗能說明法家學術的流變，深得劉向在斠讎書籍中所欲彰顯的意義。劉毓崧論述學術流變的篇章，尚有〈墨家出於清廟之官說〉及〈縱橫家出於行人之官說〉各三篇，[23]均是其對《漢書・藝文志・諸子略》及《隋書・經籍志》論述學術流變提出不同觀點，此乃其斠讎群書體會出來的心得，亦是其論述中不同於其父劉文淇的重要特點，

---

22 同前注，卷 10，頁 13-20。
23 俱見前注書，卷 11。

對其孫劉師培的學術思想有深刻的影響。

　　據張舜徽《清代揚州學記》，除《古謠諺》為劉毓崧代杜文瀾編纂外，《曼陀羅華閣叢書》中收錄的《夢窗詞》及補遺、《草窗詞》及補遺、《詞律校勘記》等各書，均屬劉毓崧父子纂成。[24]

三、劉壽曾兄弟

　　劉壽曾兄弟，均能皆能承父祖斠讎纂輯之業，其中壽曾承父業主持金陵書局纂輯事務，壽曾歿後，富曾、顯曾亦先後暫承其事。貴曾在揚州故里則「夕裁書牘兼事讎校，漏三下乃休」[25]。惟壽曾兄弟在金陵書局所斠刊者多官書，如《史記》、《漢書》等，各書既成於眾人之手，且未如劉文淇等人合校的《舊唐書》，於每卷注明校注者，故無由見其校訂原則。貴曾所校諸書，今亦不得見，殊為可惜。現今可見的劉壽曾兄弟所作的校記，殆僅《重修儀徵縣志》、《齊民要術》及《宋會要》數部，分別出於劉壽曾、富曾之手。

　　劉壽曾所作校紀雖多不可見，但劉壽曾與時人往來的書札中，多論及斠刊工作，如〈北堂書鈔斠讎商例答蒯禮卿〉中詳列各次斠讎的工作重心，其論云：

> 此本雖由映宋本映寫，然筆畫形似之間，或不能無誤，擬先用底本互勘一過，正現在寫本之譌，遇有可

24　見《清代揚州學記》（揚州：廣陵書社，2004 年）第 7 章、〈劉文淇（附劉毓崧、劉壽曾）〉，頁 179。

25　見劉師培〈先府君行略〉(《左盦集》卷 6，《劉申叔遺書》頁 1259，南京：江蘇古籍出版社，1997 年)

疑者，則別紙記之。是為第一次校。莫氏祖本須商，暫留。

陳禹謨本改亂，雖極謬妄，然其所見尚係舊本，不過剜肉成創耳。今於改亂之迹，既有此本可據。此外足以資校者尚多，凡遇灼然可依者，徑改之而不塗去原字，以待再核，疑則別紙記之。是為第二次校。蓋以陳本為先路之導也。

東坡讀書之法，事以類求。今校此書，擬略師其意。凡所引之書見存者，依書之次第校之，如經則先《易》，史則先《史記》，檢一書畢，再檢第二書，則無漏略，校者心神亦不致煩惑。除改正外，有疑亦別紙記之。是為第三次校。

徵引之書，今已亡佚者，當以宋以前類書校之。《藝文類聚》、《初學記》、《御覽》、《玉海》，其最要者也。校之法，當依門類稽求，校畢一條，則於此條之首加圈為幟，疑亦別紙記之。是為第四次校。

此書有原書及類書可校者，雖費心力，尚有可著手。其原文下不出書名者，最為難校。此類當由校原書及類書之友，各為推尋，正其譌誤，并於別紙中記明某條出某書，疑者亦記之，以備編校記之用。是為第三、四次校時兼治之事。

四次校畢，仍用陳本逐條勘所改之字，并合四次別紙所記，定其從違。其必當編入校記者圈出，疑而未定

者，再逐條尋檢討論。是為第五次校。[26]

雖是論述校勘的流程，但劉壽曾主要說明的是校訂不同文獻的處理原則及方法，依次校訂的工作重心，及其應注意的細節。一、二校屬於本校，一校是選定底本，映寫成工作本，工作本再與底本作文字上的核對，以確定其可信從，二校則訂正當時通行本（如《北堂書鈔》陳禹謨本）的訛誤。三、四校屬於他校，主要是校訂編者徵引文字已產生的問題，及辨正書中徵引的資料與後世流傳資料的差異。第五校則是分析前四校的記錄，而後論定正誤。最後編訂校勘記，說明各種版本文字差異及記載訛誤產生的緣由。依此程序完成的新刊本，訛誤自能減至最低，故劉壽曾校訂的諸書，極具參考價值，如《齊民要術》一書即是。[27]

　　劉壽曾斠刊《齊民要術》未竟，後由劉富曾賡續完成。光緒初年，劉壽曾任金陵書局分斠，時洪汝奎提調書局庶務，以《齊民要術》大有功於生民，憾其少有傳本，故囑劉壽曾讎校，擬為刊行。壽曾承事之後，擬定〈斠刊齊民要術商例〉八則，與洪汝奎詳參商酌而後付諸實行，但僅成初校即病卒。其後，劉富曾承續劉壽曾的校訂方式，接續整理此書，並歸納其兄的校訂原則，云：

> 合觀〈商例〉各條，本係薈萃各本，擇善而從……改義而不輕加字……義可兩通，則不輕改；誤有可證，

26　《劉壽曾集》卷 1，頁 40-42。

27　繆啟愉〈宋以來齊民要術校勘始末述評〉（《齊民要術校釋》附錄，臺北：明文書局，1986 年）：「劉壽曾有一優點，就是他查對過一部分原書，指出篇名，給我們不少便利……漸西本（即劉壽曾校本）在糾正明刻混亂的工作上，有它一定的成績。」頁 783。

> 酌量而改；誤文難考，仍貫不改；不知蓋闕，以昭慎
> 重；行款格式，多仍其舊。[28]

此中薈萃各本與改字諸原則，與劉文淇校勘《宋元鎮江志》
的方式，大抵近似，可見是劉氏校勘工作中先後傳承的重要
觀點。

劉壽曾生前受洪汝奎委託，完成《齊民要術》的初校工
作，其後富曾接手，雖云依據壽曾條例，但實際變更其兄的
作法，以致於衍生諸多不必要的訛誤與瑕疵，後人論其價值
與嘉慶年間張海鵬《學津討原》本所收錄，互有優劣，不相
上下。[29]此中過失，劉富曾應承大部分責任。

劉富曾中年後雖旅居四方，但仍承家業，以編輯校勘為
事。惟其所作，後人少有肯定，其中又以助劉承幹校訂《宋
會要》一書，最受訾議。

民初，劉富曾旅居上海，在劉承幹「求恕齋」約十年，
協助劉承幹作斠刊藏書工作，劉承幹則助其刊行劉毓崧《通
義堂文集》。劉富曾在求恕齋的斠讎工作，以釐訂《宋會要》
最為重要。湯中《宋會要研究》敘述劉富曾釐訂徐松輯本《宋
會要》之經過云：

---

28 《齊民要術》(《叢書集成初編》據《漸西村舍叢書》本排印。北
  京：中華書局，1991 年）卷首，頁 4。
29 詳細評論見繆啟愉〈宋以來齊民要術校勘始末述評〉、〈齊民要術
  主要版本的流傳〉二文（《齊民要術校釋》附錄，頁 733-858。臺
  北：明文書局，1986 年）〈宋以來齊民要術校勘始末述評〉：「漸西
  本劉壽曾原準備附刻校勘記，《輯要》等添加之文，不準備加入，
  只列入校勘記中，吳點的正確校改也在校勘記中交代，但現在完
  全不是這樣，這是付刻時袁昶、劉富曾變更了的，是袁、劉（富
  曾）責任。」頁 783。

劉氏（承幹）既得徐輯本《宋會要》，因延儀徵劉富
曾從事編次……自民國四年迄民國十三年，前後十
載。（劉富曾）為劉承幹典司校勘，其精神專注，即
在《宋會要》一書，昕夕鑽研，紬繹條理，於卷數增
減，門目分合，事實隸屬，字句改正一一整比　稽，
用力甚勤，茲撮其釐訂要旨如下：

（一）有歸併類為一類者……

（二）有將同一類目分隸於別種類目之前者……

（三）有訂正原稿鈔寫之錯誤，聯合為全文者……

（四）有芟去重文，而標明互見者……

劉富曾理董此書，頗費經營，嘗謂：「原稿自《永樂
大典》零編寫出，其中不無殘闕凌亂，今所編定，等
於輯逸，而視他書之輯逸為尤難……。」甚矣此書校
勘之困難也。惜彼從事於此，年已老耄，勤於排比梳
櫛，而疏於孜覈補訂，或以其精力所限歟！[30]

據湯中所述，可知劉富曾不僅從事校勘工作，實際是將《宋
會要》鈔本釐訂條目，重新編輯，企圖恢復原貌。然湯氏雖
盛稱劉富曾用力之勤，但也認為劉富曾在編輯校訂的過程
中，疏於考覈，致使「徐輯稿本，被劉富曾割裂拆釘，已失
原有面目，至為可惜」[31]。功過得失，已喻於言表。

今人論及劉富曾釐訂《宋會要》的工作，多承此而言之，
如葉渭清〈宋會要校記序〉稱：

---

30 《宋會要研究》（臺北：臺灣商務印書館，1972 年）頁 57-59。
31 同前注，頁 6。

其書功不補過，尚幸未刊布耳。[32]

陳智超《解開宋會要之謎》認為劉富曾功不補過的原因在於：

> （劉富曾）沒有考慮到《永樂大典》與《宋會要》兩
> 書體例的巨大差別，編排不當，而原稿被他「割裂拆
> 釘」，面目全非。[33]

陳智超又言劉富曾整理《宋會要》，有刪除複文；有將輯文
誤為複文刪除；有非複文，然刪其繁冗者。亦有將輯文添字、
改字者。[34]「面目全非」，難以復原。

　　劉氏斠讎群書，多受世人肯定，唯一頗受非議者，即此
劉富曾協助劉承幹校訂的《宋會要》。據前人所言，是頗有
未臻妥當之處，然今未見劉氏校訂本，無以考察劉富曾的校
訂原則，亦無由論斷其優劣得失。

第二節　論斠刊古書的基本原則

　　清代考據學發達，學者研讀古籍，多從斠讎考訂入手，
故累積豐富的相關論述。劉文淇在前人的經驗上，及其從事
斠讎工作過程中體會的心得，根據不同的底本，擬訂適當的
斠讎原則。茲歸納其特別注重的原則如下：

32　《宋會要》，《續修四庫全書》冊 768，頁 459。

33　《解開宋會要之謎》（北京：中國社會科學出版社，1995 年）頁
　　20。

34　詳見《宋會要輯稿補編》（北京：全國圖書館文獻微縮複製中心，
　　1988 年）書前〈整理說明〉。

一、溯本追源，判定各書的衍派關係

　　劉文淇在編輯斠刊各書之前，必盡其所能廣徵各種版本，並先考察各種版本的依承關係及異同詳略之處，以備校勘之用。其〈揚州水道記後序〉敘述《揚州水道記》的編撰過程，即稱一開始，「都轉（李蘭卿）盡出藏書及河工官牘，有涉于揚州河事者，皆筆記之。凡三閱月，檢書幾及萬卷，方事編輯」[35]，可見其在準備工作時，即廣泛蒐集揚州水道的相關論述，考訂源流，辨別各種記載的同異，而後再進行編輯。其後劉氏祖孫編纂《重修儀徵縣志》[36]，校勘《漢書》、《輿地紀勝》及《舊唐書》等書，均依照此方式，劉毓崧〈輿地紀勝校勘記序〉云：

> 凡地志在《紀勝》（《輿地紀勝》）以前者，如《元和志》（《元和郡縣志》）、《寰宇志》（《太平寰宇志》）、《九域志》（《元豐九域志》）、《輿地廣記》之類，實《紀勝》所本。在《紀勝》以後者，如《方輿勝覽》，多沿《紀勝》之說，《一統志》、《方輿紀要》每引《紀勝》之文，其詳略異同，足資校訂。以及史傳、說部、詩文集，可以補脫正譌者，並為條舉臚陳。[37]

35　《劉文淇集》卷 5，頁 112。

36　阮元〈重修儀徵縣志序〉論修方志，稱「欲得新志之善，必須存留舊志……凡舊志有異同，則詳注以推其得失；新增之事蹟，則據實以著其本原；其舊志闕漏舛譌，有他書可以訂正者，別立「校補」一類，庶乎事半功倍，詳略合宜。」見《重修儀徵縣志》卷首，頁 2-3。今考《重修儀徵縣志》之校注及校補等按語，得其斠讎觀念在修志工作中之運用。

37　見道光二十九年（1849）懼盈齋刊本《輿地紀勝》附《校勘記》卷首。據《通義堂文集》卷 7〈輿地紀勝校勘記序〉，知此序文係劉毓崧代劉文淇作。

此序文係代其父作，最足以代表父子相承的觀點。就其校記
所徵引資料言之，除《元和郡縣志》、《太平寰宇記》及《元
豐九域志》等地理書外，還廣採史傳、詩文集，足見其備採
各種文獻資料，考察其間差異的基本態度。又劉毓崧擬定的
〈校刻漢書凡例〉云：

> 荀氏《漢紀》雖改紀傳為編年，而根柢實在《漢書》。
> 所據之本猶是漢時舊帙，所當取校，以存古本之遺。
> 類書中時代近古者，如《北堂書鈔》、《藝文類聚》、
> 《初學紀》之類所引《漢書》，皆唐以前舊本，《太
> 平御覽》雖時代較後，然其書多取材於北齊《修文殿
> 御覽》所引《漢書》，容有六朝舊本，所當取材以溯
> 宋本之源。
>
> 《冊府元龜》作於宋真宗景德、祥符之際，其敘事依
> 據正史，西漢一朝大都出自《漢書》，真北宋之本，
> 諸家所列宋本，皆在其後，所當取校以從宋本之朔。
>
> 林鉞《漢雋》作於南宋初年，婁機《班馬字類》、徐
> 天麟《西漢會要》皆作於南宋中葉，其所見《漢書》，
> 皆兩宋舊本，所當取校，以擇宋本之長。
>
> 《史記》敘漢初事，為《漢書》所本，《通鑑》敘漢
> 時事，多本於《漢書》。推之《集解》、《索隱》、
> 《正義》以及倪思《班馬異同》、胡三省《通鑑注》，
> 凡與《漢書》有關者，所當取校以考各本之異。

以上五條凡例均是劉毓崧認為欲校勘《漢書》所需徵引的文
獻資料。現存《漢書》的最早版本，是北宋景祐（仁宗年號，
1034-1037）年間刊行，其後有不同刊本流傳。但就以上五則

〈凡例〉所論述，可見劉毓崧並非只匯集不同版本的《漢書》，校訂文字差異，而是將宋代以前的是各種不同文獻中徵引的《漢書》文字，盡其可能的蒐集，以與當時通行本校對，了解各種不同歧異產生的原因。

除廣徵眾本外，劉文淇亦重視書籍流傳的過程，依據校訂書籍的性質是屬於舊刊本或傳抄本的差異，而分別擬定校訂文字及調整卷次篇目的原則。

二、辨別舊本性質，考訂差異所生

古籍傳本，有寫本、刊本、影刊本及傳抄本等不同，其中不僅行款格式有差異，內容亦常見不同。阮元庋藏的《輿地紀勝》是影宋鈔本，《嘉定鎮江志》則是宋元傳抄本，二書的流傳方式不同，校勘工作所著重之處自然也有所不同。如《輿地紀勝》一書，係依據舊刊本影抄，故劉毓崧〈輿地紀勝校勘記序〉稱其體例已臻完備，文字雖不免有所訛誤，此百密之一疏，仍可依照其舊式刊行。《嘉定鎮江志》因屬傳抄，故須根據既有卷帙，考證原本體例，使各主題的規模及論述的形制儘其所能求得一致。

劉毓崧校刻《王氏船山叢書》，即先審定其蒐集到的各種不同版本的性質及可依據的程度，再擬定斠刊原則，〈刻王氏船山叢書凡例〉第五則云：

> 群經稗疏五種，前此所刻，係鄧氏漢勳所校，增刪改易，非復本真。就中《周易》、《尚書》、《詩經》、《春秋》四種，《四庫》著錄，《四書》一種雖未著錄，而原稿猶存。今據閣本及舊抄本為主。其抄本傳

> 寫脫誤，鄒刻補正至當不易者從之。此外托諸家藏改
> 本及舊刊本者，均不可憑，今仍從原本。鄒刻全條刪
> 去者，今皆據原本補刊。[38]

王夫之的著作，在劉毓崧校刻時，即有多種不同版本流傳，
包含原稿、傳抄本及各種舊刊本，其間的差異不難比對。除
原稿可以確信外，其餘各式舊藏、舊刊及傳抄本均不可遽用。
依據劉毓崧所云，原稿之外，殆以舊抄本較為可信，故據以
為底本。

　　劉文淇父子以其從事校勘的經驗，強調欲依據傳抄本進
行新刊，校勘工作頗多困難。至於舊刊，則多可依其舊式，
蓋「校勘古人之書者，當識其大綱，而不必苛求小失」[39]，
此可視為劉氏校勘諸書之首要原則，即不以涓細之失而苛責
古人的寬厚態度，亦知其重視舊刊不輕易改作的緣由。

三、舊本新刊，保存原貌

　　劉文淇認為宋元刊本及影刊本均以直接付梓為善，以保
存舊書原貌，而文字差異及訛誤，則於校記注明，原刻形式
及文字儘量不作變易。〈宋元鎮江志校勘記序〉云：

> 校刻古書難矣，而輾轉傳抄之書，則校刻尤難。是故
> 宋元舊槧本及影宋抄本，皆可據原書付梓。間有訛
> 誤，著於別錄而不必改易舊文。[40]

38　《通義堂文集》卷 8，頁 38-39。原文中包含劉毓崧自注，茲刪略。

39　見道光二十九年（1949）懼盈齋刊本《輿地紀勝》附《校勘記》
　　卷首。

40　《宋元鎮江志校勘記》卷首，並見《劉文淇集》卷 5，頁 110。

劉氏祖孫校刻舊刊及影鈔本，大致依據這原則。但古書刊刻過程不免有疏失，在保存原貌的原則下，新刊本的校勘記即顯得特別重要。劉文淇率子及孫從事斠讎工作，留下多種校勘記；其中指出舊刊本的各式訛誤，不僅有助於後人使用其書，亦可以明白致誤的緣由，作為從事編纂工作時的參考。

四、抄本重編，斠訂付梓

劉氏處理傳抄本的斠刊原則，與影刻宋元舊本不同。此因傳抄本，或因為抄者疏忽而致使內容訛誤，或是抄者因某種需要而對內容刪節增注，或某些原因而將原書篇章前後易置，或傳抄時未細分舊刻的本文及注文。種種訛誤，造成傳抄本多不可信從，即如修《四庫全書》時，從《永樂大典》所輯存的各種佚書都常見以上的各種缺失。對於傳抄本的訛誤情形，劉文淇〈宋元鎮江志校勘記〉嘆云：

> 傳抄之書，脫文錯簡，往往而是，若不刊謬正訛，則其書幾不可讀。[41]

其下則指出《永樂大典》本《鎮江志》，訛誤錯簡、正文子目混淆不清，皆因於校勘不精，未能訂正錯誤，故使書幾不可讀，殊為可惜，故知斠刊傳抄本之書，必先訂正錯誤，恢復原書樣貌。

此體例蓋依循宋彭叔夏作《文苑英華辨證》的原則，即：「實屬承訛，在所當改；別有依據，不可妄改；義可兩存，不必遽改。」[42]此可見劉文淇雖重古本而不盲從，實屬訛誤，

---

41 《宋元鎮江志校勘記》卷首，並見《劉文淇集》卷 5，頁 111。
42 同前注。

則義不容辭為之改正。若文字差異，別有依據或義可兩存，則尊重原書，此又可免流於強悍自矜之弊。劉文淇將此校勘原則用於校勘及編訂著述上，如《重修儀徵縣志》中徵引的舊文、《輿地紀勝》依據影鈔本，均留存原本文字，而於校記注明訛誤。

第三節　論舊本斠刊原則及常見的訛誤

影鈔及舊槧既以保存原貌為主要原則，故新刊時不更改原書的內容，而將校勘的結果以校勘記的方式附錄於書後。劉文淇從事校勘工作，其校訂的範圍，除包含原書內容及文字外，亦對前人校勘的成果進行辨正工作。

一、校勘記的性質及記載的內容

舊本新刊，一依舊槧不改字，是劉文淇嚴立的校勘原則。其斠刊《輿地紀勝》即依此原則進行，故《輿地紀勝》中頗多舊刻誤字，或脫字衍文，或舊文紀事徵引有誤者，劉文淇均僅於校記中注明。

宋元舊槧，雖被後人視為善本，但錯誤仍不可免，依照舊本影刻，可以避免新產生的錯誤。而校勘記的作用，又能說明舊刻已有的錯誤，避免讀者誤據，如此可以使新刊勝於舊槧。

以校勘記說明原書中的訛誤，自是斠讎的基本原則，但劉文淇所作校記，不僅考訂原書的錯誤，於前人所作的校記，

時有補述及訂正，如《輿地紀勝》卷十五記載〈桃源詩〉「桃源滿溪水似鏡，塵心如垢洗不去」句，張鑑校云：「去字疑誤。」，劉文淇則考訂原本，按云：

> 據下文及此二句，係劉禹錫〈桃源行〉，今考本集此二句上繫「翻然恐失鄉縣處，一息不肯桃源住」，《紀勝》截去二句，遂若不叶韻耳。[43]

依據劉禹錫原詩，即見《輿地紀勝》徵引的詩句並無錯誤，而張鑑所作校記反因未查核原詩句而致疑。又如同卷，「多是黃郎漏消息」句，張鑑云：「黃疑當作漁。」劉文淇按云：

> 陶淵明所記入桃源之漁人，據《方輿勝覽》所引伍安貧《武陵記》及淵明所作《搜神記》，漁人姓黃，名道真。此句不誤，不必改為漁也。[44]

此張鑑校記亦認為《輿地紀勝》的引詩有誤字，而劉文淇則據《武陵記》及《搜神記》的內容，而知張鑑校記中稱誤者，實是未考見原詩，僅以字句推論之故。劉文淇《輿地紀勝校勘記》中，雖多本張鑑之校記，然張氏認為有所錯誤者，並不因循，而是查核原作以辨正之，故於張氏說，仍多訂正之處。

　　據此，可知劉文淇校訂舊刊或影鈔本的原則及做法，在無其他版本或殘本可供參校的情況下，須保持原貌，避免因校勘者的疏失而產生新的訛誤。對於既有的訛誤，及前人校勘所云有所致疑之處，則以校記說明。劉文淇從事校勘工作，不矜主己見而對前人著述遽為增刪，以保存文獻原貌為最重

---

43 《輿地紀勝》卷 15〈府沿革〉，頁 8。
44 同前注，卷 15〈府沿革〉，頁 9。

要的原則，此態度足為整理文獻之法式。

二、舊刊本常見的訛誤

就劉文淇校勘的《鎮江志》、《舊唐書》及《輿地紀勝》中，可見舊刊本常見的錯誤有下列五類：

（一）人名地名年代等特定名稱的誤字

年代、人名有特定的描述對象，且與史實相涉，故此類錯誤之誤，查覈相關史傳，多能辨明。《輿地紀勝》及《舊唐書》中，此類錯誤包括時代、年號、地名、人名等等。

朝代誤者，如「西晉」誤為「東晉」[45]。

年號誤者如「天嘉」誤作「元嘉」[46]。

地名誤者如「宣城」誤為「宜春」[47]。

人名誤者如「李中敏」誤為「李敏中」[48]、「李宗諤」誤為「季宗鄂」[49]等。

至於「任昉」誤作「任約」[50]，則二人混淆，非校注文，則難知錯誤。

此類皆屬明顯錯誤，但究竟是最初編撰者即有的疏誤，或是後來傳抄刊板時造成，在未得原刊本之前，不易斷定。新刊本自應是「在所當改」，但劉文淇所校訂的重刊本中皆

---

45 同前注，卷 4〈古蹟〉，頁 7。
46 同前注，卷 15〈府沿革〉，頁 1。
47 同前注，卷 4〈景物下〉，頁 20。
48 同前注，卷 6〈官吏上〉，頁 5
49 同前注，卷 6〈碑記〉，頁 9。
50 同前注，卷 4〈景物下〉，頁 31。

仍影鈔，而於校記一一注明。

（二）文字及內容的錯誤

　　編輯及校勘書籍，文字錯誤的情形頗難以避免，造成訛誤的緣由亦不一，劉文淇校勘《舊唐書》時，詳細徵引《冊府元龜》的內容與其相較，多有《冊府元龜》詳細而《舊唐書》簡略的情況；[51]然此不能視為是《舊唐書》刊刻過程的疏失或是訛誤，而是文獻來源不同或是最初編輯時文字即有差異。[52]

　　《舊唐書》中的錯誤明顯是刊刻造成，應予以校正的，如〈高祖紀〉「河東水濱居人」句，劉文淇校云：

---

51 如《舊唐書·高祖紀》「八月辛巳，高祖引師趨霍邑，斬宋老生，平霍邑」，劉文淇《校勘記》云：「《冊府》卷七：八日，雨果霽，高祖大悅，以太牢祭霍山。辛巳，引師從傍山道趨霍邑。去城十餘里，有陣雲起軍北，東西竟天。高祖謂裴寂曰：雲色如此，必當有慶。《御覽》三百二十九引同。」據《舊唐書校勘記》，此類記載，多《冊府元龜》及《太平御覽》詳細，而《舊唐書》簡要，應是劉煦編纂時即已刪節，而非後人刊刻時改易文字。

52 劉文淇代岑建功撰〈重刻舊唐書序〉：若夫北宋初年，《太平御覽》、《冊府元龜》等書皆成於歐、宋未修以前，其引唐史，卻係劉書，所據實最初之本。」見《劉文淇集》卷 5，頁 100。

又〈舊唐書校勘記序〉（題岑建功撰，應仍是劉文淇所作）云：「如司馬溫公《通鑑》所載唐事，皆據舊史，《考異》中所引之《舊唐書》則真劉氏之《舊唐書》也。《周益公》校刻《文苑英華》所引之《舊唐書》亦然，又如吳淑《事類賦》、樂史《太平寰宇記》以及《太平御覽》，皆在歐、宋未修唐書之前，諸書所引之《唐書》，亦皆《舊唐書》也，《冊府元龜》亦在未修《唐書》以前，其書雖不著書名，而皆據正史，書中所載唐事，亦必有《舊唐書》，此皆校勘記中所當引證者也。」（懼盈齋刊本《舊唐書校勘記》頁 4-5）劉文淇強調宋人修書引用唐事，多依據《舊唐書》，依其所作《校勘記》來看，恐非實情。

「河」，閩本作「於」；《冊府》卷七「河東」作「於
是」，是也。[53]

又如《輿地紀勝》卷十九〈景物下‧坐嘯堂〉「唐鄭刺史董」
句，劉文淇按云：

據《唐書‧鄭薫傳》，薫嘗為宜歙觀察使。唐時官制，
凡節度觀察所治之州，必兼領其刺史。此句董字必薫
字之誤。下文〈碑記門〉有鄭薫〈祭敬亭山文〉，是
其明證。[54]

此類文字的疏誤影響記載的內容，且應非依據文獻不同所
致，劉文淇《舊唐書校勘記》及《輿地紀勝校勘記》中頗多
勘正。

但如《輿地紀勝》文字的錯誤，與《舊唐書》情況不同，
《輿地紀勝》記載前人的詩文，頗多轉引，其中訛誤的產生
緣由，已不易論定。[55]於此，劉文淇根據相關書籍一一校正，
並推論造成訛誤的原因。如卷二〈嚴州詩〉「江水至深清見
底《文選》沈休文詩，洞徹隨深淺，皎鏡無冬春。《文選》沈約
詩」句，劉文淇云：

以《文選》考之，「深清」作「清淺深」，蓋「江水

53　《舊唐書校勘記》，卷 1，頁 3。
54　《輿地紀勝校勘記》，卷 4，頁 24。
55　古人詩詞文章，幾經翻刻轉引，文字或生歧異。此類與文義無甚
關涉者，劉文淇校勘時多沿前刻，以免自專而誤之失。《輿地紀勝
校勘記》卷 2「天姥峰」條「台山一萬八千丈，對此欲側東南傾」
句，張氏鑑云：「台山句前作天台四萬五千丈，側字作倒。」劉文
淇按云：「《紹興府‧景物下》天姥山注及〈詩門‧總湖山詩〉引
李白〈天姥歌〉，東南皆作西南，餘與張氏所言同。蓋修地志者，
各就所見《太白集》書之，故有異同。《紀勝》沿其舊文，未能畫
一耳。後凡各卷所引詩文，互有異同者，當以此意求之。」頁 27。

至清」、「淺深見底」二語，即「洞徹」二句之詩題，
《紀勝》所引，未免前後錯互。[56]

其下，「千仞寫喬木，百丈見游鱗。沈約詩」句，劉文淇曰：

按：據《文選》，此二句即「洞徹」二句之下文，《紀
勝》分為二處，前稱《文選》，此處不稱《文選》，
亦屬失檢。（同上）

《輿地紀勝》既已注明徵引自《昭明文選》，則以《文選》
參校，最為適當。據《昭明文選》，則知《輿地紀勝》不僅
混淆沈約詩題及詩文，又詩題闕漏一字且將詩句分屬二處，
一處徵引而有三失，顯見其疏失。

　　除文字的訛誤外，古書中，亦多見事件記載即有錯誤，
此或出於作者本身，或出於後人增改。以影鈔書而言，當是
作者或刊行時已誤。《輿地紀勝》卷四〈景物下燕雀湖〉「帝
以賜太孫陳」句，劉文淇按云：

據上文，此係《窮神秘苑》述昭明太子寶器之事。以
《梁書》、《南史》、《通鑑》考之，昭明之長孫為
豫章王棟。疑陳字乃棟字之訛。至於棟本武帝曾孫，
且昭明諸子亦未曾立為太孫，此則敘事之誤耳。[57]

《窮神秘苑》即焦璐《搜神錄》，乃記錄神怪之小說家言，
其記事與史傳不同，本屬常見，劉文淇以史傳考證之，自多
差異。但《輿地紀勝》徵引之事雖與史實不符，劉文淇仍因
影鈔之文字，以存其舊。

56　《輿地紀勝校勘記》，卷 2，頁 29。
57　同前注，卷 4，頁 5。

（三）刪節及合併舊文產生的闕誤

《輿地紀勝》徵引古書，常有刪節，或合併數條記載為一條。由於刪節或合併，常致使內容所陳不明確，或是造成錯誤。此類疏誤，劉文淇進行斠刊時，皆取原書核校，以說明其闕漏之處及應補充的內容，如卷四〈人物〉「吳陶基」記載「子璜亦為交州刺史。姪回。自基至綏四世，為交州者五人」，劉文淇按云：

> 據《晉書·陶璜傳》，璜下當補「璜子威，威弟淑、子綏」八字；回下當補「護軍將軍」四字。[58]

此前後兩段文字應是王象之作《輿地紀勝》時即刪節，屬於原本即有的漏失，故劉文淇據《晉書》增補，使內容完整明確。[59]又如卷八〈古迹〉「故淮陰縣城」句稱「今城東二冢，

---

58 同前注，卷 4，頁 21。
59 承論文審查先進指正云：「劉文淇所補，有當有不當，彼於『璜』下補『璜子威，威弟淑、子綏』八字，是也，否則『自基至綏四世』之內容不明。然《輿地紀勝》『姪回』二字實為多餘。蓋此文旨述『自基至綏四世，為交州者五人』，陶回既未為交州刺史，即不當橫入文中。《晉書·陶基傳》自陶基以下連述璜、威、淑、綏四人，而後云『自基至綏四世，為交州者五人』，文意一貫，於陶回事，則云『回自有傳』，《輿地紀勝》此文既不當橫入『陶回』，劉文淇更毋庸補『護軍將軍』四字，否則陶基之子潛為鎮南大將軍荊州牧，抗為太子中庶子。潛之子湮為臨海太守等均當補入，豈不枝節中又生枝節？」所言甚是，劉文淇稱「回下當補『護軍將軍』四字」，實屬多事。蓋《輿地紀勝》橫入「姪回」二字於前，乃王象之刪節未切而遺留。考劉文淇校勘原則，訂改誤字，增補闕漏，而不刪略其字句，於此自不刪除「姪回」二字。然「姪回」一語孤立，與前後事蹟無涉，故劉文淇補誌其職，使其自成段落，文意完結。而後「自基至綏四世，為交州者五人」得以接續「璜子威，威弟淑、子綏」句。審查人精闢指正，筆者銘感五內，謹誌敬謝之意。

即信與漂母塚也」，劉文淇按云：

> 以下文〈古迹門〉「東西冢」注及《方輿勝覽》考之，
> 「城」下當有「北」字，「東」下當有「西」字，「信」
> 下當有「母」字。[60]

《輿地紀勝》這段記載若無校語，則不僅方位不正確，且韓
信母誤為韓信，不合史實。

　　其餘舊本即有闕漏，新刊時應補正使其完整的，如人名
前應補朝代，卷四〈官吏下〉「蘇易簡」一條，劉文淇云：
「自易簡至楊邦乂，凡十一人。除顧獻之外，其餘十人，皆
係宋人，蘇上當補國朝二字。」[61]卷十〈人物〉「王景仁」
一條，按云：「景仁後梁人，王上當補後梁二字。」[62]卷十
四〈令佐〉「孟浩然」一條，按云：「自浩然至韋庇皆唐人。
孟上當補唐字。」[63]此皆當補充時代，以使記載明確。

（四）編次及體例上之訛誤

　　編次訛誤者，指書籍進行編纂時，條目錯置，或是不同
的資料記載誤植。如卷三〈景物上〉「一邱」條下記載「邱
仲孚為山陰令」，劉文淇按云：

> 仲孚事已見下文〈官吏下〉，不應複見於此。且與〈景
> 物門〉無涉，此編次之誤。[64]

又如卷四〈碑記〉「歙州折絹本末」，車持謙校云：「此條

60　《輿地紀勝校勘記》，卷 8，頁 16。
61　同前注，卷 4，頁 9。
62　同前注，卷 10，頁 4。
63　同前注，卷 14，頁 9。
64　同前注，卷 3，頁 3。

與碑記均無涉，不知當時何以錄入。」劉文淇按云：

> 此條似當在〈風俗〉「形勝門」內，今列於此，亦編
> 次之誤。[65]

又如卷四〈人物〉「南金五雋」一條云：「薛兼清素有守，與紀瞻等齊名，入洛張華見而奇之曰：皆南金也。」劉文淇按云：

> 以《晉書‧薛兼傳》及《紀勝》體例核之，「南金五
> 雋」四字當改作「晉薛兼」三字，「齊名」下當補「號
> 為五雋」四字，蓋五雋之中，惟紀瞻與兼同郡，故見
> 於下文。餘三人則非同郡，既不列於此卷，則不必標
> 「五雋」總名矣。[66]

以上二條，一屬內容誤置，一屬條目與內容不合，均是編次上的訛誤，屬於編書體例的問題，經過校正後，可使標題與內容更為契合。類此編次的訛誤，車持謙校語中多以申明，劉文淇多參考其說而提出修訂標題、體例或是移置內文的方式。

除以上四者外，古書抄寫付梓時，時因手民之誤或校勘疏失造成本文與注文混淆，此類情況在《輿地紀勝》中亦略見之，劉文淇校勘時亦於校勘記中詳述其觀點。[67]

上述均屬《輿地紀勝》常見之訛誤，亦多見於《舊唐書》

---

65 同前注，卷 4，頁 35。
66 同前注，卷 4，頁 7。
67 如卷 14〈古迹〉「曹公城」云：「《元和郡縣志》云梁武帝起義兵，遣曹景宗築曲水城。梁武帝攻郢城，遣王世興屯於此。」劉文淇按云：「《和志》無兵字及曲水城以下。疑曲水城三字另是一條，本係大字，梁武帝以下則其注也。」頁 18。

及舊刊古籍中。《輿地紀勝》部分詩文直據前人修訂的地理書，其中錯誤不少是沿襲既有的錯誤。[68]劉文淇舉證原書的錯誤，並說明致誤的原因，以作為新刊的參考。但因當時重刊的《輿地紀勝》係依據影宋舊本，《舊唐書》則依據武英殿刊本，故以不改易字句為基本原則。因此，劉文淇所作的校勘記即成《舊唐書》及《輿地紀勝》重要的輔助。

第四節　論鈔本斠刊的原則

　　劉文淇認為傳鈔本不同於舊刊本及影鈔本，故其重刊，應視同新編。蓋由傳鈔而流傳於後世的書，內容和形式常與最初的刊本不同，此蓋由於傳鈔者之目的不一，故對於本文或有節略及增補。且鈔本未如刊本幾經覆校而後付梓，故訛誤脫落亦自所難免。故若欲以傳鈔本作底本以刊行，自應參考殘存的內容及書樣板式，並參考前人所作的題跋，盡其可能回復原刊面貌；甚至需要考察著作原意，以校訂體例，使篇卷完備，而後付諸剞劂。

　　鈔本新刊除依據舊有的傳鈔資料外，並須依據體例，檢核佚文及相關記載，以增補內容。劉文淇協助阮元重刊的《嘉定鎮江志》即屬此類，故該書的校勘記中，多說明其增補改

68　如卷二〈古迹〉「延陵季子祠」一條，原按：「《史記・太伯世家》注云：季子冢在既陽西。」劉文淇按云：「據上文，此二句係《寰宇記》之語，今考《史記》注云：延陵季子冢在毗陵縣暨陽鄉。則『既陽』當作『暨陽』。《紀勝》蓋沿《寰宇記》之舊文而未改耳。」頁 32。

易的原則，及改易的內容。據《嘉定鎮江志校勘記》，可知
劉文淇認為傳鈔本新刊，須先進行下列各項工作並注意校訂
的原則。

一、詳定纂例，增補條目

傳鈔本多數並非收藏保存者親自鈔寫，而是倩人代鈔，
鈔寫者且常常不是同一人，且不乏由不同處合鈔以成一書的
情形。其保存者的目的不同，鈔寫的內容就未必一致，有照
原書抄錄者，亦時有自行刪節或是改易篇章名目者。而鈔寫
者不同，其書寫習慣及用字的差異，亦使內容常發生不同程
度的訛誤及替代情形。

由於鈔本常有刪節及篇目改易的情況，故若欲依據鈔本
以新刊，篇目自當參酌既有的體例，重加擬定，使綱目清楚
明晰，亦使全書體例一致。劉文淇斠刊《嘉定鎮江志》即依
據此原則，並以校勘記說明增列條目的緣由，《嘉定鎮江志》
卷一[69]「地理」條目下，劉文淇所作的校勘記按云：

> 志書以地理居前，乃自來之通例，此書首列「敘郡」
> 一門，所言者，皆地理之沿革，而其中引地理書尤多。
> 如敘內引《前漢地理志》、《晉地理志》、《吳地志》、
> 《輿地志》、《姑孰志》、《九域志》、《寰宇志》
> 之類，一葉之中，已層見疊出。是地理總目，而敘郡
> 乃子目也。卷十三「奏請開伊婁河」，注云：「具地
> 理類。」今檢之，乃在山川之內，是地理乃總目，而

---

69 《嘉定鎮江校勘記》僅分上下二卷。卷 2 係指《嘉定鎮江志》中
的卷次。

山川亦子目也。下文諸子目並屬於地理，然同在一卷
之中，故不復重標總目。至下卷之城池、坊巷、橋樑、
津渡，亦地理之子目，則必另加二字於城池之前，方
為明晰。後凡一卷之總目統數子目，數卷之子目共一
總目者，並仿此例。[70]

據此所云，可知此書中的篇目是經過劉文淇排比整理過的，
條目細節亦有不少為劉文淇據實際情況所加。《嘉定鎮江志》
卷十二劉文淇補「郡治」一目，校勘記說明其必須增補此子
目之理由，云：

案下文之監務廳，非縣令之署而統於丹徒縣治，則此
處之總領雖非鎮江府署，亦當統於郡治可知。卷七「李
衛公祠」條末云：「淳熙中，建閣貯公之文。」注云：
「見郡治。」蓋其閣本在府署，今府署條已脫去，無
從追補。而郡治為此處之小子目，則固不可不補也。[71]

由其論云，固知劉文淇增補子目的基本原則，是依據原刊全
書體例及既有的子目，視情況加以增補。蓋鈔本的條目有缺
漏未備者，是南宋編纂《鎮江志》時已如此，或後世傳抄者
落失子目，難以確知。劉文淇既將鈔本新刻視同新編，則嚴
整體例，補足缺目，固為其首要工作。

　　劉文淇考查《嘉定鎮江志》的體例，認為每條目下，應
有敘文，而後相關記載。故補足條目之後，認為條目下應有

---

70 《嘉定鎮江志校勘記》卷上，頁6。「地理」一目下，注云：「鈔本
　　無此二字。」
71 同前注，卷下，頁2-3。

敍文而闕者，則注明「敍缺」，[72]以產生提綱挈領之作用。
而條目內容均不存者，劉文淇於條目補足後，則注明其闕。

　　其他各卷中增補子目者，如卷二補「子城」及丹陽、金
壇二縣名，「丹陽縣」下補「縣城」，「坊巷」、「橋樑」、
「津渡」下各補「敍」等等，[73]劉文淇皆認為是是原子目有
佚脫，故依纂例補足條目。

　　除增補條目，劉文淇為使全書體例一致，亦改易若干子
目名稱，如卷十二「宮室」目，係劉文淇所改，其校勘記云：

　　　　嚴氏元照云：「多景樓之類，非公廨也。此題亦係誤
　　　　列，當刪。」其說是也。然刪公廨而易以樓臺，則亦
　　　　未為盡善。蓋下文之子目有樓有臺、有亭有堂，樓臺
　　　　二字不足以包之也。卷八僧寺類甘露寺條下云：「多
　　　　景樓記附宮室樓觀。」此樓觀為子目，而其上更有總
　　　　目之證。況祠廟既為宮室之子目，則樓觀、亭臺之類
　　　　亦當為宮室之子目，更可知矣。[74]

劉文淇依據《嘉定鎮江志》他處條目名稱，證以樓觀、亭臺
均屬宮室之子目，知此卷所記載之物並非公廨，嚴元照校記
所云為是，但逕刪此條目亦不當，應改為宮室方契合內容，

72　同前注，卷上「敍缺」，劉文淇按云：「下文云：二縣始末具敍。
　　張氏鑑云：原敍當詳載丹徒曲阿建置沿革，今敍已佚脫。據此，
　　則地理後，必有敍矣。蓋此志之例，子目間有無敍者，而總目則
　　無不有敍，故今就總目之無敍者，補『敍闕』二字於其目之後一
　　行，而子目之當有敍者而缺者，亦仿此例。至子目之本無敍者，
　　則不贅焉。」頁 6-7。
73　同前注，卷上，頁 13。
74　同前注，卷下「宮室」條目下，頁 1。原文中尚有若干注文辨正宮
　　室與樓觀之名稱，以其與子目標題無關，故不錄。

且與全書體例一致。他如鈔本卷四「軍營」一目，劉文淇改作「軍田」[75]，均是增補或改定子目，使其綱目清楚者。

鈔本《嘉定鎮江志》中部分記載當屬獨立子目，但卻無法確知原子目名稱；或鈔本無子目，而劉文淇意以為當有子目者，新刊本均以記以「子目缺」，而校記則說明其恰當的子目名稱。[76]

二、釐定行款，確立層級

為使全書的體例一致，內容層次分明，劉文淇在刊定《嘉定鎮江志》時，參考鈔本形式，將全書的行款格式重新擬定。不僅分別總目與子目的差異，亦辨別正文與敘文的不同，同時依據記載區域行政層級的不同，制定刊板格式，以此分別地名的層級及從屬關係。《嘉定鎮江志》卷一「敘郡」，劉文淇校勘記按云：

> 《元史・地理志・敘》原注：「凡路低於省一字，各路錄事司與府州之隸路者，低於路一字。府與州所領

---

75 同前注，卷上「軍田」一條，劉文淇案云：「卷十兵防詳言軍營之制，不應複見於此，且此處敘及正文但言田，不言營，又總目為『田賦』，則此當作軍田審矣。」頁15。

76 《嘉定鎮江志校勘記》中，「子目缺者」，劉文淇以校記說明當有子目之由，並說明其子目名稱，如卷上「子目缺」下云：「自《史記》以下，皆述天文，與上文述寄治者不同，自當另有子目。據正文內引《漢志》『斗分野』，《後漢志》『今吳越分野』之語，其子目當為分野。」（頁11）故知劉文淇認為此處應有「分野」子目。據其校勘記所載，卷一應補「地理」、「分野」、「疆域」等目。

又如同卷頁12，按云：「自《宋志》『南徐州』以下，皆述郡境，與上文之述分野者不同，亦當另有子目。歷考古今志書，紀『四至八到』者，多在疆域門內，此下所引諸書，皆述鎮江府之『四至八道』，其子目當為『疆域』。」

之縣，低於路一字。」蓋欲行款分明，以便觀覽也。
《宋元鎮江志》鈔本，行款格式不一，今悉為釐定。
此敘郡既為地理之子目，凡子目勢不容與總目相並，
敘郡既低二字，則地理必當低一字矣。故今於子目之
低二字者，悉仍其舊，而總目之誤低二字，皆改為低
一字，與此卷地理之式相同。若子目下復有小子目，
又不容與子目相並，則悉低三字以示區別。至總目之
敘，當低於總目一字，子目之敘，當低於子目一字，
而鈔本亦多舛誤，今並逐條改正。[77]

此改變各條目、敘文、正文之行款，使眉目及階層清楚，覽
閱者易於分辨。除此類者外，如舊抄本將敘文與正文連續抄
錄而混淆，[78]或是原纂者案語與敘述內容混淆等，[79]劉文淇皆
其重新釐定其格式，作為分辨。

三、分別本文及注文

舊本翻刻或傳抄，本文與注文混淆者，時有所見，著名

---

77 《嘉定鎮江志校勘記》卷上，頁 7。
78 同前注，卷上，「鎮江府在禹貢周職方氏」一條，劉文淇按云：「鎮
 江府以下，乃敘郡之正文，正文與敘萬無同在一行之理。後凡有
 似此者，悉改為提行頂格，俾正文與敘不致相混。至子目後之正
 文，大抵不止一條鈔本每於上一條下，空一字即寫下一條，遂至
 累牘連篇皆用此式，甚且有此條直接彼條，並一字亦不空者。蓋
 由傳鈔者但知惜紙，以致眉目不清，今悉改為提行頂格，其鈔本
 已提行而未頂格者，亦改為頂格，以歸畫一。唯本當空一字，不
 必提行者，則悉仍其舊而不改。」頁 8。
79 同前注，卷上，「今按《資治通鑑》」下，劉文淇按云：「書之案語，
 短者與正文同在一行，尚屬無妨，然亦必雙行夾注，始與正文有
 別。若案語長者，與正文同在一行，則界限既覺不清，而作志者
 折衷審定之苦心，亦無由得見，故凡言案者、言今案者，與本文無案
 字，而實係案語者，皆提行低一字，以免與正文相混。」頁 10。

者如《水經注》、《洛陽伽藍記》等書的混淆情況。而此類混淆又以鈔本為甚,《嘉定鎮江志》正多類似情況。卷一「此參考《元和郡縣圖志》及《寰宇志》、《姑孰志》書鈔本大字」及「北府事互見郗操、王恭、劉牢之等傳鈔本大字」二條[80],劉文淇校勘記云:

> 以上兩條,張氏鑑云:「當是子注羼入正文也。」其說最確,今據以改正。卷三攻守形勢門,「申浦」以下,張氏云:「此係子注。」今從其說,改為雙行。由此例推之,凡注明出處者,皆當為小字。如卷十四、卷十五之參佐門、將佐門內,各人傳下必注明見於何書,其中寫小字者,原本也,寫大字者,傳寫之誤也。其注明互見他處者,亦當為小字,如此卷之詳見郡縣表,卷三之詳見雜錄,若列於大字中,未免橫隔語氣,今皆一律改正。[81]

古書翻刻及傳鈔過程,將注文誤作正文的情況,頗為常見;原本是正文,而傳抄者誤混為注文者,則較為少見,但《嘉定鎮江志》仍不乏此例,如卷五「廢七萬五千六十領白水灘租錢一百一十六貫」一段,劉文淇校勘記按云:

> 張氏鑑云:「《至順志》引作大字,此誤併入注。」今從其說,改為大字。張氏又云:「餘亦多誤併,當依《至順志》分析為是。蓋下文丹徒縣三字,鈔本復誤為小字也。」今從其說改為大字。[82]

---

80 《嘉定鎮江志》卷1,〈地理、敘郡〉下,頁3。
81 同前注,卷上,頁9。
82 同前注,卷上,頁17-18。

以上皆是傳抄本的正文與注文混淆，劉文淇斠刊時，參考張鑑校記之說，詳加考辨，以恢復其正文和注文的不同。

四、移正錯位的字句及內容

「錯位」舊稱「錯簡」，包含字句及段落的錯誤。[83]此肇因於原書編纂刊刻時已誤植，或是重刊及傳抄者誤移，若無初刊本覈校，不易確定。劉毓崧斠刊《王氏船山叢書》時，稱「一書中錯簡，有明證者，無妨移正；無明證者，未可更張」[84]，此殆前人從事斠刊舊著的重要原則，亦為劉氏從事斠讎工作時所遵循。

《嘉定鎮江志》既非舊刊本，且傳抄者不一，故訛誤的情況頗有不同。劉文淇從事校勘工作時，在確定全書體例之後，接著審定各篇目的名稱與內容，若二者有所誤差，則先判定該段記載是否屬於原書，或是出於後人鈔補的內容；若確屬原書，則考察其應屬應的篇目，再將內文移正，使標題與內容契合完善。卷十四「唐潤州刺史」的敘文，鈔本放在第一段「薛寶積《唐・宰相世系表》終潤州刺史」的記載之後，劉文淇按云：

> 此段乃唐潤州刺史之序，其中云：「姑次序其可考者，

---

83 管錫華《校勘學》（合肥：安徽教育出版社，1991年）第三章第四節「錯位」云：「錯位，指文字位置的顛倒錯亂，包括常說的『錯簡』、『倒』等，有錯簡的情況只限于簡牘文字，而後世書多半非簡牘，故把一切位置錯誤皆說成錯簡實在不科學……這兒以『錯位』來統括之，簡稱錯。」（頁 105-106）昔日從喬衍琯師學習斠讎學時，師極稱讚管氏以「錯位」來取代通行的「錯簡」，故此沿用其說，亦記師恩。
84 《通義堂集》卷 8，頁 27。

始薛寶積。」其末云：「條列如左。」則薛寶積條必
在此段之後矣。嚴氏元照以為二段當互易，今從之。[85]

依據文句的內容，可見這段並非薛寶積事蹟的相關記載，而
是通論潤州刺史，故知應屬敘文，而鈔本乃是錯置。又如卷
十二「丹陽館在千秋橋之西」一段記載，鈔本置於丹陽縣下，
劉文淇依據相關資料，指出丹陽乃館名，但並非在丹陽縣，
而是在丹徒縣，校勘記按云：

《元志》（元至順《鎮江志》）卷十三「丹陽驛」條下云：
「舊名丹陽，館在千秋橋之西。」《輿地紀勝‧鎮江
府》「景物下」及此《志》卷二「橋樑類」云：「千
秋橋在府治之西。」則其地屬丹徒縣，不屬丹陽縣矣。
傳寫者不知館號丹陽，由於鎮江府之本名丹陽郡，非
由於屬邑之丹陽縣，故有此誤。下文「秦潭驛」條下
云：「在丹陽館北。」亦當屬丹徒縣，鈔本誤在丹陽
縣後，茲並改正。[86]

此皆鈔本錯位，但錯位的文字敘述本身並無錯誤，只是因傳
鈔者誤解內容，或是不熟悉地理沿革，致生錯誤。經過校訂
以清楚理解文意，並且歸正古蹟文物的位置，則記載的內容
精確可從。

劉文淇斠刊《嘉定鎮江志》不僅移置敘述內容，並有移
易篇目及內容，使其全書體例一致。如卷五「常賦」的「夏
稅」一目下原有「均役」相關記載，劉文淇即將其移動於後，
《校勘記》按云：

---

85 《嘉定鎮江志校勘記》卷下，頁 9。
86 同前注，卷下，頁 3。

《宋志》（宋嘉定《鎮江志》）《元志》（元至順《鎮江志》）
俱有「常賦門」，《宋志》之「常賦」為「田賦」之
子目，《元志》之「常賦」為「賦稅」之子目，二者
大略相同。

《元志》既以「夏稅」、「秋稅」為「常賦」之子目，
則《宋志》「夏稅」、「秋稅」亦為「常賦」之子目，
不應以均役一門橫隔之也。今將「均役」以下十數行
移至「免役錢」之後，俾各從其類焉。[87]

此將「均役」相關記載移到「免役錢」目之後，不但使「常
賦」的夏稅、秋稅相連貫，同時卷五記載的內容，自「土貢」、
「錢監」、「寬賦」以至於「免役錢」、「均役」等條別清
楚，前後有序。[88]

按察此類內容的錯誤，應非傳抄造成，而是初纂時擬定
的體例即未臻盡善。

《嘉定鎮江志》錯位的內容，不僅是傳鈔造成，有些應
是是編纂時徵引資料未細查相關內容所致，如卷十一〈古蹟〉
丹陽縣「《寰宇記》云：梁簡文帝陵有麒麟碑」一段，鈔本
原在「宅居門」的「梁武帝宅基」相關記載之後。劉文淇按
云：

二句皆言陵墓，與宅居無涉，且係簡文帝之陵，與武

---

87 同前注，卷上，頁 17。
88 同樣情形，如卷十二「公廨」，劉文淇《校勘記》按云：「此卷之
首誤列『公廨』二字，嚴氏元照謂當移至『妓堂』之前，其說似
矣。然妓堂在郡城東南，乃謝公遺跡，仍是宮室，非公廨也。今
移至治所類之前，蓋治所倉庫以下，皆公廨之子目也。」卷下，
頁 2。

帝無涉，故置之武帝宅後，則文義不貫；而移至簡文
帝陵後，則與「陵前石麒麟高丈餘」之句，正相聯屬
也。茲特改正。（頁32）

據內容，顯見其與宅居或宮殿無關，是宋嘉定時編纂《鎮江
志》已經錯引，故劉文淇參考元至順修纂之《鎮江志》而移
易改正。[89]

　　以上可見，將傳鈔本付梓刊行，需要辨正的錯位，大至
篇卷條目，細至內容敘述，均須重新校定以使名目及內容合
於史實，如此方能使訛誤減到最低。

五、增補闕漏

　　古書刊印傳鈔過程中，闕漏的情況，小者一字一句，大
至整段整篇，即使如《春秋》、《史記》、《漢書》等要籍，
亦在所難免。劉文淇長期從事校勘工作，對於此類闕漏情形，
自是了然於胸。校勘《輿地紀勝》、《舊唐書》等書，對於
闕漏字句即參考他書加以說明訂正。《嘉定鎮江志》既屬傳
鈔本重刊，則不僅須校勘內容字句，且須查覈並補正闕漏，
使其內容完善而後刊版。

　　《嘉定鎮江志》闕漏情形，包含人物的朝代年代，建築
所在地，徵引詩詞的內容及作者等等。此程度不一的闕漏，

89　《嘉定鎮江志校勘記》前一條「案《健康實錄》鈔本此下一段亦在
　　簡文帝綱莊陵後」按云：《輿地志》一段內云：『梁大同元年作石麒
　　麟。』又云：『終有侯景之亂。』《健康實錄》一段內云：『武帝父
　　順之，追尊為文皇帝。』又云：『武帝大同中，作石麒麟，乃置於
　　此墓。』是所言者，皆武帝脩建陵之事，不應列於簡文帝莊陵之
　　後也。《元志》卷十二〈陵墓〉，列此二段於文帝建陵之後，今從
　　之。」卷上，頁32。

均造成鎮江名勝或史跡記載的錯誤。如卷六「按周益公〈玉蕊花辯證跋語〉引《南史・劉杳傳》云：『杳在任昉座，有人餉楉酒而作榹字，昉問杳此字是否，答曰……止因好事者偽作唐人帖，故曾端伯、洪景盧皆信之，其實諸公偶未見此花，所謂信耳而不信目也。』」一段，劉文淇校勘記按云：

> 脫去「周益公玉蕊花辯證跋語」十字，則此一段竟不知為何人之語，是尤不可不補者也。[90]

此補入按語的出處，使引文的出處及作者可考，而學者不會誤認為按語的內容是引自《南史》的記載。又如卷十五「總目」後「晉宋齊梁陳大中正以下」原抄本無此十一字，劉文淇補正並按云：

> 下文「長史」前有「晉宋齊梁陳長史司馬以下」十一字，「別駕」前有「晉宋梁陳別駕治中以下」十一字，則此處亦當有此十一字明矣。下文宋迄陳郡丞、齊梁典籤文學及下卷宋通判以下，皆仿此例補入。[91]

此補正闕漏的說明，使子目的範圍明確，而補充此說明之後，此卷體例完善，前後一致，記載的官制沿革清楚明白。其餘如同卷「盧循逼京邑京口任重」，據《宋書・劉粹傳》補「京邑」二字，則記載合於史實；[92]「未幾而罷，昨以尚書員外郎奉使至潞」，據《全唐詩》補「而罷」二字，使文義完整，敘述流暢。[93]

---

90 《嘉定鎮江志校勘記》卷上，頁 19。
91 同前注，卷下，頁 13。
92 同前注，卷下，頁 14。
93 同前注，卷下，頁 14。

六、改正誤文

　　鈔本的誤字，主要分為原刊刻發生訛誤，及鈔者失察造成的錯誤二種。若是編纂者轉引相關文獻，其致誤的環節，則不易斷定。然藉由查覈原文，可以訂正大部分傳鈔本的錯誤。

　　劉文淇校勘各書，對於書中徵引的文字，皆詳細覈查。但不同原因形成的訛誤，處理方式也有所不同。《輿地紀勝》依據影鈔本刊印，誤字以校勘記說明；《嘉定鎮江志》則逕將訛誤改正後付梓，而於校勘記說明原誤字及校改的原因。如卷首「潤等十六州諸軍事」下注稱「貞觀二年正月除越王泰」。「越王」原作「趙王」，劉文淇校勘記按云：

> 新、舊《唐書・濮王泰傳》：泰始王宜都，徙封魏，又徙封越，改王魏，後降王東萊，復進王濮，而未嘗封趙。且據〈太宗本紀〉，泰徙封越，正在貞觀二年。則趙為誤字無疑。[94]

根據史傳，李泰曾封宜都、魏、越各地，然卻未封為趙王。又貞觀二年，詔令李泰改徙封為越王，故知鈔本的趙字為誤。

　　卷十三〈晉徐州刺史〉下，「褚裒……及至京口，聞哭聲甚眾。裒問何哭之多？左右曰：代陂之役也」一段，代字原作伐，劉文淇校勘記按云：

> 下文云「代陂之役也」，抄本亦作伐。注云：「監書作伐陂。」今考《晉書》及《通鑑》俱作「伐陂」。

> 此《志》之例多以《通鑑》與正史參定，則正文當作代，
> 夾注始作伐耳。嚴氏元照反欲改夾注為代，非也。[95]

又同卷〈宋南徐州刺史〉「建平王景素……徐州嘗歲饑，王
散秩粟俸帛以繼民之乏，蠲理冤疑，咸息繇務，有愛於民」
一段，息字鈔本作自。劉文淇校勘記按云：

> 息字當訓止。「咸息繇務」，謂停止繇役也。鈔本誤
> 作自，遂不可通。今據《宋書‧建平王傳》改正。下
> 文「內去聲酌之娛」，鈔本「酌」誤為「作」，今亦
> 據《宋書》改正。（頁8）

宋蜀本《宋書》正作「咸息繇務」[96]，足見劉文淇所校及釋
為是。同例，《嘉定鎮江志》卷六〈山川‧河‧丹陽縣〉「《元
和郡縣志》：練湖在縣北百二十步，周迴四十里……令弟諧
遏馬林溪以溉雲陽」一段，鈔本「練」字作「故」、「諧」
作「詣」，劉文淇《校勘記》按云：

> 此句本於《元和郡縣志》，而彼文實作「練湖」，則
> 「故」字必誤也。下文「令弟諧遏馬林溪」，鈔本「諧」
> 作「詣」，今據《元和志》改正。[97]

以上四者均屬鈔本字誤，訛誤情況雖有不同，但均因誤字而
使事跡錯誤或文義不明，劉文淇參考原書及史志相關記載，
據以訂正，務使新刊本精確可讀。

　　方志中除記錄舊事外，多徵引前人吟詠的詩文，以證其

---

95 同前注，卷下，頁8。
96 《宋書》（《百衲本二十四史》據宋蜀大字本影印，臺北：臺灣商
　　務印書館，1987年）卷72，頁1069。
97 《嘉定鎮江志校勘記》卷上，頁23。

勝景，此類詩文篇章，劉文淇亦詳細核對各家詩文集。[98]

　　然此類訛誤或原撰者不察，或傳抄時產生，不易分辨。劉文淇意以今原刊本及舊刊本既不傳，新刊時自應據原撰者轉引之文獻以改正其訛誤。

七、辨別自他書闌入的文字

　　方志係一地之歷史，其記載的事物多具延續性，後人多在前賢的基礎上增加史實。後世鈔錄者或因查閱方便而將續修之內容鈔入原書，或鈔錄相關資料以便檢閱。然幾經傳鈔，原本方志的內容與後人抄錄的資料常混淆不清，造成閱讀及引證資料上的不便。此類混淆訛誤，於重刊時，自當須加以分辨，以還其原本文字，至於後人鈔錄之相關資料，則視其情況另作處理。《嘉定鎮江志》卷二〈坊巷‧丹徒縣〉「其後廢壞，漫無存者」一條，鈔本接續敍述趙善湘任鎮江守之事，劉文淇刪之，並於校勘記按云：

> 鈔本下云「嘉定癸未，守臣龍圖大卿趙善湘」云云。考《元志》卷十五，〈宋太守門〉趙善湘，注云：「嘉定十四年十二月至十七年召。」癸未為嘉定十六年，正善湘守郡之日。然史彌堅令盧憲修志在嘉定九年以前，則史彌堅與憲皆已去任，所著府志，無由載善湘之事，此必《嘉定續志》之文也。今移入附錄之內。[99]

98　如卷六「馬跡山在城東南三十五里」一條，「居於山下，從舅原均，探異好古」句，舅字鈔本作舊，劉文淇校勘記按云：「舊字義不可通，今據《全唐詩》所載權德輿詩〈序〉改正。卷十四，『參軍全少清』條云：『以事長者』，鈔本『長』做『見』，今亦據《全唐文》所載權德輿〈序〉改正。」見《嘉定鎮江志校勘記》卷上，頁 21。
99　《嘉定鎮江志校勘記》卷上，頁 13。

趙善湘任鎮江太守在盧憲修纂《鎮江志》之後，其事蹟無由收入書中，故知此段記載係後人添入，劉文淇辨別而移置於〈附錄〉中。然此文又非元至順時所修《鎮江志》，故稱之為《嘉定鎮江續志》，意其為宋末或元初學者所增訂續作的記載，並非已有成書。又《嘉定鎮江志》卷四〈田賦〉下鈔本有明代田賦相關內容，劉文淇刪除此記載，並於校勘記按云：

> 明時事，不但《嘉定志》不應載，即《至順志》亦不應載，而鈔本二《志》內，均有明時之事。《至順志》卷十五有明時本府一段。故嚴氏元照以為當刪。……鈔本此段述明朝事，一葉之中四言永樂三年分，下文〈課程門〉內，有明朝事一段，亦四言永樂三年分。則丁氏知撰志，必在永樂三年。據《十駕齋養新錄》，《永樂大典》成於永樂五年，疑《嘉定》、《至順》、《永樂》三志皆在《大典》之中，後人鈔《嘉定志》、《至順志》者，誤收入《永樂志》數條耳……惟《永樂志》亦久失傳，棄之究屬可惜，故今於二《志》內言明事者，歸於附錄之內，俾時代不致混淆，而明《志》之僅存者，亦不致於湮沒焉。[100]

此以所記載的事在盧憲修《鎮江志》及元代續修《鎮江志》以後，故可知應屬明代永樂年間續修的內容或相關的記載，自不應留存嘉定《鎮江志》中。

---

100 同前註，卷上，頁 14-15。按：今本《嘉定鎮江志》附錄存有《咸淳鎮江志》、《永樂鎮江志》若干條，永樂年間的田賦情況，見附錄頁 22-23。

劉文淇考訂相關記載撰述的時間，將永樂年間所續修的
《鎮江志》文移入附錄中，使二者不相雜廁，又保存殘籍佚
文。《嘉定鎮江續志》、《咸淳鎮江志》情況亦同。

八、刪除複重及衍文

劉文淇校勘《嘉定鎮江志》，詳訂文字內容，既恢復體
例，亦分辨宋嘉定時期編纂的內容與元至順、明永樂時內容
的不同，使各段記載回復其原本面貌，以臻完善。鈔本文字
若屬後人增修的《鎮江志》者，理應加以保存，故自正文移
為附錄。然鈔本所記，多非後人增修而係屬傳抄者重複抄錄，
或徵引他書之註記以為備錄者，此劉文淇校勘時遂為刪除，
而於校記說明所刪除的文字及刪除的依據。《嘉定鎮江志》
卷四〈田賦·屯田〉「今丹徒縣營田下料」一段，劉文淇刪
之，並於校勘記按云：

> 此一段三行有餘，共一百二十餘字。鈔本下文有一段
> 與此全同，必係傳寫重複。今刪。[101]

同例：卷十三〈陳南徐州刺史〉「黃法𣿉」下鈔本原有「為
鎮北大將軍南徐州刺史」九字，劉文淇刪之，並於校勘記按
云：

> 此九字與下文〈廢帝紀〉及本傳重複，必傳寫者誤衍，
> 今刪。[102]

此皆為傳抄者重複抄錄，以致使記載冗蕪無當，劉文淇遂為
刪除。若衍羨文字，明確可徵者，劉文淇亦刪除，使文義明

---

101 同前注，卷上，頁 15。
102 同前注，卷下，頁 9。

確，卷二〈總目・城池〉注云「事見刺守類」，鈔本原作「事見官類刺守」。劉文淇按云：

> 此書之例，有一字之子目，而無一字之總目。若刺守之上，更有總目，當是兩字，不得僅一字也。若刺守二字互見他卷者數次，但皆言刺守，而不更言官類，〈序〉郡注則云：「並具刺守類」尤刺守為總目之明證。疑此句本無官字，傳寫者誤衍，而又倒類字於刺守之上耳。[103]

此從名目體例及全書用詞上辨正文字的訛誤情況，不僅訂正鈔本的衍文，亦推定倒文產生的緣由，與書中大部分因傳鈔者疏失而發生重複抄錄的衍羨情況有別。

九、義可兩通，則留存鈔本的文字

古書舊籍的演變，經過傳鈔至版刻刊行，其中文字有所差異，此是先秦兩漢至五代以前的經籍普遍可見的現象。宋代之後，隨著雕板印刷的技術成熟，刊本逐漸取代鈔本。然刊本雖通行，但每次印行不過數百部，且索價不低，貧困士人不易取得，故借閱、親自手鈔仍是普遍的圖書取得方式。傳鈔書籍因時代變易及學者用字習慣的不同，故容易產生異文。劉文淇校勘《嘉定鎮江志》，於此類異文，其逕誤顯而易見者，據舊籍以更正之。義可兩通，而無法定其原貌者，則存鈔本之文字。卷卷首〈郡縣表〉「楚使屈伸圍朱方」句，劉文淇校勘記按云：

---

103 同前注，卷上，頁 12-13。

《左氏》四年《傳》，「伸」做「申」，今不據以改
之者，葢二字皆見於《說文》，聲同而義亦相近，《說
文》伸字下云：「屈伸，从人申聲。」申字下云：「神
也。」神字下云：「天神引出萬物者。」葢申聲之字，
並有引申之義。本可通用。或作《嘉定志》者所見之
本與今有異，亦未可知，不妨姑存之，以備參考。
　　其餘所引載籍，與原書字體微異，而義實可通者，悉
仿此例。[104]

「楚使屈伸圍朱方」事雖見於《左傳》，然劉文淇未以《左
傳》改《嘉定鎮江志》者，在於「伸」與「申」，二字可通，
且《左傳》亦有字本有作申者，故存鈔本之文，亦可作為校
勘《左傳》之用。校勘記中並說明鈔本中此類「字體微異，
而義實可通」均予以保留的原則。

十、無從查核，則暫存原文

　　地理方志書所記錄的制度、文物及事蹟，須信而有徵，
故除編撰者實地訪查者，多徵引前人的記載，典章制度的相
關文獻，及相關著作中提及的資料，此類資料因來自前人，
故可依據相關著作進行校勘工作。但若原書已佚失，則傳抄
內容雖有訛誤或文義不明之處，校勘者雖可以以理推定，但
仍不易確定其內容原義。為避免以理訂正而造成誤失，劉文

---

104 同前注，卷上，頁 3。下續云：「若夫作志者，爰據宏博，語多古
　　奧，有似無此書名者，有似無此地名者，有似無此官名者，有似
　　無此役名者，有似無此是諡法者，有似無此名字者，有似無此題
　　目者，有似無此文法者，而尋撿其所引之書，莫不一一符合，今
　　皆悉仍其舊，而著其例於此。葢古書難曉者，當互考訂，以求其
　　通，未可以其所知改其所不知也。」

淇均保留鈔本文字,以待後人考訂。《嘉定鎮江志》卷六〈水・丹徒縣〉「兼管發落文字從」句,劉文淇校勘記按云:

> 此句詞義不明,疑有脫誤。或疑「從」當作「事」,或疑「從」為衍文,或疑「從」字下有「之」字。然此段乃《宋會要》之文,其書久亡,無從查核,未便以意增改,今姑仍存其舊,以俟後人之考訂焉。

> 他卷之語難強解者,如卷二十二濟川亭條,云「為重客候潮匿之所」是也。及文似未完者,如卷二十二鞠獄類指揮門:「不令相見」是也。俱仿此例。[105]

劉文淇未說明所云或疑者,應屬校勘時與諸家參詳的觀點,然當時未得見《宋會要》原文,故仍其舊文。一字文義不明,廣徵博引未能確得原貌,故僅能沿用傳鈔本,此劉文淇慎為去取,避免專斷,隨意改易舊文而造成新的訛誤。其論云:「古書難曉者,當互考訂,以求其通,未可以其所知改其所不知也。」[106]審慎評斷,尊重舊文的原則於此可見。

第五節　避諱字的處理原則

避諱是古代禮制,然不諱嫌名,漢代之後,諱例趨嚴,遂兼避嫌名。[107]唐宋以後傳抄及刻書,均沿此例。此後歷朝

---

105 同前注,卷上,頁 22。
106 見《嘉定鎮江志校勘記》卷上「楚使屈伸圍朱方」條下,頁 4。
107 詳見陳垣《史諱舉例》(《勵耘書屋叢刻》本,北京:北京師範大學出版社,1982 年)卷 5,〈避嫌名例〉,頁 1361。

翻刻及傳抄舊著，或仍原字，或改時諱，凌亂不一，難以盡為辨別，重刻亦不易復原舊文。劉文淇於此，則將翻刻本與鈔本分別處理，採取不同原則：

翻刻舊書，如《輿地紀勝》等書，依據原書的避諱。

鈔本重新刊行，如《嘉定鎮江志》，則舊有避諱字回復原字，改避清諱。

同以「桓」為例，《嘉定鎮江志校勘記》卷首「孫桓鈔本桓作亘」條，劉文淇按云：

> 宋時之書，以亘易桓，因避欽宗之諱，若照宋槧本翻刻，自應仍其原文。惟此書刻本久亡，只從舊鈔本錄出，既已另寫重刊，則當日避諱之字，必須更正。[108]

此桓字避諱，劉文淇校刻《輿地紀勝》則不改易，如卷三〈古迹、御史床〉「虞翻為長沙王亘所禮」條，校勘記按云：

> 據上文，此句係《寰宇記》之語，《寰宇記》亘作桓，長沙桓王即孫策也。此作亘者，避欽宗諱，後凡長沙桓王為長沙亘王者，仿此。[109]

《輿地紀勝》中據原有避諱字刊行，而以校記明其為避諱者尚多，如「溫庭均」[110]「張欽夫」等均是。《嘉定鎮江志》中避清諱者，如「玄」作「元」等。[111]

前人刊刻中的避諱字暨已依循，然劉文淇所處之清諱，

---

108 《嘉定鎮江志校勘記》卷上，頁 4。
109 《輿地紀勝校勘記》卷 3，頁 9。
110 劉文淇校記按云：「本當作溫庭筠，此作庭均者，避理宗嫌名，後凡改溫庭筠為溫庭均者仿此。」
111 劉文淇校記按云：「據《晉書》謝元本傳。元字本為玄，避康熙帝諱改。」卷下，頁 8。

亦不得不避，然為避免與因諱字而混淆前書者，《輿地紀勝》中避清帝名諱而改字者，均加口以示區別，如「弘農」避高宗諱，改作「宏農」，校記則「囗農」，[112]此變通之法對維持古書的字句形貌，及後人的徵引利用，均頗多助益。

---

112 見《輿地紀勝校勘記》卷 2，頁 33。

第六章　劉師培的斠讎著述
與斠讎思想

引　言

　　劉師培是儀徵劉氏家學最後代表人物，其先祖劉文淇、劉毓崧、劉壽曾三代以《春秋左傳》學留名青史，同列儒林。然溯劉氏學術所成，則是來自細膩的文獻斠讎工夫，此自劉文淇發其端，至師培仍承其緒而不墜。劉師培是劉壽曾弟劉貴曾子，自幼年即與女兄師鑠（1871-1936）及師蒼、師慎、師穎[1]諸兄弟，同在貴曾夫婦的教育下成長。[2]貴曾自父毓崧捐館金陵後，即奉母攜弟妹返揚州故里，承繼青谿舊屋舊業，以講學校書為事。壽曾沒後，遺二女一子，貴曾親自教導撫育，迨其長成各為嫁娶。儀徵劉氏師蒼一代之學術，多出於

1　師穎生年待查。梅鉽《青谿舊屋儀徵劉氏五世小記》（作者手寫油印本）記其民國二十四年（1935）卒，然《劉申叔遺書》後附劉師穎跋，作於民國二十五年（1936）九月。
2　劉貴曾婦李汝諼係江都名士李祖望次女。李祖望住揚州文選樓巷，稱選樓李氏，從劉文淇至交梅植之問學，與劉氏世代交好，著有《說文統繫表》、《古韻旁證》、《契不舍齋詩文集》等多種。李祖望婦葉蕙精通經史，著有《爾雅古注斠詮》，李汝諼自幼熟習，亦精通經史訓詁之學。詳見梅鉽《青谿舊屋儀徵劉氏五世小記》。

貴曾夫婦親授,而其教導子弟,即從文字斠讎入手,故兄弟幼弱即能領略斠讎精義。

劉師培的斠讎著作以《晏子春秋斠補》等二十四種為代表,[3]其發表大約在光緒末年至民國八年逝世的十餘年間,可謂是其學術成熟期的作品。[4]但其從事斠讎工作,卻在更早,宣統二年(1910)出版的《左盦集》中已收錄〈晏子春秋斠補自序〉等各篇序文,可見當時斠讎工作已有初步成果。據此推斷,劉師培斠讎工作自幼弱進行,終其一生而未中斷。

第一節　斠讎工作與斠讎思想的形成

劉師培幼年與師鑠由母親李汝諼親授《爾雅》、《說文解字》、《詩經》,年十二,已經讀完《四書》、《五經》,建立學術根基;其後隨從兄師蒼、師慎讀書,師蒼「留心文獻,劬學嗜古」[5],師慎「篤嗜許氏《說文》,丹黃弗去手」[6],頗得校讀之樂。劉貴曾主持家計,以編輯校書為業,「夕裁書牘,兼事斠讎,漏三下乃休,歷十五年如一日」[7]。劉師

---

3 劉師培斠讎著作目錄,詳見本書後附「徵引文獻」。
4 據錢玄同〈左盦著述年表〉,見《劉申叔先生遺書》頁 12-13。錢玄同云:「余區分劉君之思想及學問為前後二期,自民前九年癸卯至前四年戊申為前期,自民元前三年己酉至民國八年己未為後期。」《劉申叔先生遺書》頁 7。
5 見袁鏞〈劉張侯傳〉,《左盦題跋》收錄,《劉申叔遺書》頁 1983。
6 見劉師培〈仲兄許仲先生行狀〉,《左盦外集》卷 18,《劉申叔遺書》,頁 1836。
7 見劉師培〈先府君行略〉,《左盦集》卷 6,《劉申叔遺書》頁 1259。

培在此環境下成長，自亦熟習文字義理及斠讎事，故讀書誦習之餘，即取舊書古義校訂。其後發表的著作，多來自幼年讀書累積所得。如《周書王會篇補釋・序》云：

> 幼誦讀此書，稍有更訂，得義若干條，名曰補釋。至於地名物名之考訂，多散見於他文，茲從略。[8]

《周書王會篇補釋》發表於光緒三十三年（1907），劉師培時年二十三。全書僅十七條，對孔晁、王應麟及何秋濤所注釋的名物多所補正，正是幼弱時讀書，取《說文》、《爾雅》以證成的論述，故劉師培〈序〉稱其為匯集幼年的讀書筆記而成。又《周書補正・跋》云：

> 師培幼治此書，旁通近儒之說，兼得元和朱氏駿聲、江都田氏普實、德清戴氏望各校本，參互考覈，以求其真，兼有撰述，未遑寫定。近讀瑞安孫氏詒讓《周書斠補》，每下一義，旁推交通，百思而莫易。〈嘗麥〉諸篇，詮釋尤晰，雖王氏《雜志》，尚或莫逮。因發笥，出舊說，以與孫書互勘，同於孫說者十之二，始異孫說，改從孫說者十之三，於兩說之間可存者，略加編次。[9]

劉師培《周書補正》有〈自序〉及〈跋〉各一篇，〈自序〉作於宣統三年（1911），此跋文則作於民國二年（1913）。其〈自序〉稱「服習斯篇，於茲五載……稿凡四易……」[10]，可知是依據幼時讀書筆記，參酌朱駿聲等各家說，逐條修訂，

8　《劉申叔遺書》，頁 1168。
9　同前注，頁 786。
10 同前注，頁 725-726。

最後再參覈孫詒讓《周書斠補》，去其複重而成書，其「補正」條文中，用「案」、「又」、「今考」等不同發語，正見其逐次修訂的痕跡。又《穆天子傳補釋・序》云：

> 師培幼治此書，病昔治此書者率昧考地，因以今地考古名，互相驗證。古義古字，亦稍闡發，成書一卷，顏曰補釋。又卷三「世民之子」，雖復深思，仍昧闕解，世有善思誤書之士，尚其闡此蘊義乎！己酉正月劉師培序。[11]

此〈序〉雖作於宣統元年（1909），但據此文，知《穆天子傳補釋》亦是整理幼年讀書筆記，反覆思考而後論定，而補釋中強調地理名物制度的考訂，又應幼時讀《爾雅》有關。此外，《莊子斠補・序》云：

> 昔治《莊子》，歷檢群籍，兼苍《道藏》各本，以讎異同。故解舛訛，亦附正焉，計所發正約數百事，均王、俞、郭、孫所未詮也。稿均手錄，行篋未攜。蜀都同好，以莊書疑誼相質，因默憶舊說，什獲二三，按次編錄，輯為一卷，名曰《莊子校補》云爾。[12]

《莊子斠補》僅一卷，除〈序〉外，另有跋文一篇，未著撰文時間，應是與〈序〉同作於民國元年（1912），時劉師培任四川國學院院副。[13]但據此〈序〉文，知其校補《莊子》亦是早年事。劉師培成年後熱衷政治，終日奔波，未必有時間從事斠讎工作，當時發表的斠書序文，疑其均屬早年隨手

---

11 同前注，頁 1171。
12 《劉申叔遺書》，頁 885。序末題「民國元年儀徵劉師培記」。
13 見萬仕國《劉師培年譜》（揚州：廣陵書社，2003 年）卷 3，頁 211。

箚記，故編輯《劉申叔遺書》時未見者多部[14]；即若干成書者，亦多是劉師培根據幼時校讀所得，修訂編輯而成。[15]

由以上各序文，可見劉師培自幼弱治學，即頗能質疑，對於前人注釋，亦不輕從，故廣泛參酌清代學者的考訂成果，藉以讎理古書字義，以釋其疑。其中值得注意的是，劉師培早年的斠讀，著重在地理及名物制度的考訂，並據以辨別義理，而不是字句的差異。再從義理的質疑與考訂入手，探求不同版本字句差異產生的原因，以求得最適當的解釋。

劉師培的斠讎工作與其父祖相較，頗為獨特。儀徵劉氏久事斠讎業，其中劉富曾雖稍有爭議，但劉文淇、劉毓崧、劉壽曾、劉貴曾的斠讎成就，在當代均備受肯定。劉師培雖承其緒，但其斠讎內容與父祖卻顯見不同。劉文淇、劉毓崧助阮元斠勘群籍的內容，主要是宋元舊刊的史書、方志，斠讎的方式亦是以對斠為主。劉師培則大異其趣，就其斠讎的書目中，顯見其對象是先秦兩漢的著述，用的方式則是將考證與斠讎合一，此與其先人的斠讎工作不同，但於儀徵劉氏學術中，卻略有傳承可循。蓋劉文淇作《左傳舊疏考正》，即透過文獻斠讎的方式以證明孔穎達《左傳正義》沿襲劉炫說的問題，劉毓崧《周易舊疏考正》、《尚書舊疏考正》二書，劉貴曾《禮記舊疏考正》均賡續劉文淇而作，論證的方

---

14 如《劉瓛周易注補輯》、《王弼易略例明象篇補釋》、《劉兆公穀注補輯》、《劉熙孟子注補輯》、《國語賈注補輯》、《呂氏春秋斠補》、《呂氏春秋高注校義》、《獨斷補釋》、《列仙傳斠補》八種，俱見《劉申叔遺書・總目》，頁 9。

15 如《賈子新書斠補・序》稱「師培幼治此書，以南宋以前故本……。」《劉申叔遺書》頁 986。

式亦大抵相同。劉文淇考辨《左傳正義》中徵引的資料，乃
透過文獻流傳過程中留下的記錄，以考訂其來源及流變情
況，並藉以呈現原書的樣貌。此方式先用於考訂《左傳正義》
的成書，後用於《左傳舊注疏證》的編撰，既使漢人著作中
留存的《左傳》舊說，略見一斑；亦藉由字句的差異及學者
的理解徵引情況，呈現《左傳》在漢魏的面貌及流傳情況。

　　劉師培補斠各書，著重在義理闡發為主，其主要是取法
劉文淇《左傳舊注疏證》辨別杜預注及《左傳舊疏考正》辨
正孔穎達疏的精神。其斠注的典籍，主要是先秦兩漢的著作，
劉師培考察漢魏六朝的著述及唐宋類書的徵引的字句，對照
宋元以下的刊本，以辨析不同時代的學者對古書義理的理解
與詮釋情況，進而推定作者原本所欲闡述的觀點。

　　相較於其父祖的斠讎工作，劉師培這種形式與其先人受
倩從事的斠刊工作雖大異其趣，但卻是深刻的發揮其先人的
斠讎精義，且將儀徵劉氏的斠讎學，自文字辨正推到義理考
論，顯現乾嘉考據學的積極目標。

第二節　論斠讎與學術流變

　　劉師培雖斠補群籍，亦多學術流變相關的論述，但其認
為斠讎與學術流變的探討，各有不同的方法和目的，二者並
沒有直接的關聯，此與鄭樵（1104-1162）、章學誠之說判然
不同。

　　書目原本是官府藏書記錄，只有書名、篇卷數、作者等

簡單記載。劉向（前 77-前 6）、歆（求前 50-23）父子校書，
條其篇目、撮其旨意、總群書，分門類，[16]遂使書目具備學
術分類的功用。

　　將書與學結合，發揮書目的功用，使其成為考察學術流
變的依據，自鄭樵《通志・斠讎略》開始，其〈編次必謹類
例論〉云：

> 學之不專者，為書之不明也。書之不明者，為類例之
> 不分也。有專門之書，則有專門之學，有專門之學則
> 有世守之能，人守其學，學守其書，書守其類，人有
> 存沒而學不息，世有變故而書不亡。[17]

欲使書目顯示前人思想觀點的特點，自須有詳密嚴謹的分類
原則（類例），若此，則見類例而知學術流別，學者藉此可
略知問學門徑，故書存則學不息，古人學思可以流傳不息，
故鄭樵稱「類例既分，學術自明」[18]。章學誠《校讎通義》
發揮其說，強調斠讎的目的不僅是編輯、著錄及典藏圖書，
而在於「辨章學術，考鏡源流」[19]，欲使書目達到此功用，
則藉「互著」[20]、「別裁」[21]的編輯方法，以達到「即類求書，

---

16 班固：《漢書・藝文志》（《百衲本二十四史》本，臺北：臺灣商務
　　印書館，1996 年），卷 30，頁 436。
17 鄭樵：《通志・校讎略》（北京：中華書局，1995 年），頁 1804。
18 鄭樵《通志・校讎略・編次必謹類例論六篇》：「類例既分，學術
　　自明，以其先後本末具在……觀其書可以知其學之源流。或舊無
　　其書而有其學者，是為新出之學，非古道也。」頁 1806。
19 章學誠《校讎通義・敘》（北京：中華書局，1985 年）：「校讎之義，
　　蓋自劉向父子部次條別，將以辨章學術，考鏡源流；非深明於道
　　術精微、群言得失者之故者，不足與此。」頁 945。
20 《校讎通義・互著第三》：「古人最重家學，序列一家之書，凡有
　　涉此一家之學者，無不窮源至委，竟別其流，所謂著作之標準，
　　群言之折衷也。如避重複而不載，則一書本有兩用而僅登一錄，

因書究學」[22]的目的，後人藉書目即可得見各種學術的發展情況。此將斠讎工作變為探討學術發展及流變之學，頗受學者所據信，幾視為斠讎圭臬。劉師培則反對此說，其認為斠讎工作，在於「條篇目，撮指意」，亦即清楚呈現前人的學術要旨，目錄的編撰則考察學者的學術主張，將其著作編入適當的類別。〈校讎通義箋言〉論云：

> 會稽章學誠，粗窺略錄垠埒，所撰《校讎通義》……以釐別原本相撟衿，顧亦感名弗游，□因象括義，麗附比從，惟在綴兆節族，何異解素衣緇，室犬吠形乎？章所詮恢，特著「互著」、「別裁」兩事，實亦迪緒鄭樵「互著」之義，援兵書複見九流為例；別裁之說，則援《三朝記》、《弟子職》為詞。弗知兵略摧讎，出自任宏，九流則定自劉向。又尉繚、師曠、力牧、伍子胥、商鞅之書，名雖洊著，篇目繁瘠則弗同，謂即一書，何云其可？
>
> 若云一書兩用，則見仁見智，夅侈由興，五經之文，宋儒詮以性理，弗謂六藝咸儒家也。諸子之編，清儒

於本書之體，既有所不全；一家本有是書而缺而不載，於一家之學，亦有所不備矣。」頁 966。

21　《校讎通義·別裁第四》：「古人著書，有採成說，襲用故事者，其所採之書，別有本旨，或歷時已久，不知所出。又或所著之篇，於全書之內，自為一類者；並得裁其篇章，補苴部次，別出門類，以辨著迹源流。至其全書，篇次具存，無所更易，隸於本類，亦自兩不相妨。蓋權於賓主輕重之間，知其無庸互見者，而始有裁篇別出之法耳。」頁 972。

22　《校讎通義·互著第三》：「蓋部次流別申明大道，敘列九流百氏之學，使之繩貫珠聯，無少缺逸；欲人即類求書，因書究學。」頁 966。

段以徹故言，弗謂九流悉小學也。夫畦黍芨荄，氓或
資炊，然黍為穀族，類弗伺莞，章云詳略互載，直以
穀隸薪之方耳。

夫斯民之生，兼資形氣，氣天形地，烏假生為？章以完
書之目與分篇之目並標，烏殊眹形氣之名與人鈞列乎？
夫略、錄之學，要在條篇目，撮指意，非弟推闡原委，
恢言家法也已。向、歆讎書，收離糾散，埤關剟譌，
具詳群籍序錄暨《別錄》。章謂父子世官，惟詮流別，
斯則譬倪增飾之詞矣！[23]

此箋言針對章學誠「互著」、「別裁」說而發，不難看出劉
師培對斠讎的主張。其觀點係以古人的著作為思考中心，希
冀能明確的呈現作者的學術思想，認為章學誠強調的辨別學
術源流，並不是斠讎的主要目的，甚至以此觀點論斠讎會混
淆甚至曲解學者的學術主旨。劉師培強調斠讎的主要目在於
「收離糾散，埤關剟譌」、「條篇目，撮指意」，即經過詳
細讎斠，以還原著作原貌，藉以探討作者的學術思想。至於
學術流變的探討與論述，則另有探討的依據與基礎，[24]斷不
應將各種著作的分類編目與學術流變雜錯不分。

　　劉師培認為學者的思想有其獨特性與完整性，其論著中

23　《左盦外集》卷 12，《劉申叔遺書》頁 1614。
24　近代目錄學者多因循鄭樵、章學誠之說，然亦有與劉師培相同，
　　反對藉書目即可辨章學術流變者。昌彼得、潘美月合著《中國目
　　錄學》（臺北：文史哲出版社，1991 年）〈論類例〉云：「類例之主
　　要目的，在將龐雜繁亂的圖書依其學術系統而條別部次，使其井
　　然有序，既便於收藏，亦便於檢取。至於辨章學術，討論流別，
　　時存乎敘錄小序體制之中。自劉向歆父子奠立我國目錄學，即已
　　立下此義例。後代目錄學者未明此旨，故論者紛紛」頁 77。

各篇章的觀點，無法脫離全書，故「完書之目」與「分篇之目」的基礎不同，不能相提並論，而「互著」及「別裁」割裂個人的觀點，混同多人的思想，均使學者喪失原本面貌。若依據「別裁」及「互著」方法編輯的目錄以論述學術流變，不僅容易扭曲作者本意以就學術風尚，又使據以論述的文獻流於片面，難以呈現學者論述的內容及精神，無法藉以探討學術發展及學者的學術思想。

劉師培辨明二者之差異，不使之混淆，但思想的源流演變的探討，在學術上又有其無法取代的重要性，其故在斠讎群書之外，多另為文論述該書的流變。如《周書補正》六卷之外，另作《周書略說》一卷，以補充其《周書補正·自序》；又如《白虎通義》既作斠補，又作闕文補訂、補釋、源流考，最後成其《白虎通義定本》，由此斠訂過程，可得見劉師培斠讎思想的主要觀點。

斠讎群書與學術流變的論述，同為劉師培重要的學術成就，各有代表性。但〈校讎通義箋言〉中，顯見劉師培否定斠讎工作與探討學術流變的必然關係，此觀點落實在其著述中，故劉師培斠讎群書的序跋，多詳述一書的版本流傳，而不論其學術主張。考辨學術流辨的論述，則多就全書的整體觀點，以論述作者的思想淵源及相關著述的關係。

第三節　斠讎工作要旨

就劉師培斠讎序文，其相關作品的發表，始於光緒三十

三年（1907），〈晏子春秋補釋〉、〈法言補釋〉、〈周書王會篇補釋〉均發表於此年。最後發表的是〈王弼易略例明象篇補釋序〉[25]，見於其卒年（民國八年，1919）發行的《國故雜誌》。錢玄同〈劉申叔遺書總目〉將劉師培的著作分作六類，[26]其中丙類「群書校釋」二十四種，約佔《劉申叔遺書》三分之一。錢氏由劉師培思想的變化及著作方式的不同，說明其斠讎著作命名的不同，其論云：

> 丙類校訂各書，或名「補釋」，或名「斠補」。大致前期所著名「補釋」，後期所著名「斠補」。（余區劉君之思想及學問爲前後二期：自民前九年癸卯至前四年戊申爲前期，自民元前三年己酉至民國八年己未爲後期。）後期對於前期所著多所修改，故校訂《晏子春秋》、《荀子》、賈子《新書》、楊子《法言》、《白虎通義》五書，均有名「補釋」者及名「斠補」者兩本。（《晏子春秋》，則名「斠補」者，更先後兩本，凡三本。）……又《周書補正》、《墨子拾補》、《楚辭考異》三種，雖不用「斠補」之名，亦皆後期所著。[27]

錢玄同依照書名將劉師培群書斠訂的著作，分爲前後期，但如前引《莊子斠補・序》，可知雖名「斠補」，仍是年少時

---

25 《王弼易略例明象篇補釋》一書，《劉申叔遺書》未收，顯見編輯時未能得見，應仍是早年作品。劉師培僅新作序文一篇，刊載於《國故雜誌》。

26 分別爲甲類「論群經及小學者」二十二種、乙類「論學術及文辭者」十三種、丙「論群書校釋」二十四種、丁「詩文集」四種、戊類「讀書記」五種、己類「學校教本」六種，凡七十四種。見《劉申叔遺書・總目》，頁 2-3。

27 《劉申叔遺書・總目》，頁 7。括弧中注釋爲錢玄同原文。

讀書所作，故可知其「補釋」、「斠補」等命名，係發表時
視其內容所重新擬定，非僅是著作時代的差別。茲分別劉師
培斠訂各書的命名，有「斠補」(《賈子新書斠補》)「斠義」(《呂
氏春秋高注斠義》)「補正」(《周書補正》)「斠正」(《匡謬正俗
斠正》)「考異」(《楚辭考異》)「補釋」(《晏子春秋補釋》、《白
虎通德義補釋》)等不同，其中以「斠補」命名者多。

　　據劉師培斠讎的各書而論，其工作重心雖有不同，但大
抵包含考源、斠訂、闡義、輯補四者。

一、考　源

　　考源主要係考辨一書的內容及性質，思想來源及流傳情
形，以及版本優劣等情形。劉師培斠讎各書，除於序文對其
書的來龍去脈，均詳加論述外，若限於篇幅，有所不足，則
另作「源流考」(《白虎通義源流考》)或「略說」(《周書略說》)，
以考訂其流傳及篇章內容的分合演變情形。如《周書》、賈
誼《新書》、董仲舒《春秋繁露》、班固《白虎通義》等，
劉師培均先辨明各書流傳情形，篇卷分合及存逸狀況，以作
為其斠讎工作的基礎。《周書補正‧自序》云：

> 《周書》七十一篇，蓋《百篇》之粵柎，九流之蘥萌
> 也。昔周世良佐達儒，習誦弗斁，僭諸謨典，意泯輕
> 軒，仲尼刪書，顧弗加錄，斯蓋〈世俘〉之屬，〈職
> 方〉之倫，詞或逕符于〈武成篇〉，或別麗于《周官》，
> 偏舉已昭，互見則蔓……。百家競興，老摭其英，管、
> 墨、商、韓擷拾咸及……。蓋見仁見智，理非一軌，
> 根柢《六藝》，諸子實鈞，意有所取，不必符儒崇尚，

《周書》斯為盛矣。

惟秦漢傳經，咸自儒家緒纘，七十子緜是絕。無師說與壁經衡顧，稱述亦不替。古文寖盛，儒者稍稍肇治。漢迹既東，說經貴旁徵，詮字說制，奉為裁准，□圍所資，蓋與經勒。

晉五經博士孔君，辨歧誼於鄭、王，溯故言於賈、馬，按篇撰注，達滯抉幽。《外傳》章解，近相匹擬，《戴禮》盧注，迴匪其方。惟或依字立訓，間暝通假。降迨六代，遞相迻錄，篇帙缺而莫完，注文殘而弗續，歷唐達宋，篇僅六十，篇存注亡，復佔十九。加以脣寫奪訛，讎勘勿施，文句俄空，字體錯易。淺知士夫以之下儕汲郡書，流別既眛，撢研絕罕，間有擴傳孔義，只王應麟《王會篇補注》而已。[28]

劉師培首先考訂《周書》與《尚書》的關係，繼而辨析《周書》與先秦諸子的關聯。就內容言，《周書》與《尚書》、《周官》所記載頗多類似，雖孔子取《尚書》及《周官》而捨《周書》，然先秦諸子則多所徵引運用。及漢代古文家重考據，學者用《周書》考訂《五經》，頗有所獲，足見《周書》與孔門儒說的義理多有相通處。晉後雖有孔晁注，但殘缺不全，孔注更是亡佚大半。宋以後雖有若干注家，但「訏怣而多支，稂礫弗掇，指義焉通」，清代學者所作，則多「改移喪真」[29]，書不可信據。以此，劉師培費時多年，廣搜孔注佚文，以補正各家《周書》注釋之闕誤。

---

28 《劉申叔遺書》頁 752。
29 見《周書補正‧跋》，《劉申叔遺書》頁 786。

　　古籍篇目分合及傳抄刊刻造成的卷帙異同，自是從事斠讎工作前須先作分辨者，劉師培作各書斠補，均先考辨流傳情形，以擇定底本及斠補文獻。《賈子新書斠補‧序》云：

> 賈誼書載《漢志‧儒家》，計五十八篇，凡〈誼傳〉所載〈治安策〉諸疏，及誼文載入〈食貨志〉者，均散見五十八篇中。蓋上之疏、所著之書，恆旨同而篇別，離合省併，不必盡同。近劉氏端臨《漢學拾遺》指為班固所刪併，似未必然。考宋代以前所徵引，或曰「賈子新書」，或稱「賈子」，或稱「賈誼書」，均指今本；惟卷目分併不同，具見盧〈序〉。俗稱或祇標「新書」，則稱名之訛也。

> 斯書刊本以南宋潭本為善……均較他本為長，盧校雖宗建、潭二本，然恆取資他本，以己意相損益；誼若罕通，則指為衍羨之文。由是有誤增之失，有誤刪之失，又有當易而不易，當衍而不衍之失。近儒匡盧失者，惟俞氏《平議》、孫氏《札迻》，嗣外德清戴氏、海寧唐氏、南匯張氏，均有校訂之詞，惟說多亡佚。[30]

賈誼《新書》流傳至南宋，仍大致保持原本篇數。劉師培在考察盧文弨斠本的得失後，認為舊刊本之失惟多訛脫、誤字，內容較盧斠本可信，故此斠補以文字訂誤為主。若《春秋繁露》，則於宋時即無完帙，故劉師培先考訂其後的流傳情形，《春秋繁露斠補‧序》云：

> 《繁露》自北宋中葉，書已殘佚，樓郁〈序〉稱書十

30　《劉申叔遺書》頁986。

卷，歐陽修〈書後〉亦謂纔四十餘篇，所據遺即郁本書。後又謂館中所見有八十餘篇，民間又獻三十餘篇，篇數在八十篇外。《崇文總目》亦言《繁露》八十二篇，蓋修於館中所見者，即《總目》所著之本。校以民間所獻，仍缺數篇，則八十二篇亦非完本矣。晁公武《郡齋讀書志》亦言八十二篇，則所藏同閣本。至於南宋黃東發《日抄》謂《中興館閣書目》止存十卷三十七篇，程大昌〈秘書省繁露書後〉謂「《繁露》十七卷，紹興間董某進。」又謂「《通典》、《寰宇記》所引，多今本所無。」則南宋館閣之本二，一為十卷三十七篇本，一為十七卷本。

胡榘所刊羅氏本亦三十七篇，或即館閣十卷之本。較修所稱四十餘篇，復有所缺。然樓鑰謂程引三書之言皆在其中，則三十七之本又較十七卷之本不同。嗣樓鑰得潘氏八十二篇本，刊之江西，校以北宋閣本及晁氏藏本，篇目均合，然樓跋已言缺三篇。時別有十八卷寫本，亦缺三篇，見陳氏《直齋書錄解題》。

明人所刊均本樓刻，惟復有訛挩。乾隆聚珍版本據《大典》所存樓本以正明本訛挩。近盧、凌二本，均以聚珍本為主，惟盧氏校本兼以明蜀本、何本、程本相勘，或以己意相改易，此《繁露》各刊之得失也。

若夫挩字、訛文，盧、凌所校，俞、孫所糾，亦僅十得四、五，故魚魯雜揉，致難讀卒。[31]

31　《劉申叔遺書》頁 1007-1008。

《春秋繁露》不見於《漢書・藝文志》，《四庫全書總目》稱此書「宋代已有四本，多寡不同，至樓鑰所校，乃為定本」[32]。劉師培就前人論及的篇數、卷數的差異，及各家書志記載的變化情況，以考察宋初官府所藏的《春秋繁露》與清代中葉盧文弨、凌曙校注本的差異，並詳論其得失，作為其校訂字句，辨訛補缺的依據。而《春秋繁露》卷帙既自北宋即有缺佚，故其在斠補之外，另作《春秋繁露佚文輯補》一卷。

劉師培作各書斠補前，均先詳細考辨該書的流傳情形，清楚掌握文獻的特性，就版本流衍以考訂訛脫所致，故其校語多詳密精審可信從。

二、斠　訂

斠訂典籍，首先自是辨明文字差異，判斷差異及訛誤產生的原因，最後綜合各種文獻材料，論明最接近原書的字詞，劉師培亦依循此方式，《賈子新書斠補・序》云：

> 師培校勘斯書，歷有年所，互勘之餘，間以己意發正。有以本篇之文互證者……有以他書相比傅者……有據字形正其訛誤者……有據字形定為衍文者……有據聲同定為通假者……有審文正其衍挩者。[33]

以上六者為其斠讎的主要方法，其中以本篇的文字互證，或比傅他書記載以考訂，則視典籍流傳情形而用。但不論是本書文字或是他書的記載，劉師培大抵採唐代以前古籍作為斠讎的主要依據。

32　《四庫全書總目》（北京：中華書局，1987）卷 30，頁 244。
33　《劉申叔遺書》頁 988。

　　古代的著述，流傳後代而不亡佚者，百不存一；其流傳於後世者，傳鈔、刊刻之際，亦未有能保存原貌者。篇卷散佚分合，文字訛挩衍羨，各式錯誤隨各刊本而行，劉師培《春秋繁露斠補・序》以唐代類書及漢代史籍諸子比勘，指出《春秋繁露》文字在隋唐時代已多訛誤，包含「形近互訛者」、「形近致誤者」、「傳寫致挩者」、「形近而誤衍」各種情形。[34]此數者僅就文字而論，尚未能包含古籍各種訛誤情形。就其各書斠補所記，古書訛挩情況，以「挩」、「誤」、「衍」、「倒」、「異」五種情況最常見，足以影響論述內容及作者思想。

　　相較於近代斠勘古籍，多以可見的不同刊本互斠，屬於對斠方式；劉師培斠訂各書，則以「他斠法」為主。蓋其所斠訂的典籍，以先秦兩漢為主，故取漢代諸子史籍及唐代類書中相關的記載驗證，宋元不同刊本字句的出入，並非劉師培首要辨正者。茲略舉數條以見：

（一）挩　漏

　　文獻傳鈔過程中，脫文漏句情形，時有所見，其中文字脫漏若於文義無大違礙，尚可存而不論。然部分脫漏於史事或思想則造成嚴重的錯誤，如《管子・戒》「故公死七日不斂」句，劉師培斠云：

> 案：以《史記・齊世家》校之，「七」上疑挩「六十」兩字，《左傳》僖十七年云：「冬十月乙亥，齊桓公卒，十二月乙亥赴，辛巳夜殯。」計期適六十七日，

與《史記》合。〈小稱篇〉所云十一日，疑亦訛字。[35]
七日與六十七日，適差二月，劉師培以《左傳》、《史記》
說明其誤。若《管子・小稱篇》所云十一日，則應是七日之
訛；或〈戒〉所云篇七日乃十一日之誤，二者必有一誤。然
〈戒〉篇挩漏「六十」二字，應無可疑。

（二）訛　誤

古文簡潔，單文獨字即包含完整概念，與後代以語詞作
為概念不同，故文字訛誤，常造成對古人學術思想的誤解。
《賈子新書・無蓄》「乃試而圖之」句，劉師培斠云：

> 案：試者，誠之誤字。《漢書・食貨志》作駛，駛、
> 誠古通，如《周禮・太僕》「誠鼓」，故書作駛是也。
> 若作試字，則失其義。[36]

此誤字，前人不察，造成文義上的誤失。

又《荀子・仲尼篇》「志不免乎姦心，行不免乎姦道」
句，劉師培斠云：

> 案《說苑》引作「身不離姦心，而行不離姦道」下云
> 「而求有譽於眾，不亦難乎！」乃約下文之義。此文
> 兩免字，疑亦古離字之訛，古離字恆省作离字，俗書
> 與免相似，故訛為免。[37]

「免」與「離」二義有別，劉師培以《說苑》引文證之。《說
苑》「離」字契合篇旨，故知今本《荀子》此句，係因傳抄

---

35 同前注，頁 799。
36 同前注，頁 996。
37 同前注，頁 914。

刊刻而致誤，漢人所見仍是原本文字。又《管子・明法》「是
故官之失其治也」句，劉師培斠云：

> 案：「治」當作「能」。上云「以譽進能」《韓非子・
> 有度篇》同，下云「故官失其能」，均其證。《韓非子・
> 有度篇》述此文，正作「故官之失能者，其國亂」，
> 此尤「治」作「能」之徵。蓋古「能」字通作「台」，
> 因訛為治，《賈子新書》「雖堯舜不能」，《漢書・
> 賈誼傳》作「不治」，是其例。[38]

此亦就義理以推定文字，劉師培以《管子・明法》主旨在論
「能」，上稱「今主釋法以譽進能」，後云「官失其能」，
而不及治，故知「官之失其治」乃誤字。而此訛誤遂使《管
子》論述藉申明法令以求官員之才能的篇旨不明。

（三）衍羨

　　古籍流傳過程中造成文字衍羨，或因字詞的繁複衍化而
造成，或因牽涉相近事物而誤，或傳鈔時重複載入。衍羨原
因雖不一，然常造成後世的誤解，進而改字以求合理。《賈
子新書・階級》「人主之尊，辟無異堂陛」句，劉師培斠云：

> 案下文以陛喻臣，又言天子如堂。此作堂陛，陛疑衍文。
> 《漢書・賈誼傳》作「人主之尊譬如堂」，是其證。[39]

又同篇「不及士大夫」句，劉師培斠云：

> 案士疑衍文。《漢書》亦無士字。《禮記・曲禮篇》
> 曰：「刑不上大夫。」《白虎通義・五刑篇》云：「刑

---

38 同前注，頁 802。
39 同前注，頁 991。

不上大夫，何？尊大夫……。」古今文均無刑不及士
之說，又本篇下文云：「故古者，禮不及庶人，刑不至
君子。」《漢書》「君子」作「大夫」，亦其證也。[40]
堂、陛及大夫、士二者，均因其性質相近，關連密切而衍羨，
然卻造成名物及制度上之錯誤，後人不察其誤，據以論述，
則違背實情。又《春秋繁露‧五行相勝篇》「木者，君之官。
夫木者農也」句，劉師培斠云：

> 案下云：「土者，君之官也。」與此相複。據下〈五
> 行相生篇〉，以「君官為司營，司營為土官」，又云：
> 「司農，土官也。」彼此互證，則此文當作「田官」。
> 又下文云：「夫水者，執法，司寇也。」以彼此相例，
> 似當作：「木者，田官，司農也。」餘並衍文。[41]

此釋五行中木所代表事物，劉師培取本書〈五行相生篇〉論
述的語法相較，而辨明其衍羨情況。此種衍羨類多產生於刊
板以前，其衍文不乏是斠讀者之註記，而傳鈔或刊刻不察而
誤闌入者，其內容不僅不是原論述之意，且造成誤解。又如
《管子‧五行》「命左右司馬衍組甲厲兵」句，劉師培斠云：

> 案：《藝文類聚》四十七引，「兵」作「士眾」，與
> 《書鈔》同見校正，此古本也。《玉海》百二十二引，
> 無「衍」字，餘同今本。此文「衍」字，乃校者於所
> 刪羨字之旁，標以為別，嗣與正文相淆，本書類此者
> 寔蕃，近儒恆昧其例。[42]

---

40 同前注，頁 991-992。
41 同前注，頁 1022。
42 同前注，頁 802。

此類衍羨疏誤，常見於宋元之後的各種刊本中，學者每曲折
費心為之注釋而不得其故，劉師培於其斠補中，均據其考辨，
逐說明致誤的原由。

（四）倒　乙

倒乙指字詞或文句前後互易、顛倒，此可用他書參照斠
正，亦可考察前後文義而推論，《管子‧七法》「所親者戚
也」句，劉師培斠云：

> 案：下云「不為愛親危其社稷，故曰社稷戚於親」，與
> 此相應，以他節例之，此文「所親者戚」，當作「所戚
> 者親」，下文「所親非戚」，亦當作「所戚非親」。[43]

又《賈子新書‧傳職》「或為之稱詩，而廣道顯德，以馴明
其志」句，劉師培斠云：

> 案：「為之」二字，疑當乙置而字下，與上《春秋》
> 句同。《國語‧楚語》云：「而為之道廣顯德」，彼
> 為此文所本，亦其證。[44]

此類文字上的錯置倒乙，常造成語義混亂，劉師培依據原書
前後篇章用詞，或參照他書勘正。

（五）異　文

異文包含文字及字句上的不同，文字可假借互用者，如
前所引「能」與「台」、「解」與「懈」及「疑」與「擬」
等，《賈子新書‧數寧》「因卑不疑尊」句，劉師培斠云：

---

43 同前注，頁 794。
44 同前注，頁 996。

> 案：此與賤不踰貴對文。疑與擬同。《韓非子‧八經
> 篇》「后妃不疑」，不疑即不擬，與此同例。[45]

劉師培斠補各書，頗注重古書用字的含義，故其對此類異文
特別重視，用以考見當時學術觀點，及各家之間的同異之處。

若唐宋類書中字句上的差異，而文義大旨相同，則或因
於傳鈔者改易，《晏子春秋》「嬰聞古之賢君飽而知人之饑，
溫而知人之寒，逸而知人之勞」句，劉師培斠云：

> 案：《冊府元龜》引同，惟「勞」下有「也」字。《意
> 林》引，三「而」字均作「則」。《御覽》六百九十
> 四引，作「古之賢者，居飽而知人饑，居溫而知人寒」，
> 與此異。《書鈔》百五十二引，作「古之賢君溫飽而
> 能知民饑寒」。[46]

又同書「內則蔽善惡於君上，外則賣權重於百姓」句，劉師
培斠云：

> 案《御覽》九百十一引，作「社鼠者，不可灌之，君
> 左右出賣寒熱，入則比周，此國之社鼠也」，與此不
> 同。與《類聚》五十二、九十五引上作「不可燻不可灌」
> 所引略同見《音義》，此疑後人據《說苑》改。[47]

此二者，見於類書所徵引，其字句或長或短，未必與原書盡
同；與宋元之後的刊本，更有差異。劉師培多方引錄，先辨
別其中差異，採其可據，以作補釋，並據以推論文字變易的
緣由。

---

45 同前注，頁 990。
46 同前注，頁 808。
47 同前注，頁 818。

三、輯　補

先秦諸子百家見於《漢書‧藝文志》者，百不存一，即流傳至今者，篇卷文字亦多訛脫。漢晉六朝著作，見於《隋書‧經籍志》及《舊唐書‧經籍志》、《新唐書‧藝文志》者，其情況亦近似。清代輯佚學興起，學者雖廣搜輯補，所得仍屬有限。劉師培既以漢魏六朝及隋唐宋初的類書斠補秦漢諸子著作，自多得佚文。且劉師培考訂各家徵引文字與通行傳本之間的歧異，自更能斠補諸子書。其輯補的各書佚文，略述如下：

（一）《晏子春秋逸文輯補》

輯錄佚文十四條，分別出自《五經正義》、《北堂書鈔》、《藝文類聚》、《太平御覽》及《文選》李善注等書。

（二）《荀子佚文輯補》

輯錄佚文七條。劉師培序云：

> 《荀子》無缺篇，亦無外篇，然佚文時見他籍，蓋篇
> 有挩節，章有挩句也。王氏念孫所輯四條，附詳所著
> 《雜志》中⋯⋯今以王氏所輯為主，擴所未備，復得
> 佚文數條⋯⋯。[48]

其中「蒲稍」、「子夏徒有四壁」確是〈性惡〉及〈大略〉中文字，故不列其《佚文輯補》中。

---

48 同前注，頁 940。

（三）《賈子新書佚文輯補》

凡五條。輯自《藝文類聚》、《初學記》、《太平御覽》等書。

（四）《春秋繁露佚文輯補》

凡十二條。卷前述《春秋繁露》源流，略如本文前引。

（五）《法言逸文》

凡二條。引自《文選》及《太平御覽》。

（六）《白虎通義闕文補訂》

全卷四十三條，係就莊述祖輯本增補斠訂而成，劉師培序云：

> 《白虎通義》之缺，始於北宋，《御覽》諸書所引，有出今本外者，均據他書迻錄。近儒所輯逸文，以武進莊氏為備。盧校、陳疏均據之。間有增補，不及百一。師培治《通義》久，既著《斠補》三卷，復就莊輯逸文，稍加釐校，作《訂補》一卷，補者補其缺，訂者訂其所采之訛也。[49]

以上六者，均是劉師培斠補之際所作，擬用以編輯《白虎通義定本》，惟其僅成三卷，未能完編，殊為可歎。

四、闡　義

劉師培斠補各書，原非僅是勘正文字訛誤，要在「疏通

---

49 同前注，頁 1103。

證明，以更舊說」⁵⁰，而其作法視各書的流傳情形，而略有不同。書名「斠補」者，主要是斠訂文字詞句的過程中，藉時代相近的典籍用語及論述內容，考訂原作者使用的語句含義，以此闡發原書旨意，並檢視後人注解所闡釋的內容。書名「補釋」者，則是在斠訂之後，針對前人注釋而發其議論。《老子斠補・序》云：

> 校審斯書，惟徵故誼；及故誼罕徵，始互勘本書，以諍註說。……其所發正約百餘事，按文次列，成《老子斠補》二卷，以補王、洪、俞、孫所未備也。
>
> 若夫宣究義蘊，以經史大誼相闡明，或侈述微言眇義，高下在心，比傅穿汔，窮高遠而乖本真，今輯斯編，概無取焉。⁵¹

此清楚說明其斠補的原則，在於以古說印證書中詞義，而非發揮其體會的心得。其謂「互勘本書，以諍註說」，即是以藉文字斠訂以補充前人未釋之義。

　　劉師培名為「補釋」之作，則以宣究義蘊為主，如《荀子補釋》、《白虎通德論補釋》、《周書王會篇補釋》及《穆天子傳補釋》，其書是在斠補之後，藉相關論述，闡述書中的義理思想，《荀子補釋・序》云：

> 夫《左氏》、《毛詩》均傳自荀子，古文家言荀為鼻祖。惟取毛、左之說，與荀書互證，然後《荀子》之義明。師培自垂髫以來，竊有志於此，及旅東京，乃取平昔所訂正者，詮而錄之，臚列眾說，以己意為折衷，

---

50 《賈子新書斠補・序》，《劉申叔遺書》頁 989。
51 《劉申叔遺書》頁 872。

得二百八十條，名曰「荀子補釋」。雖刊落陳言，間逞
臆說，然古學墮緒，或即此可覘，此則區區之志也。[52]
清人精通文字訓詁，頗能闡發古書字義，劉師培亦然。但劉
師培補釋各書，並不限於字義，而是兼及制度、思想文化，
並取西人學說，與之印證。如同書〈榮辱篇〉「約者有筐篋
之藏，然而行不敢有輿馬」句，劉師培補釋云：

> 楊注：「約，儉嗇也。」俞樾曰：「約，要也。一聲
> 之轉。蓋物藏於筐篋者，必是貴重之物，故特以要者
> 言之。」案：楊說固非，俞說尤迂曲。《論語》：「不
> 可以久處約。」皇疏：「約猶貧困也。」《國語・吳
> 語》云：「婉約其辭。」注：「約，悲也。」《楚辭・
> 招魂》：「土伯久約。」注：「約，屈也。」蓋貧困
> 者謂之約，卑屈者亦謂之約。《荀子》所言之約，係
> 指卑屈之人言，謂卑屈之人雖致巨富，亦不敢乘輿
> 馬。猶漢初之制，賈人不得衣絲乘車也。此蓋當時所
> 立之法如此，故荀子述之。[53]

此顯駁楊倞及俞樾說，楊、俞僅就文字釋義，劉師培則依據
漢代制度以比擬戰國時代的制度，故能陳明《荀子》論述的
依據，闡發荀子的意旨。又同書〈正名篇〉「是謹于守名約
之功也」句，劉師培補釋云：

> 楊注：「約，要約也。」案：「《說文》云：約，纏
> 束也。」《左傳》哀十一年「人尋約」注：「約，繩
> 也。」《周禮》「司約」，注云：「約言論之約束也。」

《淮南子・庄術訓》云：「所守甚約。」注：「約，
要也。」又《論語》、《孟子》均以博、約為相對之
詞，蓋約有束義，引伸之，則約字之義與範圍二字之
義同。西人言名學者，稱為界說，則「謹于守名約」
者，即謹守名詞界說也。楊說非。

以「範圍」釋「約」字，又以西方邏輯上的「界說」（定義）
來說明荀子所云，此種闡釋方式是荀子學習西方學術思想的
心得，並將其用在注釋上，在《荀子補釋》中，尚有若干條，
如謂「荀子所言，近于西方心物一元論」[54]者均是。

第四節　斠讎取材

儀徵劉氏家學以《左傳》著名，故自劉文淇以下，劉氏
子弟多熟習先秦兩漢學術。劉師培斠讎古書，亦以先秦兩漢
著作為主，然此類著述唐宋以前舊本多不傳，故無法逕引作
斠讎依據。以宋代以後刊本作為讎校對象，則各刊本之間的
訛脫，僅能以字句義理判別，而此受限於時代學術特色及個
人學思，不易考論古本樣貌。基於此，劉師培校補各書，採
旁證方式，以唐宋以前史籍諸子所徵引參證，或類書所輯錄
的資料，作為斠讎的主要依據。

一、類　書

類書節錄各書，常常以意取，而非全文照錄。摘錄的文

---

54 同前注，頁 973。

字亦會有混淆不同書籍，或是誤置的情況。但因其編撰過程
中，以資料匯集為主，並非學者個人學術思想的表現，故少
有因編撰者的觀念認知而改易字詞者，用以勘訂各傳本之訛
脫、衍羨，最為可信。劉師培《賈子新書斠補‧序》云：

> 師培幼治此書，以為南宋以前故本，今不克睹，惟唐
> 宋類書、子鈔所引，足徵建、潭二本訛挩。持以互勘，
> 則知建潭各本，或篇有挩文，如《類聚》卷八所引「有
> 神農以為走禽難以久養，民乃求可食之物，嘗百草察
> 實二字當互乙，鹹苦之味，教民食穀」三十字，《御
> 覽》七十八引同八百三十七亦引，《書鈔》卷八亦引
> 「教民食穀」語，此蓋〈修政語上篇〉挩文⋯⋯。至
> 於句有挩字，得證尤多，如〈等齊篇〉「天下宮門曰
> 司馬」，《類聚》六十三所引則「馬」下有門字。〈益
> 壤篇〉「高皇帝以為不可」，《類聚》四十五所引，
> 則「可」下有制字⋯⋯。
>
> 自是而外，有足證各本衍文者，如〈傅職篇〉「教誨
> 諷誦詩書禮樂之不經不法不古」，據《類聚》四十六
> 所引，當作「教誨諷誦書禮，不經不法」，餘皆衍文。
> 〈立後義篇〉「故天下皆稱聖帝至治，至秦無道」，
> 別本「聖帝」下作至治。「其道之下，當天下之散亂」，
> 據《治要》所引，當作「其道之也，當也」，道與導
> 同，餘均衍文⋯⋯。
>
> 有足證各本訛字者，如〈春秋篇〉「煦牛而耕」，《類
> 聚》八十五「煦」作餉。〈修政語下〉「不死軍兵之
> 事」，《書鈔》五十作「兵車」⋯⋯〈修政語下〉「民

積於順」《治要》引「順」作財，「民富且壽」，《書
鈔》五十作「民宜其壽」，〈連語〉「提石之者」，
《御覽》三百六十七作「以石抵之者」，則詞義均別，
尚待折衷。其有字異義同者，尤不勝縷述。[55]

劉師培以《藝文類聚》、《北堂書鈔》及《太平御覽》、《意
林》、《白氏六帖》、《群書治要》等書斠訂時本，顯見有
挩文、衍文、誤字、異文等各種情況，就類書的徵引情況，
顯見其訛誤多在宋代刊本流傳以前即發生，就宋以下各種刊
本互斠，則不易得見其差異，亦不易斷定正誤。故劉師培斠
訂古書，首重唐代類書所徵引，《春秋繁露斠補・序》亦云：
「師培校審斯書，以為宋代以前故本，今不克徵，惟唐代類
書所引，尚足證今本訛脫。」[56]

二、秦漢六朝著述

劉師培斠讎雖首重唐代類書，然唐代類書存留至今僅《藝
文類聚》、《北堂書鈔》等寥寥數種，故於此之外，須借助
漢唐之間的文獻，此又以兩漢的諸子著作最為重要，《春秋
繁露斠補・序》云：

若唐人所引無徵，則《繁露》一書，多本《荀卿》、
《管》、《韓》，與《淮南》、賈、劉之書相出入，
參互勘驗，訛挩斯呈。如〈玉杯篇〉「既美其道」節，
證以《賈子・容經》……。校審訛挩，惟彼足資。及
子書罕徵，始徵他籍……。互勘而義昭，互勘而外，

55 同前注，頁 986-987。
56 同前注，頁 1008。

　　　　兼以己意相詮。[57]

廣泛取證同時代及其前後相關的著作，是劉師培的斠讎的基本原則，因此除此序文所論列各書外，漢魏六朝著作，如《說苑》、《法言》、《論衡》、《博物志》、《世說新語》、《一切經音義》、《玉燭寶典》、《文選》李注等各書，均其徵引斠讎的材料。

　　劉師培雖以唐代類書及唐代以前典籍作為斠讎的主要依據，但仍取材部分宋元以後編撰的類書，如《玉海》、《事文類聚》等數種，蓋基於各種類書的編纂過程中，少有編撰者，因其識見而校改古書文字，故多能保留當時的文句語詞。

　　綜考劉師培斠讎古籍的工作，起始於文字校勘，終於定本及補釋，既欲提供一內容接近原貌，可據信的版本善本，且闡發古人精義及其覃思論學所得。雖其限於天年，所完成者多在斠補方面，但其中精義要旨，頗有可采，足為來者從事文獻斠讎工作者遵循。

---

57 同前注，頁 1008。

第七章　劉師培的應世經學

引　言

劉師培熟習《左傳》，自幼「耽思著述，服膺漢學，以紹述先業，昌洋揚州學派自任」。

劉氏家族雖以《左傳》名家，然劉師培以上三代，功名未顯，自劉文淇開始，即以教學及編輯斠讎為業，師培父劉貴曾常駐揚州，亦持此業以繫家族，故其熟悉斠讎及教育事務。

劉師培的一生，從學術開始，歷經革命運動，終又回歸學術。而學術活動則從參與科舉考試，懷抱經世之志，而後接受西方思潮，倡言無政府主義，至晚期雖回歸傳統的斠讎考據工作，然依舊關注文化之昌明。[1]劉師培思索國危民難之形成，企圖以經學思想及制度應付世局變化，主要在光緒三十三年（1907）其赴日之前，可視為其早期思想，其間的論

---

1 民國八年（1919），北京大學陳鐘凡等人成立國故月刊社，劉師培、黃侃被推為總編輯。「國故月刊社章程」第二條：「本社以昌明中國固有之學術為宗旨。」同年三月二十四日，國故月刊社致《公言報》說明其宗旨云：「同人組織《國故》，其宗旨在昌明國學，而以發揮新義、刮垢磨光為急務，並非抱殘守缺、姝姝奉一先生之言，亦非故步自封、駁難新說。時至今日，學無新舊，惟其真之為是。」見萬仕國：《劉師培年譜》（揚州：廣陵書社，2003年）卷3，頁267-272。

述顯示劉師培對傳統學術的高度自信，確信可藉以恢復民族
榮光，解決國家困境及社會問題。劉氏的學術雖以《左傳》
為主，但在國家及傳統學術受到西方各種思潮學說的挑戰之
時，劉師培立論之依據已不限於《左傳》或古文經學，而是
兼取各家學說，發揮傳統學術的精深內涵；故其既繼承家學，
重視《左傳》禮義思想，亦藉《公羊》論政以發揮《春秋》
大義。此不僅闡發傳統學術，亦著眼於時代的需要，將經學
用以應付世局變化，教導百姓，建立合乎時代的政治體制及
社會規範。

　　經學乃傳統文化的核心，亦是各種制度、社會道德及行
為規範的基礎。清代學者以其時代綿邈，故埋首於考據訓詁，
致力探求經典之義以作為經世的依據。然囿於風氣，經師學
者對於時代局勢的變遷，則少有關注，故其於文物制度的理
解雖頗能躋越前賢，然多未能切中時代問題，欲以致用，亦
力有未逮。晚清學者中，能不囿於此風氣，而思以經說挽頹
勢者，以劉逢祿、龔自珍、康有為等為代表，諸家於思想上
多有創樹，充擴成一代風潮，然其說多出新義，為致其變革
之目的，悖違傳統經說舊義而不惜。相較而論察，特能襯托
出劉師培經說之價值，其家族《左傳》四傳，篤守古文經學，
師培熟習考據，通曉義理，故能追溯周公孔子之思想內涵，
洞悉傳統制度之精髓，而賦予時代新義，在晚清社會變革的
過程及革命運動中，發揮深遠的影響，產生宏厚的效果。

　　近人對於劉師培學術的探討，除傳統經學思想之外，其
政治作為及社會觀念的闡發，各方面都有豐富深入的論述，
唯對其各方面論述與經學的連結，略見疏略，因此多未能契

合劉師培的學術精神，甚為可惜。茲以劉師培之經學為主體，考察其論述之依據，欲彰明劉師培通曉經典義理，篤守傳統文化的精神，又闡發其應用經學，促進社會革新進步的作為，冀能呈現劉師培以經義濟世之本衷。並以此彰顯經學乃博大精深，取一端應諸世而無缺欠，實為我民族文化之瑰寶，其價值歷久而彌新也。

第一節　深研經學而應世致用

劉師培自幼嗜讀，不僅在經史詞章各方面有特出的表現，且其能掌握時代趨勢，關心社會發展及國家興廢，此從其赴開封參加會試前的〈留別揚州人士書〉可見一端。其書中稱「中國數十年來，所習非所用，所用非所習，故列強目為無教之民，而社會無復日新之望」[2]。當時劉師培年二十，雖仍致力科舉，以此為晉身仕門之途，然經世化俗以濟民，追求國家富強、社會復興之志，已深自懷抱。而此貫通群經義理，並用以關心社會的特質，是出自其家學，方光華論云：

> 在劉師培誕生之前，劉氏家學已經凝聚了一個較為穩
> 固的學術傳統……經史子集靡不貫通，同時比吳、皖
> 傳統樸學更加注重學術經世的功能。……他們調整學
> 術理論和學術方法，使學術研究在客觀真實的基礎上

2　〈留別揚州人士書〉，萬仕國《劉申叔遺書補遺》（揚州：廣陵書社，2008 年。下引文見於《劉申叔遺書補遺》，均此本。）收錄，頁 38-40。原載《蘇報》1903 年 3 月 10 日，學界風潮版。

　　切入社會主題。[3]

劉氏的學術工作能由傳統經傳注疏及斠讎切入社會主題，與劉師培祖父劉毓崧、伯父劉壽曾久在曾國藩任職的經歷有密切關係。劉毓崧在其父劉文淇沒後，舉家遷金陵，任職金陵書局，主持編輯斠讎工作；其沒後，劉壽曾、富曾、顯曾兄弟賡續。曾國藩征戰太平天國期間，眼見西方器械船艦之堅利及洋人之生活習俗之特點，體會到世局的變化，國族將有滅亡之危機，故於洋人之政治社會觀念及科學技術均多所關注。劉氏父子既在其幕下從事文獻工作，故亦接觸洋務。劉師培自幼在父親及從兄師蒼的教導下，並經常往來揚州金陵，眼界自是較一般學子開闊，既能了解世局的變化，亦體會到中國處境之艱辛及傳統經學之侷限，[4]〈論古今學風變遷與正俗之關係〉云：

> 六經之學，本不足致用於後世，惟愚贛之人，迷信其說，奉若帝天，蓋不以學術視六經，實以宗教視六經也。信仰既虔，故修身治國，俱有定向。[5]

經世致用本是傳統經生儒士畢生學習的重要目標，也是古今

3　方光華：《劉師培評傳》（南昌：百花洲文藝出版社，1996 年），頁 7。
4　光緒二十九年（1903），劉師培赴開封會試前，作〈留別揚州人士書〉，中稱：「吾觀蘇省人士，創演說之會，設譯書之所，而吾揚之士，置若罔聞。吾今以一言為諸君告：曰建立小學基礎，而不必侈言大學也；曰實行歐化主義，而不必托言國粹也；曰保守之習宜革也，曰兼善之念宜生也。諸君行此數言，庶不至局于一隅，而不識全球之大勢矣。」見《劉申叔遺書補遺》，頁 38-40。其中論及演說、譯書及歐化主義等與洋務相關之事務，可見其參與社會改革之想法，發生甚早。而發揚傳統學術中能呼應西方觀念的「國粹」，此畢生之志，亦在弱冠之齡前即產生。
5　〈論古今學風變遷與正俗之關係〉，《劉師培辛亥前文選》（香港：三聯書店，1998 年）收錄，頁 451。

聖賢的理想。但劉師培體會到社會的複雜多樣，本非經學所能涵蓋，故稱其「不足致用於後世」。此否定經學的尊崇地位，此出自一位創辦報刊，致力發揚「國粹」以救國救種者，自有驚俗駭目之效，然其中實別具寓義。

經學既「不足以致用於後世」，則惟揚棄其說取法西人，或在傳統學術思想中另尋用世之道。劉師培顯然以後者為主，認為傳統學術中能致用於後世者即為「國粹」，並不限於經學，然國粹必須經過整理尋繹，去蕪存菁而後探得，既非在道德性理的泛言之中，亦不是埋首考據訓詁即可尋獲。「國粹」是傳統學術的核心與精粹，且不因時代推移而落後，內容既含各家各代的學者之說，同時也包括各項制度及觀念。蓋劉師培將學術視為一整體，故其所稱的「國粹」，以六經為主體，而不以六經為限。我國族綿遠流長，傳世之經典，汗牛充棟，其中論述，有覃思精慮而得的觀點，亦不乏冗蕪雜說。得其英華而闡釋，融會世情而致用，自能救治蕪弊，興世化民，此即劉師培推崇「國粹」之目的。考察劉師培所欲取以致用之「國粹」，乃以《左傳》、《周禮》為核心，可知其經學思想及應世方法之要旨。

劉師培雖稱「經學不足以致用」，然其所倡言之國粹仍以經學為核心。蓋經學發展影響一代之學術與風氣，此劉師培所無可忽視者，且其深知學術與社會風尚的關係，體會學者暢發的思想觀念，對當時的社會風氣及眾人的生活形態，均有引導作用。故其雖否定經學的經世性，卻深信政治良窳、社會的習俗都受當時學術潮流影響；故欲考察社會情況，須先考察當時的學術潮流，〈論古今學風變遷與政俗之關係〉

論云：

> 自氣節敗壞，然後士之樸者，惟知誦習章句，以求弋
> 獲，而無濟世救民之志……然此非獨士庶人之罪也，
> 實風俗有以致之耳。亦非由風俗有以致之也，實學術
> 有以致之耳。故欲考中國民氣之變遷，當先知中國學
> 風之變遷。[6]

考察傳統學術的發展，各朝代學者關注的議題和論述的方式
雖有所不同，然不失以先秦六經及諸子為基礎，其中六藝經
傳又為傳統學術的核心。自先秦兩漢至於晚清民初，各時代
學者皆致力將六藝經傳及諸子百家之學重新融會組織，轉化
為具有時代特質的學術思想。既求能會融通外界傳入的觀
點，亦能創發出新的思想觀點，進而與時代環境結合，產生
新的觀念，引導社會運作，成為新的規範，既有變革世風的
作用，亦成為時代的特色。劉師培以日本明治維新為例，申
明傳統學術功效弘遠。其〈上端方書〉論云：

> 中國學術，興於三代以前，聖賢懿訓，固炳若日星，
> 足俟百世而不惑……上者足以訓俗，次者亦有裨傳
> 聞。視觀日本維新，尊王大義，竊取《春秋》；俠義
> 之士，身所執持，不外宋明儒術。此又中國學術足以
> 効用之證也。[7]

從深信傳統學術能應付世局需要，且深具效用的觀點出發，
劉師培否定經學的致用，又以經學思想為基礎，辨析傳統制

6　〈論古今學風變遷與政俗之關係〉，《劉師培辛亥前文選》收錄，頁
　　449。

7　〈上端方書〉第三篇，《劉師培辛亥前文選》收錄，頁 104-105。

度的優缺點及文化特色，去除蕪穢，取其英萃，並觀察當時的風氣及社會情況，構築一套能適應世界潮流及未來社會發展的觀念，既用以從事推翻滿清的革命事業，同時也應用於改造社會運動。

　　劉師培身體孱弱，其投身晚清的社會及政治革命事業，主要是發揮書生本色，透過學校講學及報刊論述，傳達其改革理念。在政治上，鼓吹排滿，建立民族政府的種族革命。在教育上推動制度革新，開啟民智，促進社會進步，提升道德，以達移風易俗之效，而此論述，均以其自幼熟習的經學思想為基礎。

第二節　政治社會活動中的經學應用

　　經學的內容是以古代社會為基礎發展出來的理論，自天道政事，人事義理，以至於養生送死，內容包含萬千；然歷時既久，其具體事務，多與時代環境有所差異，欲將經典記載直接應用於政治社會改革者，勢所不能。劉師培熟習經學，又深刻體會其中得失，故能以古文經典作為論政化俗的基礎，將經典記載的古代事物轉化為當時能運用的原則，而非抱殘守缺，套用而不知變通。故其探討世界發展的趨勢，中國面臨的危機，當時政治制度的弊病，論述社會習俗及教育文化所需要的變革，及參與革命事務，編輯教材，從事鄉土教育等各方面，均展現以經學應世的精神。

一、應用經典以論述政治及教育之變革方向

劉師培參與革命活動,從事社會改革運動。[8]其間雖積極吸收西方觀念,了解西方政治經濟各方面的學說,然其思考中國未來社會的發展,仍是以傳統經學思想為基礎,故其所建構之改革後社會實為經學典籍之闡釋與應用。劉師培闡述現代政治制度的特色,雖援引西方社會學觀念論述中國古代社會的發展,接受由神權而君權而民權的發展理論;然其所欲凸顯者,乃中國社會與西方不同之處,特別是中國的上古社會以天下為公天下,稅收為國家公財的觀念,[9]及全民皆為兵以保護鄉土,捍衛國族的制度。劉師培即透過此類制度的論述以稱上古制度的精神在當時仍可以發揮作用,並藉此鼓吹傳統文化的價值,提振國人信心,如其論述君主產生及憲政運作等政治體制的發展情況,均基於古代的制度及觀念,《古政原始論·君長原始論第三》云:

> 蓋草昧時代,君由民立,世襲之制未興,故五帝官天下與三王家天下不同,而君字亦為君臣之統稱。自黃帝置太監之官以監萬國,禹合諸侯于會稽,戮防風氏,而諸侯各國始知天子之尊,酋長之制遂易為封建

---

8 劉師培從事社會改革運動早於參與反清革命,光緒二十九年(1903),會試落榜後,即在揚州著手籌辦師範學會,以改善鄉間教育。詳見萬仕國《劉師培年譜》(揚州:廣陵書社,2003年)卷1,頁25。

9 詳見《古政原始論·財政原始論第十二》,《清儒得失論:劉師培論學雜稿》(北京:中國人民大學出版社,2004年)收錄,頁204-206。

之制矣，此中國君主制度之濫觴也。[10]

劉師培確信草昧時代，君主由人民推舉，而此即為政治體制
的原始模型，而後再逐步演變成為家天下及封建制度等過
程。此類論述，並非純為學術探討，而是藉制度的演變中，
推演出憲政觀念及革命之必行。〈中國立憲問題〉論云：

> 「憲政」二字，見於《周官經》，為中國公布法律之
> 始。雖憲政之內容，書缺有間，然吾即其實跡觀之，
> 一限君財，[11]一達民隱，[12]則固維持憲政之良謨也。降
> 及東周，君權浸盛。然知憲法之義者，以管子為最。
> 〈立政篇〉之言曰：「正月之朔，百官在朝，君乃出
> 令，布憲於國。憲既布，有不行憲者，罪死不赦。考
> 憲而有不合於太府之籍者，侈言專制，不足曰虧令。」
> 則齊國早訂憲法明矣。蓋管子治齊，重立憲而斥專
> 制，最得西人以法治國之義。[13]

由劉師培自注徵引的《周禮》記載，而知其亟欲申明以憲政
法令來限制君民的權力義務，並非西方特有，而是中國傳統

---

10 劉師培〈古政原始論〉，《清儒得失論：劉師培論學雜稿》收錄，
頁 165。

11 劉師培自注引《周禮・司裘職、酒正職、庖人職、外府、太府職》
各篇記載，而論云：「可見古代之君，有一定之私產，而無侵蝕國
用之權。又，西漢之制，大司農掌國用，少府掌君主私財，亦分
君主之產與國家之財為二。」見《劉申叔遺書補遺》收錄，頁 328。

12 劉師培自注云：「如朝士以肺石達窮民，小司寇以國危、國遷、立
君詢萬民，皆以達民情為本，所謂集民使言也。欲人人有議政之
識，故《周官》之制，首重學校之教民，欲人人操議政之權，故
《周禮》之規，首重鄉里之選舉，凡此皆達民隱之本也。」見《劉
申叔遺書補遺》，頁 328。

13 見《劉申叔遺書補遺》，頁 222。原載《警鐘日報》1904 年 8 月 6-12
日，社說。

制度的一環。然劉師培反對在當時的環境中推行立憲，蓋基於「滿漢之種界未除」，滿清皇族尚無遵守憲法規範之誠意；且鼓吹立憲者，多別有私圖，非為天下百姓也。[14]基於此緣故，劉師培在政治上的主張，是以推翻滿清為首要工作，立憲變法等事務，非其所欲措意者。

　　政體及政治制度的改變，固然是晚清以來士人關注所在。然劉師培洞悉僅從事政治變革的不足處，正如中體西用不足以救亡圖存般，故其不僅從事政治運動，亦極力鼓吹教育制度的變革，並深信教育是改變國家積弱的最佳途徑，亦是從事推翻滿清政府，建立新政府的基礎。然其對當時傳統私塾或新式學堂，均持否定，其稱「今日中國之學校，無秩序之學校也；中國之教育皆無秩序之教育也」，混亂而無章法，故學校雖多而無教育之功效。以此，劉師培身體力行，投身教育工作，而其論述教育的基礎，來自於經典記載的古代教育制度，其引《禮記‧明堂位》及〈學記〉、〈內則〉、〈文王世子〉[15]各篇及《周禮》、《論語》、《大戴禮記‧

---

14 〈中國立憲問題〉：「要而論之，今日所謂憲政萌芽者，皆不揣其本而齊其末者也。夫為今日之中國，滿漢之種界未除，君民之許可權限未定，驟欲施以立憲之政，無論政府之不能降心以相從也，即使政府勉從其議，恐雖布憲法，亦難以持久。此吾之所敢逆料者也。然近日人民，其欲望於立憲者，固已佔新黨之多數矣，然所以希冀立憲者，不過欲假新政之名，以冀己身之柄用。至如他之鼓吹立憲者，亦不過欲擇一執中之論，介於新舊之間，以避國人之攻擊。其言雖公，其意則甚私也。」見《劉申叔遺書補遺》，頁 337。

15 引《禮記‧內則》「六年，教之數與方名。九年，教之數日。十年，學書計。朝夕學幼儀，請肄簡諒。十有三年，學樂、誦詩、舞勺。成童，舞象，學射御。二十，學禮，惇行孝弟。三十，博學無方」一段，劉師培注云：「吳即《內則》此節觀之，而知古人之入學也，

保傅篇》[16]等記載，說明中國古代教育制度嚴謹分明，以批評當日教育潮流，〈論中國古代教育之秩序〉云：

> 中國古代所謂教育者，教有定程，課有定業，無過與
> 不及之患矣。乃中國人民喜崇古制，而於古代秩序之
> 教育，反貽數典忘祖之譏，故漢族人民，永無進化之
> 一日，則中國學校雖謂無一完全之教育可也。況近世
> 以來，教育一端，復生二弊：崇歐化而遺國粹，二曰
> 輕實科而尚理論。前之所言，是與祖國之教法不合
> 也。後之教法，是與西國之教法相背也。而究之二弊
> 之生，皆由於無秩序，則秩序二字，為今世言教育之
> 首務矣。[17]

劉師培觀察當時教育現象，認為失序的情況主要在「學級無秩序」及「學科無秩序」兩方面。[18]而改進之方法，則取傳

先智育後體育，終以德育。如數與方名，即輿地與數學也；學書，
及語言文字之學也；學樂、誦詩，即音樂、唱歌之學也。此皆屬
於智育。若夫舞勺、舞象、射御、即體操科之意也，皆屬於體育。
朝夕學幼儀，即修身科也；二十學禮，惇行孝弟，即倫理科也，
皆屬於德育。而今之施教育者，不明此意，往往偏重德育，歲放
棄體育，而髫年誦《四書》，壯歲不知兵者，多矣。又其博學無方，
即西國隨意學科。」見《劉申叔遺書補遺》，頁 222。

16 引《大戴禮記‧保傅篇》「古者年八歲入就小學，學小藝，履小節；
束髮就大學，學大藝，履大節」一段，論述入學之秩序。見《劉
申叔遺書補遺》，頁 222。

17 見《劉申叔遺書補遺》，頁 222。原載《警鐘日報》1904 年 5 月 18-19
日，社說。

18 其說法復見於〈教育〉，見《劉申叔遺書補遺》，頁 273。原見於《中
國白話報》第 15 期，1904 年 7 月 12 日，歷史版。《中國白話報》
第 13 期（1904 年 6 月 23 日）刊載劉師培〈講教育普及的法子〉，
稱：「今日之中國，舍實行強迫教育外，絕無良策之可言。」見《劉
申叔遺書補遺》，頁 256。

統教育觀念的精神推展義務教育，[19]由政府籌理學費，廣設
學校，培育教員，「以根柢之學植其基」[20]，而後教育得以
普及，而民智可開，國民可教，民族可救。

劉師培不僅指出當時教育弊端，提出義務教育的觀念，
要求廣設學校，更將其付諸實行。光緒三十二年（1906）劉
師培在江蘇等各地任教，躬自為學童編輯不同班別的教材，
即呈現其學科秩序之觀念，如《江寧鄉土歷史教科書》、《江
蘇鄉土歷史教科書》、《安徽鄉土歷史教科書》及《倫理學
教科書》、《經學教科書》、《中國文學教科書》、《中國
歷史教科書》、《中國地理教科書》等教材，即分別適用於
不同階段之學校使用，[21]使學童循序漸進，對社會國家及民
族文化有充分之認識，培養上進好義的道德情操，而達其化
民易俗的理想。光緒二十九年（1903）擬訂《創設師範學會
章程》，即以「改良教法為目的」，以「擬掖青年於學界，
以養其愛國之心，而不至甘為卑下」為宗旨。[22]而此觀點亦
落實於教科書中，〈江寧鄉土歷史教科書敘〉云：

> 夫同一吳民，何以昔強而今弱？則以民富士文，有以
> 易之也。民富則習於奢侈，士文則習於虛浮。奢侈則

---

19 強迫教育即義務教育。見〈教育普及議〉，見《劉申叔遺書補遺》，
　　頁 242。原載《警鐘日報》1904 年 9 月 7、8、9、10 日，雜錄。
20 〈論中國教育之弊〉，見《劉申叔遺書補遺》，頁 450。原見於《申
　　報》1906 年 12 月 3、5 日。
21 據萬仕國《劉師培年譜》卷 1，各書均作於光緒三十二年（1906），
　　頁 86-96。其中《江寧鄉土歷史教科書》、《江蘇鄉土歷史教科書》
　　及《安徽鄉土歷史教科書》編輯大意，明言是初等小學第一二年
　　級及三年級上學期之用，顯見其教學秩序觀念之落實。
22 見《劉申叔遺書補遺》，頁 43。原見於《蘇報》1903 年 6 月 12 日。

> 日趨於淫，虛浮則日趨於薄。民俗既薄，則好義之心
> 衰，而奢侈之風，又足以趨一境之民，悉以樂天為宗
> 旨。心有所樂，則趨義之心，不能敵其戀生之心。此
> 吳民所由怯弱也。吾觀闔閭之治吳，食不重味，居不
> 重席，未嘗以奢侈導民也。子游受禮於孔門，季札聞
> 樂於上國，未嘗以虛浮為學也。

> 故欲矯蘇省之積弊，必先革奢侈虛浮之習。今編此
> 書，於蘇省武功文化，記述特詳。學者觀於此，而知
> 古代吳民，以尚武立國，而先賢學術，亦與近世之所
> 尚殊徒。則文弱之風，庶可稍革乎？[23]

敘文中，舉闔閭、季札及子游事，顯見劉師培理想之士風習
俗，乃是以禮樂教化為本，而帶有簡樸自持及剛健自強之風，
隱見蘊含之其將《春秋》、《論語》所載的古代士族精神。
而劉師培依據經學，藉教育以化俗啟民、革新社會風氣之理
想，在此敘言中清楚展現。

　　政治制度與教育制度的變革，是晚清洋務運動之後，士
人關注的焦點，而立憲及廢科舉設學校，則是重要主張。劉
師培依據經典記載，闡揚憲政制度，卻反對西方盛行的君主
立憲，而主張建立華夏民族自治自理的政府。廢除科舉考試
後，劉師培則提出具體的教育革新方法，鼓吹義務教育，以
《禮記》等記載的教育方式，主張建立按部就班、循序漸進
的現代化的學校。而教育內涵則是國粹與西方文化並重，理
論與實踐並行。

---

23 見《劉申叔遺書補遺》，頁 506。

二、依據經典提倡社會風氣之變革

學術風氣與社會習俗，息息相關，前人多所論述，顧炎武《日知錄》深刻闡發此道理。晚清國勢衰微，世風淪喪，劉師培亟思變革，其撰述中國學術流變的論述，均不僅止於學術的介紹，更是欲藉此以培育民族精神。除此學術流變之論述外，劉師培又闡發經典記載，以抨擊當時風尚，如藉論述天帝鬼神之源流以啟發民智，鼓勵國人自立自強；倡導公德與自愛，以求群體互助；崇揚尚武精神，以掃除國人卑弱屈服之習，此皆試圖改變社會風氣，以救亡圖存。

（一）排擊神鬼福禍，啟發民智

劉師培感嘆「中國民德之墮落，未有甚於今日也」[24]，空疏不學，誣衊國學之人暫且不論。中國處於危亡之際，然社會仍充滿虛空的迷信，依憑天意而不思振作，劉師培認為此乃孔子學說最大弊端之一，亦是民智進步之一大阻力。[25]考察傳統社會中，鬼神滋盛，祭天、奉祀鬼神之習俗，劉師培認為此乃「飾三代之儀文，行野蠻之風俗」[26]，因而「政治思想由此而塞，學術思想由此而卑」[27]，其禍害難以歷數。

---

24 見〈論新名詞輸入與民德墮落之關係〉，見《劉申叔遺書補遺》，頁 457。原見於《申報》1906 年 12 月 13 日。
25 見〈論孔學不能無弊〉，見《劉申叔遺書補遺》，頁 436。原見於《警鐘日報》1904 年 12 月 12、13 日，社說。
26 見〈論中國古代信天之思想〉，見《劉申叔遺書補遺》，頁 52。原見於《國民日日報》1903 年 9 月 21 日，社說。
27 見〈中國鬼神原始〉，見《劉申叔遺書補遺》，頁 54-57。原見於《國民日日報》1903 年 9 月 25、28 日，社說。

劉師培以經典所載，說明古代的天道乃「緣於反本之意」，
其論云：

> 《禮記》之言曰：「萬物本乎天。」其古代信天思想
> 之代表耶？……以君代表全國之人，故祀天之禮，人
> 君行之。人君之一身，上為天代表之人，下即為全國
> 代表之人，故災異之見，則曰：「此由於人君之失德
> 也。」禎祥之見，則曰：「此由人君之失德也。」若
> 後世之君，以神聖自居，而又失古人以天統君之義，
> 亦又不足言矣。[28]

劉師培以荀子的觀念，否定傳統觀念中有「察善惡」、「示
人善惡」及「行賞罰」[29]等權力的天，而將天視為百姓之代
表及象徵。天之觀念如此，而鬼神崇祀則在其下，更不足論
道矣。鬼神中與民間百姓關係最為密切者為人鬼，劉師培考
論人鬼之起源及性質，以其出於「報本反始」及「崇德報功」，
皆出於公益而非出於求福報避災咎也。其論曰：

> 中國古代之祭典，詳於〈祭法〉一篇。謂以死勤事，
> 以勞定國，禦大災、捍大患者也。然以《左傳》史墨
> 所言觀之，昭公二十九年。則中土祭祀，始於五官。
> 而五官之中，又以農稷為最要。蓋禮之初興，始於飲
> 食，故於發明飲食之用者，崇之尤切。見仁和龔氏《五
> 經大義終始論》。此農稷所以列祀典也。而一切祀典，

---

28 見〈論中國古代信天之思想〉，《劉申叔遺書補遺》，頁 52。原見於
　　《國民日日報》1903 年 9 月 21 日，社說。
29 以上三者，各舉《詩經》、《尚書》、《周易》及《禮記》之記載，
　　說明古人對天的概念。詳見〈論中國古代信天之思想〉。

> 由此而興。大抵以造福人民者為主，則亦中國祭祀之
> 較高尚者也。後世名臣祠宇，徧於寰區，乃一姓之報
> 功，非萬民之公意，何足數哉！[30]

劉師培舉《尚書》、《左傳》及《禮記》記載，古代祭祀乃
為公益而設，呼應其天之觀念。傳統學者用以「使人君以修
省為心，則固未始非權宜之策」[31]，然終究非為實有其事，
不得信憑。既然天道、鬼神不可為信憑，且「神道設教，利
在一時，稱天抑民，害在萬世」，則風俗之變易，民智之開
啟，社會秩序之維護，固另有其規範原則。劉師培既說明古
代祭祀乃崇祀為眾人造益者之觀點，故提倡公益、公德以作
為社會道德之原則，取代天道鬼神之災禍福報。

（二）闡發義利之別，提倡公德

晚清社會混亂，經濟衰落，道德頹喪，百姓自顧不暇。
人心陷溺，鬼神迷信流行，社會充滿各種主張及口號，國家
頹敗，國族呈現衰亡之趨勢。劉師培認為當時風行的口號多
充滿自私自利之心態，無益於國家人民，極力斥責。同時提
倡公德，闡述利義之辨，認為以此方能保種強國，復興民族，
〈論近日人心之陷溺〉云：

> 昔儒家者流，分義、利為兩途，以義為公，以利為私；
> 以義為天理，以利為人欲。以為人欲淨盡，天理乃
> 存。⋯⋯近歲以來觀於中國人心之陷溺，然後知挽回
> 中國之人民，必首辨義利之界。⋯⋯講是非者出於

---

30 見〈中國鬼神原始〉，《劉申叔遺書補遺》，頁 56。
31 同前注，頁 57。

公，故其事必成；計利害者出於私，故收效亦淺。惟
人能破利害之見，而作事悉准是非。庶人才可以興
起，而國勢亦可以轉移乎！[32]

以孔子孟子強調的利義之辨為基礎，強調公理公義之重要性
及對國家民族的影響，劉師培以此倡發公德，教導國人分辨
是非，鼓吹先公義後私利，捨私利而赴公義的行為，以謀求
社會群體之福利，挽救國家社會於衰亡之際。劉師培〈公德
篇〉論云：

孔子之言曰：「己欲立而立人，己欲達而達人。」此
非博「仁」字之虛名也，夫亦曰以忠恕之道推之耳。
忠恕行，則人我通；人我通，則公德立；公德立，則
能合群矣……

（吾民）既無公共之觀念，故其謀一群之利害，亦在
於相娓避而莫敢居先。其結果也，則雖有東省沈淪，
華民嬰難，亦袖手旁觀，如越人識秦人之肥瘠。其為
患之烈，可勝言耶？然近世之有志者，鑑於華民之無
公德，又欲託大同之說，並種界、國界而泯之，以附
於「大道為公」之義。然此等之患，亦有不可勝言
者……今日中國之國民，當犧牲一身一家之私益，以
保存一群之公益。故公德之範圍，益當以一群之民為
限，而保種合群之義，基於此矣。[33]

---

32 見《劉申叔遺書補遺》，頁 464。原載《申報》1907 年 1 月 26 日。
劉師培將當時士大夫分為三派，分別是卑污、高尚、激烈，「其宗
旨似各別，然就其心理推之，則三派似異而實同。何則？此三派
之人，均自私之人也，均計利害之人也。」
33 見《劉申叔遺書補遺》，頁 114-144。原載《警鐘日報》1904 年 4
月 11-12 日〈社說〉。

此闡發孔子論「仁」之內涵，強調公德之重要性，並作為《禮
記》所倡的大同境界之基礎，劉師培呼籲國人須視全國為一
體，注意全體利益，用以排除外侮。此所論公德雖有其限制
性，然在當時深含積極意義。因劉師培強調全民族，全國人
之利益，故其申斥三綱之說，認為傳統以君臣朝廷及家族為
中心的社會情況，須大幅變革，〈論中國家族壓制之原因〉
云：

> 中國之民，惑於「三綱」之說，名分相凌，以私德而
> 傷公德，非經家庭革命之階級，則國民公共之觀念，
> 永無進步之期，又安能奏合群之效耶！此吾所由斥
> 「三綱」之說也。[34]

既明「公德」乃經典所載，古聖賢所提倡，其重要性在名分
關係之上，可視為是社會關係的主要規範及核心價值，唯有
提倡公德，強調任何人均為社會公民，並非另一人所能主宰，
而後能建立眾人平等，公平公義的社會。劉師培在晚清國弱
民貧時代，發出「公德」之籲，欲以取代「三綱」，倡導人
民為社會主體，不僅具備獨立人格，不應受到權位欺凌，亦
須負社會責任的觀念，實有深刻的意義。

（三）闡揚尚武傳統，激勵民氣

公德既強調國家社會一體的觀念，則社會成員享有相同
的地位與福利，同時亦負有維護社會穩定與發展的責任。為
此，劉師培進一步提倡尚武精神，以求保家衛國以維護國人

---

34 同前注書，頁 115-148。原載《警鐘日報》1904 年 4 月 13-15 日〈社
說〉。

免於外族欺凌。〈論古代人民以尚武立國〉中列舉《周易》、
《毛詩》、《周禮》、《左傳》、《說文》各書，透過制度、
器物、祭儀、學校教育等說明古代社會，人盡知兵，[35]個人、
家族及社會國家均尚武，故論稱：

> 整軍經武，實為先王立國之本。故五行之數，金為首
> 列，而黃帝繼興，遂能屏斥苗黎，擴恢疆土，宅國神
> 洲，四夷八蠻，罔不率服，以振大漢之天聲，則先王
> 尚武之效也。
>
> 無如三代以降，戎翟憑陵，武功不競，戰北之羞，書
> 於史冊，而武健之風，曾不一睹。致尚武之民，流為
> 怯懦，使非人人盡返其服兵之責，將何以挽積弱之風
> 哉！[36]

劉師培不僅提倡人民的尚武精神，又將此武健之風轉為保家
衛國之用，以此即為公德心的表現。劉師培透過報章論述尚
武之道，徵引典籍之記載以提倡軍國民教育，〈軍國民的教
育〉論道：

> 中國的《詩經》，一篇叫做〈六月〉，一篇叫做〈采
> 芑〉，他說的話，都是軍士愛國的道理，所以，周宣
> 王的時候，就能夠驅逐夷狄……
>
> 由這樣看來，軍國民的教育，現在是頂重要的了……

---

35 《古政原始論‧兵制原始論第十三》云：「古代人盡知兵，習射之
典行於學校之中，致兵學日昌，鑄兵器之術亦漸次發明。此五帝
三王所由能排斥異族恢廓版圖以振華夏之聲威也。」見《清儒得
失論：劉師培論學雜稿》，頁 207-208。

36 〈論古代人民以尚武立國〉，見《劉師培辛亥前文選》，頁 368。原
載《國粹學報》第 2 冊，1905 年 3 月 15 日。

> 從前秦國的人，勇於公戰，怯於私鬥，就是秦人軍國
> 民的氣習；漢朝時候，有多少游俠，個個都有勢力，
> 能夠救人患難，就是漢人軍國民的風尚。我們中國
> 人，如若能夠有那種志氣……還有什麼不能光復的
> 呢？[37]

劉師培認為提倡國人的尚武精神，由強身健魄開始，改變怯懦的習性，再增強其為公益的觀念，激發其為國族而戰的決心，進而改良兵制，推行全民皆兵的軍國民教育，則「中國的前途，就漸漸可以強國了」[38]。

劉師培以群經為基礎，擷取其與社會風氣相關之記載，以啟發民智，破除依賴天帝鬼神之習俗，提倡自主負責的道德觀念，發揚公德，呼籲互助，建立群體共榮的社會。此既提高百姓庶民的地位，增強其自信心，進而激發其愛國家鄉土的心志，則人民願意為保衛家園效力，自能逐步擺脫西方帝國勢力的欺凌。劉師培深刻的體驗到傳統文化的核心價值，以六藝經傳為基礎，闡發其精義，提倡各種觀念以移風易俗，顯見其將古典經義轉化為應世化俗的思想宗旨。

第三節　經學思想與政治社會活動的結合

劉師培不僅運用經學倡導觀念，以求移風易俗之效，更

---

37 見《劉申叔遺書補遺》，頁 178-181。原載《中國白話報》第 10 期，1904 年 4 月 30 日，教育版。

38 見〈兵制〉，見《劉申叔遺書補遺》，頁 211。原載《中國白話報》第 11 期，1904 年 5 月 15 日，歷史版。

進一步將其經學思想付諸行動，實際參與革命事業，組織學會，發行報章，論述排滿之必要性，在清末推翻滿清的革命過程中，深具引導作用。劉師培積極倡導社會革新，並以行動參與教育事務及革命工作，主要在光緒二十九年（1903）參加會試前，發表〈留別揚州人士書〉開始，至光緒三十四年（1908）從日本返國投效端方止，年二十歲至二十五歲之間。其後講學雖仍倡導夷夏之別等民族意識，然終逐漸脫離社會政治活動，杜門謝客，置身講學考據之中。劉師培將經學與政治社會活動的結合，主要亦在此期間。

一、用《春秋》夷夏之防說以反清排滿

劉師培在光緒二十年（1903）參加會試前作〈留別揚州人士書〉，提倡新式教育及社會觀念，會試雖未第，但參試期間，與王鍾麒交遊，經由王氏介紹，結識從事反清活動的蔡元培、章太炎等人，公開提倡排滿，鼓吹革命，並透過報章雜誌向全國民眾宣揚夷夏之防的民族觀念。劉師培自述其觀念係來自幼年熟習的《春秋》家學，〈甲辰自述詩・三十六〉云：

> 攘狄《春秋》申大義，區別內外三《傳》同。我纘祖業治《左氏》，賈服遺書待折衷。余著《春秋左氏傳夷狄誼》，未成。[39]

又其〈上端方書〉則明言其不僅熟習強調攘狄之《春秋》大義，更欲付諸實踐，以求排滿保種之效，云：

---

39 《甲辰自述詩》，見《劉申叔遺書補遺》，頁 242。原載《警鐘日報》1904 年 6 月 3、4 日，社說。

孔子有言:「裔不謀夏,夷不亂華。」而華夷之防,
百世垂為定則。……光漢幼治《春秋》,即嚴夷夏之
辨,垂髫以右,日讀薑齋、亭林書,於中外大防,尤
三致意。竊念天下興亡,匹夫有責;《春秋》大義,
九世復讎。值此諸夏無君之時,仿言論自由之例,故
近年以來,撰《黃帝紀年說》、撰《中國民族志》、
撰《攘書》,垂攘狄之經,寓保種之義、排滿之志,
夫固非伊朝夕矣。[40]

端方先世為漢人,陶姓,後居滿州,而為正白旗。時任兩江
總督,因興辦新式學堂,鼓勵士子出洋,被喻為開明人士。
劉師培信其能從事政治改革,故多次致書論述其觀點及具體
主張,以策動其從事保種反滿工作。並在與章太炎及革命黨
人交惡決裂後,投效其幕府,為其獻策,以致辛亥革命時,
幾遭不測。劉師培雖與端方熟稔,欲借其力以達其效,然仍
嚴分漢滿為華夏夷狄,視滿人為大仇,務去之而後已,〈普
告漢人〉云:

今滿州之於漢族也,其虐政如此,則為漢族之公仇,
固無疑義。至於復仇之說,則漢代今文、古文二家均
持此義。今《公羊》說有百世復仇之說,古文《周禮》
說則以復仇之義不過五世,五世之外,施之於己則無
義,施之於彼則無罪。立說雖殊,然私仇猶復,況於
公仇。若謂滿州屠殺之威多行於順、康之世,在五世
外,則近世以來,川楚之役、洪楊之役,漢民之死者

---

40 〈上端方書〉壹,《劉師培辛亥前文選》,頁 95。作於 1904 年正月
13 日。

> 若而人！苛稅之增，冤獄之興，漢民死亡於其間者又
> 不知凡幾！律以虐我則仇之義，則二百餘年之中，滿
> 州之對於漢民也，無一而非虐，則漢人之對滿州也，
> 亦無一而非仇。故復仇以百世為限，滿州之仇不可不
> 復。[41]

此義正詞嚴的昭告天下，強調漢滿無法並立於中國的觀念，即號召人民與滿人為敵，又以「揚州十日」、「嘉定三屠」喚起江南士人的慘痛記憶，激發人民一同從事反清工作。除強調夷狄華夏之別以反對滿清，劉師培更痛責當時欲藉改革變法以延續滿族統治的官員士人，〈中國對外思想之變遷〉論云：

> 夫天下最可恥之事，莫若受制於異族。受制於異族，
> 恥也；受制於異族而不自知，尤恥之之恥者也……近
> 世學者，多侈言內外之通，然《春秋》進夷狄之文，
> 非野蠻民族所能托。《公羊》於戎之伐凡伯也，謂不與無
> 禮義者制治有禮義，此可證文明可以統治野蠻，不可使野蠻
> 壓服文明。且「通」者，與「限」者對待者也：「通」，
> 由「限」而後見；無「限」，則「通」亦不見矣。故
> 內外不通，無以豈交通之智識。然內夏外夷之國界，
> 必不可忘也。而論者或於劉申受、龔定安（盦）之言，
> 至以民族之界為可泯，何其與船山先生之《黃書》相
> 背乎……民族主義者，國民特立之性質也。得之則
> 存，失之則亡，存亡之機，間不容髮。是在漢族有以

---

41 〈普告漢人〉,《左盦外集》卷 14,《劉申叔遺書》（南京：江蘇古籍出版社，1997）頁。

> 自擇之耳。[42]

此痛責晚清常州學者藉《公羊》學以變法的主張，認為藉由革命，驅逐滿人統治，才是民族生存之道。劉師培不僅昭告士人，同時透過白話方式，以告訴百姓革命以排滿之必要性。〈王船山先生的學說論〉云：

> 中國當三代的時候，沒有一個不恨夷狄的，所以我們孔夫子做的一部《春秋》開口就是「內夏外夷」的話……。[43]

劉師培在晚清加入光復會、同盟會等反清組織，[44]積極參與革命事業，不僅是革命陣營中重要的文宣作者，同時也參與武力行動。[45]劉師培反對滿人以少數統治中國，藉由《春秋》鼓吹民主政體，強調君民共治及各行業平等的平權的觀念，並證明此制度才符合當時國人的需要。

二、援《左傳》、《孟子》以論君臣平等及平民參政

全國各行業人士之地位平等及人民參政等民主政治觀念，是晚清革命人士學習西方民主政治之運作方式，積極向國人推闡介紹之觀念，藉以喚起人民，以達驅除滿清，建立

---

42 見《劉申叔遺書補遺》，頁 127-128。原發表於《江蘇》第 9、10合冊，1904 年 3 月 17 日。
43 見《劉申叔遺書補遺》，頁 120。原載《中國白話報》第 7 期，1904年 3 月 17 日。
44 萬仕國《劉師培年譜》云：「（1905 年）9 月 8 日，中國同盟會上海分會成立，……蔡元培任會長，光復會大多數人加入，劉師培也加入同盟會。」頁 74。
45 光緒三十年（1904）劉師培與萬福華行刺王之春於上海租借。過程及相關記載，見萬仕國《劉師培年譜》卷 1，頁 61。

新政府之功效。劉師培倡導此制度，並非完全取材西方制度，而是擷取群經之記載，並闡發其精義，以求合於世用。

（一）君臣平等

劉師培特意強調君臣平等，係辯駁洪邁、顧炎武說，[46]劉師培稱三代時，君臣尊卑並未嚴格，合於近代民主觀念，《讀左劄記》第六條云：

> 夫三代之時，尊卑之分未嚴，……君臣平等，字無專屬之詞，是猶民利君為忠，而君之利民亦為忠。臣殺君為弒，而君之殺臣亦為弒也。後世以降，尊君抑臣，以得為在君，以失為在臣，由是下之對上也，有一定之詞，上之對下也，亦有一定之詞。而宋儒之苛論起矣。若叔向、石碏之所為合于先國後家之義，《左氏》美之，所以著國重家輕之義耳，豈可議乎。[47]

劉師培根據《左傳》記載，強調春秋時代，君臣平等，用詞

46　劉師培此係辯駁洪邁《容齋隨筆》及顧炎武《日知錄》說，原引其說云：「宋洪容齋（邁）謂《左傳》議論遣詞（遺詞？），頗多害理，略舉數端：一為王貳于虢，一為王叛王孫蘇，謂君之于臣，不當言貳與叛。一為單襄公如晉拜成，一為趙鞅以為討，以為王使不當言拜成，又言背盟而欺大國亦不當。諸侯之卿不當言討。又以叔向數叔魚之惡，不當言殺親益榮。以上見《容齋三筆》卷十四。復以《左氏》稱石碏大義滅親，多誤後世。見《續筆》卷十一。顧氏《日知錄》因之，呂東萊（祖謙）亦以王貳於虢斥《左傳》。遂以《左氏》不知《春秋》之義，背于正名之旨。見「王貳于虢」條，謂以天王之尊而曰貳、曰叛，不知《春秋》之義。嗚呼，此真不知《春秋》之義矣。」，見《讀左劄記》（《劉師培辛亥前文選》，香港：三聯書店，1998 年），頁 293。《讀左劄記》發表於《國粹學報》第 1、3、4、8、11、13、18 及 20 期，《國粹學報》第 1 期於光緒 31 年（1905）發行。

47　《讀左劄記》，頁 293。

並無尊卑之分，忠、信之道，弒、殺之詞，君臣皆適用，於此可知強調君尊臣卑思想，並非《春秋》、《左傳》之觀念，故稱「孔子倡譏世卿之說，以等貴族於平民」[48]。劉師培不僅強調此說，並稱《左傳》實深具「民權」觀念，《讀左劄記》第四條列舉各條記載以章明此義，云：

> 隱公四年《經》云：「冬十有二月，衛人立晉。」《左氏傳》云：「書曰衛人立晉，眾也。」以證君由民立，與《公》、《穀》二傳相同。又宣四年《經》云：「鄭公子歸生弒其君夷。」《左氏傳》云：「凡弒君稱君，君無道也，稱臣，臣之罪也。」第一期已申論之。以儆人君之虐民，與《公羊傳》之釋莒君被弒也，亦合若符節。曷嘗若迂儒一孔之論，視人君為無上之尊哉。且《左氏傳》所載粹言，亦多合民權之說。
>
> 襄十四年《傳》，載晉師曠之言曰：「天之愛民甚矣，豈其使一人肆於民上，以縱其淫而棄天地之性，必不然矣。」
>
> 成十五年，晉人執曹伯。《左氏傳》云：「不及其民也。凡君不道於其民，諸侯討而執之，則曰『某人執某侯』，不然則否。」何一非警戒人君之詞乎！
>
> 又定公八年《傳》云：「衛侯欲叛晉」、「公朝國人」、「使王孫賈問焉」。
>
> 哀元年《傳》云：「陳懷公朝國人而問焉，曰：『欲與楚者右，欲與吳者左。』」

---

48 見〈論中國制度階級制度〉，見《劉師培辛亥前文選》，頁58。

> 足證春秋之時，各國之中，政由民議，合於《周禮》
> 詢危詢遷之旨。而遺文佚事，咸賴《左傳》而始傳，
> 則左氏之功甚巨矣。彼世之詆排《左氏》者，何足以
> 窺《左氏》之精深哉。[49]

《春秋》書「稱人以殺」、「稱人以立」，皆有得眾人認同之義，此三《傳》說同，而《穀梁傳》說最清楚明確，[50]然《穀梁》稱「《春秋》之義，諸侯與正而不與賢」，是又否定眾意。劉師培據《左傳》說，稱此「君由民立」，即具有民權觀念。《左傳》記載弒君之凡例，雖備受焦循等人非議，但反而更具有「君由民立」之民權觀念，合乎劉師培當時政治思潮之需要。

劉師培廣徵《左傳》記載，以證明中國古代社會，國君之地位並非如後世中央集權之王朝，而是君臣平等，政由民議。而此古代聖賢極力倡導的政治觀念，正合乎當時的世界潮流。

（二）百姓參政

百姓參政說承君臣平等而論，劉師培《中國民約論・春秋左氏傳》云：

> 三代以後，君主世襲，家天下之制既行，而專制之威，
> 亦以見肆。至於春秋，諸侯立，君戚少殺，束縛既輕，

---

49 《讀左箚記》，見《劉師培辛亥前文選》，頁 293。
50 隱公四年，衛殺州吁立公子晉一事，《春秋》分別書「衛人殺祝吁于濮」、「衛人立晉」，《穀梁傳》云：「稱人以殺，殺有罪也。」、「其稱人以立之，何也？得眾也，得眾則是賢也。」

人民之思想，遂日漸發達，故其政體組織，往往見三
代之遺焉。

鄭人遊鄉校而論執政，非下議院乎？衛人立君，眾
也，非民選乎？懷公朝國人而問，非國民之自有參政
權乎？凡斯之言，三代以上，其制皆備，索之二典，
歷歷可徵。斯時疆界分守，苟明乎聯邦之制，彼此相
併，以建統一之大帝國，則安見十五國之民，不如今
之日耳曼德意志也。各見小利，互相吞噬，流極既衰，
西秦遂起而滅之，專制威焰，因之大熾，流毒至於今
日，其亦可悲之甚也歟。[51]

劉師培據《左傳》記載，稱春秋時代，「國人」既能批評時
政，亦能選立國君；有如後世之議會，可知人民有高度參政
之權利，而《左傳》闡揚此思想。

劉師培說僅就《左傳》記載考察，因時代需要而提出當
時百姓皆能參政論政之說，雖是並未深入探討春秋時代之各
國政治情況，援引西方之政治體制與春秋時代相類比，亦稍
有牽強之處。但據楊寬《古史新探》及《西周史》、許倬雲
《西周史》、劉文強《晉國伯業研究》，析論銅器銘文之記
載，而有與劉師培相同之結論，即西周、春秋時代，諸侯之
政治權力，與卿大夫共享，「國人」亦享有論政參政權。

據「君臣平等」及「百姓參政說」，可見劉師培之《左
傳》學，在家學基礎上，將古文經學之訓詁方式轉為論政革
新之微言義理，此不僅是其闡發《左傳》釋經精神之重要觀

---

51 《劉申叔遺書》，頁 566。

點，亦是其《左傳》學異於乾嘉學者論述《左傳》及其劉氏家學之重要特色。

三、據《周禮》以開發物資，闡發社會平等之觀念

劉師培依據《公羊傳》華夏夷狄之別以推闡其革命主張，是其最明顯的經學應用。藉《左傳》、《孟子》在政治上強調君臣平等、百姓參政等政治主張，及藉《三禮》以論述其教育觀念，則顯示其精深的經學思想，且不昧於時勢的見識。除政治、教育思想外，劉師培特別重視社會公益，在強調君臣平權外，更注重社會平等及百姓福利的均等。

欲使全國各行業的人都能有平等的社會地位，須先使人民有一定的經濟能力，並適當的運用個人能力，劉師培依據《周禮》記載，就物資開發及人力均用二方面論述，以推闡其主張，〈論各省宜設局調查物產〉云：

> 昔《周禮》之職，以五會之法，辨土地之物，生于山林、川澤、丘陵、原隰之地，各辨其植物、動物之所宜，所以物土宜而布其利也……物產之調查與否，於一國之貧富，有密切之關係。何則？國何以富？富于開利源。利源既開，斯能無曠土、無遊民。然欲開闢利源，必因地之所利以為利，物產者，有形之地利也……夫一物均有一物之用，惟先知其名，徐觀其質，參互考驗，然後其用始呈，即古人所謂「格物」也。既能格物，則物之有益於民者，徐圖推廣之方；有害於民者，亦可籌剪除之策，即《周禮》所謂「辨

其物」與「辨其利害」也。其裨於民生，顧不大哉！[52]
劉師培在光緒三十四年（1908）東渡日本時，嚮往「無政府
主義」，並為《共產主義宣言》譯本作序，廣受當時側目，
然劉師培富民而後均分共享的觀點與共產黨竟屬有別，[53]故
其呼籲全國各地進行物資調查，並開發以發展經濟，使國內
無荒地曠土，百姓無遊民貧困者，如此而國力可富，民族可
盛。

　　在呼籲政府開發物資之後，劉師培更進一步提倡人類平
等均力的觀念，認為「均力之說，足以治天下」，故其視此
為理想社會的發展形式，〈人類均力說〉云：

> 依此法而行，則苦樂適均，而用物不虞其缺乏。處於
> 社會，則人人為平等之人；離於社會，則人人為獨立
> 之人。人人為工，人人為農，人人為士，權利相等，
> 義務相等，非所謂「大道為公」之世耶？[54]

劉師培追求一個人人平等的公義社會，具體論述的做法則先
從推翻滿人開始，之後再去除秦漢以下因政治制度所造成的
社會不公。劉師培認為中國上古社會，「君臣之分未嚴，世
襲之基未定」[55]，但經過數千年演變，宗法、君臣關係發展
成政治社會基本架構，而形成嚴密的階級制度，此由奴僕賤

---

52 見《劉申叔遺書補遺》，頁 455。原發表於《申報》，1906 年 12 月
　　11 日。
53 見其〈人類均力說〉對共產主義的批評。見《劉申叔遺書補遺》，
　　頁 703。
54 見《劉申叔遺書補遺》，頁 706。原發表於《天義報》，1907 年 7
　　月 10 日，社說。
55 見《古政原始論・階級原始論第六》，《清儒得失論：劉師培論學
　　雜稿》，頁 175。

役、科舉考試的資格限制上得見，[56]而此制度頗有害民族團結合作，故致力宣揚平等觀念，〈論中國階級制度〉云：

> 今欲情得其平，莫若泯主僕之稱，使世之乏資財者，悉行作工自由之制，以爭存於社會之中。即昔之身列賤民者，亦使之與齊民一體，以同享平等之權。則階級制度消滅無存，而中國之民，悉享自由之幸福矣。[57]

就劉師培在民國建立以前的論言觀之，顯見其從事革命事業及社會運動亟欲追求的目標，是建立一個公義公平的社會。而此思想則是來自其熟悉的《周禮》，劉師培將自幼熟習的制度組織應用在各方面事務上，而提出具體的設計藍圖，此在晚清的革命組織成員中，實無出其右者。

晚清世局混亂，不論是世界或是國內，變化之快速，令人目不暇給，亦難以應變招架，劉師培在短短的數年中，針對論題發表各種深入淺出的論述，不僅能深契當時社會問題的核心，也直指各種政治動作的弊端。其提供端方等主政者及革命領導者參考的觀念，亦鼓舞人民投身社會運動，關心自身命運與國族前途。然就以上所論，則不難看出劉師培提出的各種觀點，其觀念的來源及核心，乃是其家傳的經學思想。

---

56 劉師培〈論中國階級制度〉稱：「中國民人猶有因階級區別，不獲為自由之民者，約有二端：一、凡應科舉者，必身家清白者，乃克應選。若倡優、隸卒之家，無應試之權利。二、凡執賤役者，固多行雇工之制。但鬻身於人而終身為僕者，亦佔國民之一分子。」見《劉申叔遺書補遺》，頁 200。
57 見《劉申叔遺書補遺》，頁 200。

第八章　結　論

　　就劉毓崧〈先考行略〉所敘述的劉文淇學術，劉毓崧繼承及劉壽曾兄弟所發展的儀徵劉氏家學，蓋應包含經學、輿地沿革、學術流變、斠讎學及方志文獻五方面。各方面的內容尚可細分，如經學包含《左傳》、《三禮》及《五經正義》等論述。儀徵劉氏學術正如馮煦敘劉壽曾《傳雅堂集》所言：「穿穴經史，體博而事該。」而學者為《清史稿》及《清儒學案》等書所限，遂將研究聚焦於其疏證《左傳》舊注之功及辨別《五經正義》徵引舊疏的論述。對於其家學核心的禮學，及累世從事的典籍斠讎、方志編纂等工作，尟見論及者，遂使湮沒不彰，頗為可惜。

　　儀徵劉氏學術的研究，不僅具有闡發劉氏家族學術的傳承過程與發展流變的意義，對清代揚州學的研究，亦具有關鍵作用。近人論述清代揚州學的起始與發展，與劉氏家族在揚州活動的時間頗為一致，其發展與劉氏亦有密切的關連。蓋劉文淇劉毓崧父子長期駐揚，招待往來賓客，後由劉貴曾承繼。劉氏家族著書立說，斠讎典籍，刊刻名賢遺著，以彰顯揚州學者的學術成就。由其交游應對，唱和往來的詩文書札顯示，清代揚州學實以劉氏為中心。又劉氏三世長期編纂揚州地區的地方志，對當地的風土民情有深入的研究，並將

此情懷付諸實踐，故不僅關注文化發展，亦關懷當地孤苦貧弱，此胸懷德風自足為揚人引以為表志，其家族對揚州文化的影響，可以想見矣。至劉師培呼籲編纂鄉土志，亦是延續其先人編纂方志，關懷鄉土的作為。此均是今日研究儀徵劉氏學術所不能忽略者，且以今日的學術趨勢論，儀徵劉氏的方志學、斠讎學等工作，深具文化意義，與傳統的經傳注疏等考據學，呈現出不同的學術價值。

由於劉氏子弟在舉業上多不得志，未能有機會展現其經世治民的才能，但劉氏的經學仍具有深刻的應用意義。以禮學論，劉文淇〈書惲子居林孺人墓誌後〉對繼室是否得繼立為夫人事，劉文淇依據《白虎通》等書所載，天子諸侯防篡殺，所以不得以繼室為夫人，大夫以下則可。此論不僅解經，實為劉毓崧「昏禮重別論」的基礎，劉壽曾繼而成《昏禮重別論對駁義》一書。劉氏對禮制及禮俗差異的辨析，不僅用以闡釋經說，亦有實際作用，如惲敬一事，劉文淇即認為大夫以下，得以繼室為嫡，則惲敬當據此立論，既尊崇陸繼輅之母為嫡夫人，又不違背古禮制。劉毓崧《通義堂文集》中論述兼祧之禮合於古義，考辨嫁殤非未昏守志，此類論述不僅闡明禮儀，亦抨論當時盛行的嫁殤遷葬等風俗，以其不合於禮制，且於世道之隆污，深見影響。此類論述不僅具有禮俗考辨上的意義，與其纂修方志亦有密切關係，方志中多記貞婦列女之行，未婚守志者自在徵集之列，而嫁殤遷葬等習俗，於方志中亦當申明其故。

至劉師培闡發其經學觀念，用以倡導革命，推動社會改革，戮力發揚「國粹」，行其通經致用之志。但無論是倡導

排滿復漢、鼓吹西方的制度等強烈手段，或是從事教育改革，倡導社會風氣的改變，論述透露出社會關懷及愛惜百姓之心，均來自深刻的經學教養及熟習的古籍經典。仍是劉氏家學的應世之用。

儀徵劉氏四代學術，斠讎學與方志學的成就，頗具有時代意義。以其所作，尚可以論列劉氏學術的若干特色：

一、重視編纂義例。在清代學術史上，隨者考據學發達，校勘學者亦名家輩出，如黃丕烈、顧廣圻所斠刊者，多精善本。然如劉氏四世從事斠讎工作者，亦屬罕見。劉氏每接任斠讎及編纂工作之前，均針對不同書籍的性質，提出不同的斠讎義例及編纂原則。劉文淇在協助阮元、岑建功校刊《嘉定鎮江志》及《輿地紀勝》、《舊唐書》的過程中，體會到依據不同的舊刊底本校刊，應有不同的方式及步驟，進而發展出細密的斠讎條例，此條例後為劉毓崧校刊《船山全書》，劉壽曾用以校勘《齊民要術》，均獲致一定的成就。此正見由劉文淇發凡起例，劉毓崧及劉壽曾所承繼推闡的斠讎條例，思量周密，精審通達，確實可用。儀徵劉氏的斠讎工作，自選擇底本、斠讎字句、編纂篇目，及避諱字處理、校勘記錄的內容，均詳訂原則，且實際運用在斠讎工作中。此不僅使其校訂的書籍精密完善，並為後人從事校勘工作，提供可以據依的工作程序及方法，即今日從事古籍整理工作，其說仍具參考價值。

清人斠讎典籍，本係經史考證的基礎，自有精密的勘訂辨正原則。劉文淇在此基礎上，一方面從事文獻考斠、疏義及證補的工作，一方面從事方志文獻的編纂及古書的校勘工

作。此發揮清代學術的價值，讓原本附屬於經史辨證的考據學，成為深具意義的文化工作，亦使劉氏學術流傳而不替。

二、通變傳雅以求世用。劉毓崧顏其堂曰「通義」，劉壽曾則曰「傳雅」，論學處世，以會通及傳雅為主要原則，明顯可見。此在劉毓崧論禮俗各篇及劉壽曾〈漚宦夜集記〉中，已可略見一斑。然劉氏以斠刊及編纂方志為主要工作，其中自有須變通以求世用者。而此變通從劉文淇任總纂的《重修儀徵縣志》及劉壽曾任總纂《光緒江都志》中，略見其要。此二書性質不同，體例亦殊。《重修儀徵縣志》雖兼續修，然實重修舊志，故體例不得不配合各部體例不一的舊志，而劉文淇參酌之後，以《江南通志》及《揚州府志》為依據，重訂志目，使其能兼含各種舊志。且於新修之中仍能呈顯舊志的精當之處，此不僅使儀徵之事可以按考，並表彰前修者之功，實為難能。

劉壽曾總纂《光緒江都志》，乃接續前修，故於時代斷限特為謹嚴。其特出之處，在於方志觀念上，參酌章學誠之說，以國史體例修纂方志，並採取目錄家的作法，於各志卷前作小序，以說明其論列主旨，采錄內容及其意義。此均提高方志的價值，舊志中，雖亦有見志序者，然劉壽曾所作，頗得章學誠「辨章學術，考鏡源流」要旨。

三、關懷鄉土實踐經世之義。劉氏從事受聘官府，任職修纂方志的工作，雖多為生息計，然能將其學術思想及愛護鄉土的精神付諸實踐中，亦展現劉氏家族的淳厚德操。而其所修纂方志，體例完善，號為精審，後人藉以考察當地事蹟，及當代事物，洵為便利。於現今而言，雖舊式方志的篇目與

記載形式，未必合於當代所需。然劉氏於修纂過程中闡發的
方志要義，及其斟酌損益的原則，於後世修方志者而言，仍
多參考價值。劉師培在其先人修纂方志的經驗中，累積其對
鄉土文化的見解，以此鼓吹鄉土志、書籍志的編撰，並擬訂
體例，以求能實踐。而其奔走國事中，不忘編寫鄉土教材，
藉以鼓吹國人愛鄉土，激勵民族情操，並倡導廣設圖書館，
以開啟民識。此均為劉氏方志學思想的轉化與應用，不僅具
有家族學術精神，亦深具時代意義。

　　劉氏家族不僅以經學名世，以斠讎及方志編纂受重於江
淮，但此學術能力，實來自劉氏淳厚謙和的性情及篤實勤懇
的任事態度，此德風上承劉文淇父劉錫瑜，至劉文淇以下四
代，延續不替。劉氏之淳厚雖寓於庸言庸行，然情感深蘊，
不假修飾，自然流露顯於字詞之中。故無論是詩文碑傳、禮
儀考辨，或是方志斠讎中，均深蘊家族風格，流露寬厚婉轉
之意，顯發儀徵劉氏家學的特質與精神。

附錄：讀吳靜安《春秋左氏傳舊注疏證續》後　記

前　言

　　儀徵劉氏自劉文淇開始編撰《左傳舊注疏證》，從事《左傳》漢儒舊注的輯錄及考釋，企圖取代杜預《春秋經傳集解》（下簡稱作杜注）及孔穎達纂修的《春秋正義》（通稱《左傳正義》，下文依此通稱），以成一代新疏。《左傳舊注疏證》雖未完成，但劉文淇、劉壽曾的撰述過程及其書的體例，透過友人的傳述，及劉毓崧〈先考行略〉及《清史稿·儒林傳》的記載，後人多贊其精審詳密，推為清代新疏之佳作，但亦感嘆其書未能完成，殊為可惜。

　　今人吳靜安氏費時數十年，續劉氏完成《左傳舊注疏證》，其功厥偉，且撰述期間遭逢文革的種種波折，但其能執筆不輟，誠然值得我輩後學效法。然其書之體例與內容，與劉氏原並不全然相同，茲撿列數則，說明二書之差異處，以供讀者參酌，匪敢議駁前人也。

一、儀徵劉氏《左傳舊注疏證》

吳靜安《春秋左氏傳舊注疏證續》（下文略作《左傳舊注疏證續》）係接續劉氏《左傳舊注疏證》而成，欲探討吳氏書的得失優劣，必須以劉氏原撰的主旨及其著作精神為基礎，故此先就《左傳舊注疏證》收錄的舊注、內容主旨及成書問題三方面，略述《左傳舊注疏證》一書的性質。

（一）《左傳舊注疏證》收錄的舊注

劉文淇作《左傳舊注疏證》的主要原因，在於不滿意杜注和孔疏的內容，此因於清代考據學興起後，學者對傳統注釋的反省。注重考據的學者認為宋明盛行的程朱陸王義理學不能契合孔孟的學術思想，而完成於唐宋學者的群經注疏，其觀點與流傳自先秦的孔門師說，亦多有違背。因此，考據工作的重要目的，即是探究孔門學說的原始觀點，而其主要依據，則是古籍中載存的先秦及兩漢舊注。劉文淇作《左傳舊注疏證》，即企圖依據先秦兩漢的舊注以了解孔子思想，而舊注內容的闡釋，則又須透過清儒的考據與闡釋。據此，可以明白得見《左傳舊注疏證》的基本架構，是結合漢儒舊注與清儒考釋，成為與杜注孔疏《左傳正義》不同觀點的新疏。

劉文淇擬定《左傳舊注疏證》的編纂方式時，對後世流傳的《左傳》相關舊說，做了清楚的考辨，分別各種舊說的差異。其中有些是漢儒的《左傳》注釋，有些是流傳在戰國秦漢之際的孔門儒者舊說，有些則是漢儒藉《左傳》以諷時

政；這些不同性質的舊注資料，其產生的時代和目的不同，在闡釋《左傳》的意義上，亦有所差異。劉文淇在廣泛蒐集資料後，將舊注分為三大類：

第一類、《左傳》古義，指戰國至漢初流傳的相關論述，可視為是早期儒者依據師說闡釋《左傳》內容的論述。據劉向《別錄》所載，有鐸椒、虞卿各作《抄撮》，[1]然二書皆不傳，其形式亦不得而詳。

第二類、《左傳》先師之說，即西漢經師的論述。據劉向《別錄》、班固《漢書‧儒林傳》、陸德明《經典釋文‧敘錄》等記載，西漢傳《左傳》之經師，有張蒼、賈誼（孫賈嘉、曾孫賈捐之皆傳《左傳》）、張敞（子張吉、孫張竦皆傳《左傳》）、杜鄴（從張吉學《左傳》）、劉公子、貫公、貫長卿、張禹父子、蕭望之、尹更始、尹咸、翟方進、胡常、賈護、陳欽、劉歆等各家，其中，張蒼、賈誼、尹咸三家著有《春秋左氏傳訓故》，陳欽著有《春秋說》，[2]依據劉文淇說，其所

1　鐸椒、虞卿之書，應稱作《左氏傳抄撮》或《春秋抄撮》，《抄撮》則是書名簡稱，茲暫依劉向所載。姚振宗《漢書藝文志拾補》引劉向《別錄》：「左丘明授曾申，申授吳起，起授其子期，期授楚人鐸椒，鐸椒作《抄撮》八卷授虞卿，虞卿作《抄撮》九卷授荀卿，荀卿授張蒼。」（頁 17，《二十史補編》第 2 冊，總頁 1450，台北：開明書店，1974 年）

2　《漢書‧儒林傳》：「漢興，北平侯張蒼及梁太傅賈誼、京兆尹張敞、太中大夫劉公子皆修《春秋左氏傳》。誼為《左氏傳訓故》，授趙人貫公，為河間獻王博士，子長卿為蕩陰令，授清河張禹長子。禹與蕭望之同時為御史，數為望之言《左氏》，望之善之，上書數以稱說。後望之為太子太傅，薦禹於宣帝，徵禹待詔，未及問，會疾死。授尹更始，更始傳子咸及翟方進、胡常。常授黎陽賈護季君，哀帝時待詔為郎，授蒼梧陳欽子佚，以《左氏》授王莽，至將軍。而劉歆從尹咸及翟方進受。由是言《左氏》者本之賈護、劉歆。」（《漢書》頁 3620，北京：中華書局，1965 年）
以上六家之書名，據清姚振宗《漢書藝文志拾補》，其中張敞、劉公子似無專著，故略其書名。

謂《左氏》先師，應包括未有著述傳世的各家說。[3]

第三類、《左傳》舊注，以東漢學者的著述為主。包含劉歆以後，杜預以前的各家注釋、章句及條例。《左傳舊注疏證》中列為舊注的有劉歆、鄭眾、賈逵、許淑、潁容、馬融、鄭玄、服虔、王肅、糜信、京相璠十一家。其中王肅、糜信、京相璠三家處於魏、晉之際，劉文淇作《左傳舊注疏證》時，是否將其說輯入舊注，並不一致，故書中於京相璠之說，或歸入舊注，或於「疏證」徵引。

就以上三類言，其中僅有第三類的「《左傳》舊注」，見於魏晉南北朝相關著作及《五經正義》等書徵引，可略見其梗概；但因古代學者徵引前人論述，多簡略其名氏，因此可據以考論者，僅寥寥數家，且各家留存的論述，亦極其有限。前二者則散見於先秦、兩漢之史籍及諸子書中，然多失載論述者，故難以確認出自何人。且諸子書輾轉徵引之相關記載未必是出自《左傳》，此類文獻，大抵而論，僅可藉以證明漢儒論述承古有據，未能遽稱其是闡釋《左傳》的內容。

劉文淇《左傳舊注疏證》所稱的舊注，以第三者為主，而兼含前二類，其〈致沈欽韓書〉云：

> 如《五經異義》所載《左氏》說，皆本《左氏》先師。《說文》所引《左傳》，亦是古文家說，《漢書‧五行志》所載劉子駿說，皆左氏一家之學。又如《周禮》、

---

3 《左傳舊注疏證》徵引之「注」文，尚有逕作「左氏說」者，如僖公五年《傳》：「冬十二月，丙子朔，晉滅虢，虢公醜奔京師。」注：「左氏說：周十二月，夏十月也，言天者，從夏正。」（頁277）此劉文淇「疏證」稱其為舊說，應是指西漢學者說。

　　《禮記》疏所引《左傳注》，不載姓名而與杜注異者，
　　亦是賈、服舊說。凡若此者，皆以為注而為之申明。
此書札所論及者，包含《左氏》先師、古文家說、劉歆一家
之學及賈、服注。其中許慎《五經異義》所載者，劉文淇稱
為「《左氏》先師」，《說文解字》所載，劉文淇以「古文
家說」名之，二者應有所不同。依其意，此「《左氏》先師」
兼指戰國、秦、漢之際傳《左傳》的學者，包含前述第一類
的「《左傳》古義」。「古文家說」，則指漢代出現今、古
文歧異後的古文經學者，並非專指傳《左傳》者，就《左傳》
言，戰國至秦、漢的《左傳》先師與西漢的古經學家的訓解，
應無太大歧異。西漢末劉歆整理中祕書時，將「《左氏》先
師」、「古文家說」與《春秋古經》進一步結合，發揮義例，
《春秋左傳》學初步建立。其後賈逵等人則依據劉歆建立的
條例，闡述《左傳》的義理，發展成東漢的《左傳》學。

　　劉文淇《左傳舊注疏證》中，雖依據清儒考論《左傳》
古義的論述，稱「許慎所載《左氏》，皆賈逵、鄭眾之舊說」，
[4]然據其〈致沈欽韓書〉，則許慎《說文解字》所引載的，應
是與賈逵、鄭眾同源的「《左氏》先師」或西漢的「古文家
說」，而非逕取材自賈逵、鄭眾。此就劉文淇《左傳舊注疏
證》「疏證」中稱「《左氏》先師」者，多出於賈逵、鄭眾
之外可得知。

4　《左傳舊注疏證》隱公元年，三月「公及邾儀父盟於蔑」之疏證。
　　頁 4。其說本臧壽恭，臧氏《春秋左氏古義》文公二年「丁丑，作
　　僖公主」，按云：「許氏受古學於賈逵，《異義》所述，蓋左氏說。」
　　（頁 727，北京：科學出版社，1959）

　　《左傳舊注疏證》「注例」中，以舊籍徵引的「服虔」、「賈逵」、「賈、服以為」、「賈、服云」、「賈、服以」、「舊注」六者為其輯錄並作疏證的對象。其中所謂「舊注」者，自注云：

　　　　諸書引《左傳注》，不載姓名，而確非杜注。[5]

其意以各書徵引《左傳》相關論述，不論著述時代前後於杜預，凡與杜說不同者，均屬舊注。特標舉「舊注」一詞於賈、服二家之外，其意似指「舊注」乃賈、服以外的劉歆、穎容等各家論述。相較於〈致沈欽韓書〉稱「如《周禮》、《禮記》疏所引《左傳注》，不載姓名而與杜注異者，亦是賈、服舊說」，則劉文淇在舊注的歸屬判別上，亦非篤定其說。

　　然以賈、服注為主，取《左傳》先師的古義、西漢古文經學家的舊說及東漢經師的注解三者以輔助之，則是《左傳舊注疏證》論述的基本原則。

（二）《左傳舊注疏證》的主旨

　　劉文淇與舅氏凌曙從洪梧問學時，即在洪梧指導下，探討《左傳》五十凡，[6]故其對《左傳》義例頗有體會，劉壽曾《左傳五十凡論》及劉師培《左傳》義例相關論述即在此基礎下完成。但劉文淇作《左傳舊注疏證》，卻否定杜預《春秋釋例》在解釋經傳上的觀點，其致沈欽韓書札，論《左傳》

5　此亦見於按語中。《左傳舊注疏證》，隱公元年《傳》：「聞之，有獻於公，公賜之食」按云：「凡諸書所引《左傳注》，不載姓名而確非杜注者，皆稱為舊注。」（頁11）

6　見洪梧〈四書典故覈序〉，凌曙《四書典故覈》卷首（《續修四庫全書》影印嘉慶十三年刊本）

的義例云：

> 至若《左氏》之例，異於《公》、《穀》，賈、服間
> 以《公》、《穀》之例釋《左傳》，是開其釁，與人
> 以可攻。至《春秋釋例》一書，為杜氏臆說，更無論
> 矣。文淇所為疏證，專釋詁訓名物典章，而不言例。
> 其《左氏》凡例，另為一表，皆以《左氏》之例釋《左
> 氏》，其不知者，概從闕如。[7]

此書札中，劉文淇既反對賈逵以來若干據《公羊》、《穀梁》
家說以闡釋《左傳》的種種義例，同時也明顯反對杜預《春
秋釋例》對《左傳》義例的解釋。

　　劉文淇既然反對以義例解釋《春秋》，那麼自須另闢途
徑，使《左傳》能闡發《春秋》大義，否則《左傳》的釋經
地位便會產生問題，故劉文淇自禮文著手，強調「釋《春秋》
必以周禮明之」的解經方式。《左傳》詳細記載的事件發展
及人物言論，正可以看出各國君臣卿士的行誼是否合於禮文
規範，而予以適當的褒貶評價。

　　劉文淇《左傳舊注疏證》正由禮文的制度儀式著手，先
考明各種儀式的禮義，而後疏理《左傳》的相關記載，進而
闡述《春秋》的微言義大義。《左傳舊注疏證》注例一：

> 釋《春秋》必以周禮明之。周禮者，文王基之，武王

---

7 《青谿舊屋文集》卷 4。又《左傳舊注疏證》隱公七年《傳》：「告
　終稱嗣也，以繼好息民。」疏證云：「五十凡，乃左氏一家之學，
　異於公、穀，賈、服間以公、穀釋《左傳》，是自開其釁隙，與人
　可攻。杜氏繼尊五十凡為周公所制，而其《釋例》又不依為說，自
　創科條，支離繳繞，是杜氏之例，非左氏之例也。今證經傳，專釋
　訓詁名物典章，而不另言例，另為〈五十凡例表〉，皆以左氏之例
　釋《左氏》，其所不知，蓋從闕如。」（頁 42，道光十八年刊本）

> 作之，周公成之。周禮明，而後亂臣賊子始知懼。若
> 不用周禮而專用从殷，《公羊》家言《春秋》變周之
> 文，从殷之質，實誤。則亂臣賊子皆曰「予聖」，而
> 藉口於《春秋》之改制矣。《鄭志》曰：「《春秋經》
> 所譏所善，皆於禮難明者也。其事著名，但如事書之，
> 當按禮以正之。」所謂禮，即指周禮。

這裡所說的周禮，指的是經歷文王、武王，至周公而大成的
政教制度，兼含政治制度及宗法禮俗而言。文王、武王在開
國之初建立周代之政治制度，其後的周公輔佐成王時制作禮
樂制度，以禮樂輔助政教，使國家趨於郁郁文明，一改殷人
質樸的社會文化。劉文淇認為孔子作《春秋》的中心思想，
既包含周文王、武王的政治制度，亦有周公的禮樂制度，前
者為《公羊》家所特別闡發，後者則是《左傳》所特別重視，
故劉文淇《左傳舊注疏證》即以此為注例第一原則。

　　《左傳舊注疏證》在禮儀制度、氏族地理各方面都有詳
細的解釋，能夠闡發漢儒《左傳》的精義，但其解經的基本
精神，不外乎禮。對於五十凡例，則僅說明其意義，而不以
其為《春秋》經旨所在。

（三）《左傳舊注疏證》的成書問題

　　《左傳舊注疏證》的編撰過程，據劉毓崧〈先考行略〉，
劉文淇生前已成《左傳舊注疏證》長編八十卷，手自抄寫一
卷。據《清史列傳・儒林傳》及《清史稿・儒林傳》，《左
傳舊注疏證》是由劉壽曾完成至襄公四年，中國科學院歷史
研究所整理的標點本根據原稿及抄稿，全書編撰至襄公五

年。其後論及《左傳舊注疏證》者，均依據《清史列傳》或中國科學院歷史所的標點本，稱劉氏完成的《左傳舊注疏證》，止於襄公四年或五年。

　　根據抄本的樣式推斷，《左傳舊注疏證》的成公、襄公部分，應屬未完成稿，劉壽曾編撰的《左傳舊注疏證》應是僅完成至宣公末年。劉氏留下的《左傳舊注疏證》原稿及抄稿各七本，原稿第六本是成公，第七本是襄公；抄稿七本，第七本是宣公，意即抄本無成公、襄公二部分。此正可證明成公、襄公部分原稿並未完成，故亦未抄寫備存。

　　《左傳舊注疏證》原稿第六及第七本，確屬未完成稿，此涉及劉氏編撰《左傳舊注疏證》的方式，如據劉毓崧〈先考行略〉所云，劉文淇在生前似已完成《左傳舊注疏證》的初稿，但依據上海圖書館藏《左傳舊注疏證》抄本的部分內容，可知所謂「長編」，應只是劉文淇在《左傳正義》上圈出有漢注及須要作疏證的，並將「疏證」所欲徵引的資料彙集，然後下眉批按語，抄本上僅記載惠氏、沈氏、洪氏的文字大致即是這樣的作用。

　　就書稿形式而言，稱劉氏編撰《左傳舊注疏證》停筆於襄公五年，並無太大問題；但若就其內容而論，襄公五年以前，亦非完成的書稿。劉壽曾或是其他劉氏子弟完成者，大約止於宣公末年或是成公初年；成公之後，多處出現空白疏證，或是僅徵引杜預注，或僅簡單釋義而無考證，頗異於《左傳舊注疏證》的前半部疏證文，正說明此部分屬於初稿形式，且是未及修補論述的初稿，當然不能視作是已經完成的著作。

　　劉文淇生前將蒐集的材料，編訂成書，雖僅至隱公四年，

但此一卷即成為全書的編纂範例，之後劉壽曾遵循此體例將劉文淇所蒐集資料，一一摘錄抄入，[8]並將劉文淇之眉批、按語載入，此工作大致完成至宣公十八年，但宣公年間的眉批上，多見「擬而未作」的闕文，可見此部分（原稿第五本）雖已成書，但劉壽曾仍有期待後日能繼續增補。

劉文淇生前已編具的《左疏長編》八十卷四十巨冊，是考察《左傳舊注疏證》的學術思想及撰述過程的重要依據。可惜的是，民國以後劉氏未再賡續《左傳》學的研究，家藏書籍亦多散落；茲若能得見劉文淇、劉壽曾編撰所用《左傳正義》底本，則劉文淇案語，應可見於整部《左傳正義》，不僅止於襄公四年。止於襄公四年或五年的《左傳舊注疏證》稿本，成於劉壽曾。壽曾沒後，劉富曾、顯曾兄弟曾繼長兄暫主金陵書局編輯事務，但為時不長，未能繼續壽曾編撰《左傳舊注疏證》。二人離開金陵後，流寓四方，劉文淇及劉壽曾編輯《左傳舊注疏證》用的《左傳正義》，先歸於揚州儀徵青谿舊屋劉氏故居，後被劉富曾或劉師培攜離揚州，[9]遂不知流落何處。

---

8 劉壽曾雖依據劉文淇所擬定的體例，但所作的「疏證」，自有出於劉文淇擬定之外者，如其徵引俞樾、汪士鐸、張文虎說等均是。俞樾《群經平議》成於劉文淇歿後，汪士鐸《悔翁筆記》、《梅村賸稿》等書刊行甚至在劉壽曾之後，惟劉壽曾與汪士鐸同修《金陵府志》，故能得聞汪說。其他如包慎言說，則未能確定是劉文淇或劉壽曾所徵引，包慎言《廣英室文稿》雖由劉壽曾輯刊，但包慎言與劉文淇私交甚篤，劉文淇著書時，已徵詢其說。

9 梅鉽《青谿舊屋儀徵劉氏五世小記》：「所謂的《春秋長編》數十巨冊，徧尋不知下落。我想是舅氏（劉師培）在甲辰、乙巳（光緒三十、三十一年，1904-1905）這兩年間，曾經由揚州裝書十餘箱到上海，或者此稿在其中，是預備帶出隨時編纂的。」（頁5，手寫油印本）

二、吳靜安《左傳舊注疏證續》輯錄的注釋資料

　　《左傳舊注疏證續》是吳靜安費時二十多年的巨著，據東北師範大學出版社的〈出版者言〉，全書「輯錄舊注五十餘家，疏證一百八十餘家」[10]，其內容之繁富，遠在儀徵劉氏原撰之上。該〈出版者言〉又稱「本書延續劉文淇之體例」，故不另作凡例，可見吳氏是完全以繼承《左傳舊注疏證》為其基本原則。

　　《左傳舊注疏證》將前人相關論述資料分為「注」及「疏證」二項，「注」係舊注，以杜預以前的舊說為主，「疏證」則是劉氏徵引清人注釋及其判定的論說。吳氏續書亦依循「注」、「疏證」分列的方式輯錄相關論述；但在資料的選取上，吳氏《左傳舊注疏證續》擴大了舊注的範圍，對舊注的界定，與劉文淇有明顯的不同。

　　劉文淇編撰《左傳舊注疏證》，收錄的舊注僅十一家，外加若干無法確定出自何人的舊說；但其視為舊注的，必然是以解釋《左傳》一書的意旨。若是引《左傳》以闡釋個人政治觀點，或用以印證他書的記載，劉文淇並不視其為《左傳》舊注。

　　儀徵劉氏《左傳舊注疏證》輯錄舊注的範圍甚為明確，吳氏《左傳舊注疏證續》的體例既是承繼劉氏書，因此，分辨二者輯錄舊注文獻的差異，對評論其書及理解其學術思想具有關鍵意義，故略依其輯錄的性質，列出劉氏未視為《左

---

10 書前頁 2。本文徵引吳靜安《春秋左傳舊注疏證續》，皆東北師範
　　大學出版社排印本（2005 年），下僅隨文注明頁碼。

傳》注，而吳氏《左傳舊注疏證續》輯錄的注文，俾後文據
以論述。

（一）漢人論述

1.京房《易傳》

襄公八年《傳》：「子駟曰：『周詩有曰之：俟河之清，
人壽幾何？』」注：

> 京房《易傳》：「河一千年清。」（《文選·思玄賦注》）
> 河水性濁，清則難得。《易緯》曰：「王者太平嘉瑞
> 之將出，則河水先清。」（〈伐檀〉正義）（頁 31）

注中「河水性濁，清則難得」係吳氏所作解釋，非舊注。

2.《周易》鄭注及虞注

襄公九年《傳》：「是謂艮之隨。」注：

> 《易·隨·象傳》：「澤中有雷，隨。君子以嚮晦入
> 宴息。」鄭注：「震，動也。兌，說也。內動之以德，
> 外說之以言，則天下之民，慕其行而隨從之。故得隨
> 也。」虞注：「隨，陰隨陽，謂隨卦三陰皆隨陽，故
> 卦名隨。」

此輯《周易》鄭玄注及虞翻注。

3.《尚書》傳注

襄公九年《傳》：「始往而筮之，遇艮之八。」注：

> 《書·洪範》：「三人占，則從二人之言。」孔安國
> 傳：「夏、商卜筮各異，三法並卜，從二人之言。」
> （頁 53）

又襄公六年《傳》：「於鄭子國來聘也，四月，晏弱城東陽，

而遂圍萊。甲寅，堙之環城，傳於堞。」注：

> 《尚書》曰：「鯀堙洪水。」堞：城上女垣也。（頁 7）

引《尚書》孔安國傳者，如襄公十四年《傳》：「晉侯問衛故於中行獻子，對曰：『不如因而定之……史佚有言曰：因重而撫之。仲虺有言曰：亡者侮之，亂者取之。推亡、固存，國之道也。』」注：

> 孔安國《傳》：「弱則兼之，闇則攻之，亂則取之，
> 有亡形則侮之，有亡道則推而亡之，有存道則輔而固
> 之。王者如此，國乃昌盛。」（頁 205）

此引自《尚書·仲虺之誥》傳。

引馬融《尚書注》，之說襄公七年《傳》：「無忌不才，讓其可乎？請立起也。與田蘇游，而曰『好仁』。《詩》曰：『靖共爾位，好是正直，神之聽之，介爾景福。』」注：

> 馬融曰：「靖，安也。」（《尚書注》）（頁 17）

劉氏《左傳舊注疏證》徵引馬融經說六條，但劉文淇並未自《尚書注》輯錄其說。

4.《詩》及傳注。

引《詩經》者，如襄公二十七年《傳》：「子西賦〈黍苗〉之四章。趙孟曰：『寡君在，武何能焉？』」注：

> 《詩·黍苗》：「肅肅謝功，召伯營之。列列征師，
> 召伯成之。」（頁 531）

引《詩經》毛傳鄭箋，如襄公七年《傳》：「辭曰：『《詩》曰：豈不夙夜？謂行多露。又曰：弗躬弗親，庶民弗信。』」注：

> 《詩·行露》毛傳：「行，道也。豈不，言有是也。」

鄭箋：「夙，早也。厭浥然，涇道中，始有露，謂二
月中嫁取時也。言我豈不知當年早夜成昏典禮與！謂
道中之露太多，故不行耳。今強暴之男，以此多露之
時，禮不足而強來，不度時之可否，故云然。《周禮》
仲春之月，令男女之無夫家者，行事必以昏昕。」《釋
文》：「至禮用昕，親迎則昏。」《詩・南山》毛傳：
「庶民之言不可信，勿罔上而行也。」鄭箋：「此言
王之政不躬而親之，則恩澤不信於眾民矣。不問而察
之，則下民未罔其上矣。」（頁 16-17）

引《詩》及毛傳鄭箋，以作為《左傳》引詩注。

5.《三禮》及鄭玄注

襄公七年《傳》：「南遺為費宰，叔仲昭伯為遂正。」
注：

《周禮・遂人》：「掌諸侯之政，令徒役，出諸遂之
民。」（頁 14）

又昭公九年《傳》：「及享，具五獻之籩豆於幕下。」注：

《周禮・大行人》：「上公饗禮七獻，食禮九舉。出
入五積。諸侯饗禮七獻，食禮七舉，出入四積。諸伯
如諸侯之禮。諸子饗禮五獻，食禮五舉，出入三積。
諸男如諸子之禮。」《周禮・典命》：「公侯伯之卿，
皆三命。」（頁 756）

《周禮》記載之制度與《左傳》多可相參照，此劉師培所特
別強調，但劉氏《左傳舊注疏證》中並無以《周禮》為舊注
者，吳氏則遍輯錄為舊注以證《左傳》。

襄公九年《傳》：「對曰：古之火正，或食於心，或食

於味，以出內火。是故味為鶉火，心為大火。」注：

> 《禮記・月令》：「其帝太皞，其神句芒。」、「其
> 帝炎帝，其神祝融。」、「其帝黃帝，其神后土。」、
> 「其帝少皞，其神蓐收。」、「其帝顓頊，其神玄冥。」
> （〈月令〉係取自《呂覽》十二月紀。）（頁 48）

此僅引《禮記・月令》文，無鄭注。《襄公七年《傳》：「公
登亦登。叔孫穆子相，趨近，曰：『諸侯之會，寡君未嘗後
衛君。今君子不後寡君，寡君未知所過。吾子其少安！』孫
子亦辭，亦無悛容。」注：

> 《儀禮・聘禮》：「公迎賓于大門，內及廟門。公揖
> 入立于中庭，納賓。賓入，三揖至於階，三讓。公升
> 二等。」鄭注：「先賓升二等，亦欲君行一，臣行二。
> 言君先升二等，然後臣始升一等。」（頁 20）

輯自《鄭志》之鄭玄說。襄公十一年《傳》：「十一年春，
季武子將作三軍。」注：

> 《鄭志》：「答臨碩云：『〈魯頌〉公徒言三萬。……
> 又以此為三軍者，以周公受七百里之封，明知當時從
> 上公之制，備三軍之數。此序云復周公之宇，故此箋
> 以三萬為三軍，言其復古制也。《書・費誓》：魯人
> 三郊三遂。』」（頁 112）

引鄭玄說，尚有《六藝論》之文（頁 199）。但劉文淇輯錄鄭
玄注，以其為釋《左傳》為限，即《箋左氏膏肓》一書，及
《駁五經異義》、《鄭志》中論述《春秋》部分，至於其《易
注》、《三禮注》則劉文淇於疏證中引其說，注則未錄之。

6.大戴《禮記》及注

襄公六年《傳》：「晉人以鄶故來討，曰：何故亡鄶？季武子如晉見，且聽命。」注：

> 《大戴・朝事義》：「時聘以結諸侯之好。」《禮記・聘義》君使士迎于境，大夫郊勞，君親拜迎于大門，而廟受。北面拜見，踐君命之辱，所以致敬也。敬讓也者，君子之所以相接也。故諸侯相接以敬讓，則不相侵陵也。」（頁 5-6）

兼引大戴《禮記》盧辨注，如襄公十一年《傳》：「晉侯使叔肸告于諸侯。」注：

> 《大戴禮記・將軍文子》：「祁奚曰：羊舌大夫其為和容也，溫良而好禮，博聞而時出其志也。」盧辨注：「和容，主賓客也。」（頁 122）

盧辨，北齊人。此錄其注「和容」一語，與《左傳》無涉。

7.《公羊傳》

襄公十四年《傳》：「誰敢奸君？有國，非吾節也。札雖不材，願附于子臧，以無失節。故立之，棄其室而耕。乃舍之。」注：

> 賢季子也。何賢乎季子？讓國也。其讓國奈何？謁也，餘祭也，夷昧也，與季子同母者四。季子弱而才，兄弟皆愛之，同欲立之以為君，謁曰：「今若是迮而與季子國，季子猶不受也，請無與子而與弟，弟兄迭為君，而致國乎季子。」皆曰：「諾。」故諸為君者，皆輕死為勇，飲食必祝曰：「天苟有吳國，尚速有悔於予身。」故謁也死，餘祭也立。餘祭也死，夷昧也

立。夷昧也死，則國宜之季子者也。季子使而亡焉。
僚者，長庶也，即之，季子使而反，至而君之耳。闔
廬曰：「先君之所以不與子國而與弟者，凡為季子故
也。將從先君之命與，則國宜之季子者也；如不從先
君之命與，則我宜立者也，僚焉得為君乎？」於是使
專諸刺僚，而致國乎季子。季子不受，曰：「爾殺吾
君，吾受爾國，是吾與爾為篡也。爾殺吾兄，吾又殺
爾，是父子兄弟相殺，終身無已也。」去之延陵，終
身不入吳國。故君子以其不受為義，以其不殺為仁。
（頁 174）

襄公二十年《傳》「君入，則掩之。若能掩之，則吾子也」
下引《公羊傳》文，亦同此例。

8.何休《左氏膏肓》及鄭玄《箴左傳膏肓》

襄公七年《傳》：「是故啟蟄而郊，郊而後耕。今既耕
而卜郊，宜其不從也。」注：

《膏肓》云：「《孝經》云：『郊祀后稷，以配天，
宗祀文王于明堂，以配上帝。』止言配天，不言祈穀。」
《箴膏肓》云：「《孝經》主說周公孝，必以配天之
義，死不為郊祈之禮出，是以言其不備。」（頁 14）

此劉文淇將鄭玄說視為舊注，何休說則未輯錄。

9.《春秋文耀鈎》及注

襄公九年《傳》：「對曰：古之火正，或食於心，或食
於咮，以出內火。是故咮為鶉火，心為大火。」注：

《春秋文耀鈎》：「咮為鳥陽七星，為頸。」宋均注：
「陽猶首也。柳謂之咮。咮，鳥首也。七星謂朱鳥頸

也。」（頁48）

緯書說，劉文淇未輯錄。

10.《論語》及注

襄公十年《傳》：「瑕禽曰：昔平王東遷，吾七姓從王，牲用備具，王賴之，而賜之騂旄之盟。」注：

> 《論語・雍也》：「犁牛之子，騂且角。」注：「騂，赤也。」（頁104）

此注係何晏說。徵引《論語》鄭注，如襄公十三年《傳》。[11]

11.《孟子》及注

襄公十四年《傳》：「初尹公佗學射於庾公差，庾公差學射于公孫丁。二子追公，公孫丁禦公。」注

> 《孟子・離婁》：「庾公之斯曰：小人學射于尹公之他，尹公之他學射于夫子，我不忍以夫子之道反害夫子？雖然，今日之事，君事也，我不敢廢。抽矢叩輪，去其金，發乘矢，而後反。」（頁188）

12.劉　向

吳氏輯錄劉向說，包含《五經要義》、《列女傳》、《新序》，如襄公十一年《傳》：「凡兵車百乘；歌鐘二肆，及其鎛、磬。」注：

> 《五經要義》：「鐘磬皆編懸之，二八十六在簨，謂之堵。鐘一堵、磬一堵謂之肆。《春秋傳》曰歌鐘二肆，此之謂也。」（頁123）

徵引自《說苑》者。襄公六年《傳》：「及杞桓公卒之月，

---

11 見襄公十三年《傳》「不猶愈乎」下。（頁159）

乙未，王湫率師及正輿子、棠人軍齊師。」注：

> 《說苑‧正諫》：「萊不用子猛而齊并之。」（頁 8）

徵引自《列女傳》者，如襄公九年《傳》：「我則取惡，能無咎乎？必死于此。弗得出矣。」注：

> 《列女傳‧孽嬖》亦載穆姜事。（頁 58）

徵引自《新序》者，如襄公十四年《傳》：「誰敢奸君？有國，非吾節也。札雖不材，願附于子臧，以無失節。故立之，棄其室而耕。乃舍之。」注：

> 延陵季子將西聘晉，帶寶劍以過徐君，徐君觀劍，不言而色欲之。延陵季子為有上國之使，未獻也，然其心許之矣。致使于晉，故反，則徐君死于楚。于是脫劍致之嗣君。從者止之曰：「吳國之寶，非所以贈之也。」延陵季子曰：「吾非贈之也，先日吾來，徐君觀吾劍，不言而色欲之，吾為有上國之使，未獻也，雖然，吾心許之矣。今死而不進，是欺心也。愛劍偽心，廉者不為也。」遂脫劍致之嗣君。嗣君曰：「先君無命，孤不敢受劍。」于是季子以劍帶徐君墓而去。徐人嘉而歌之曰：「延陵季子兮不忘故，脫千金之劍兮帶丘墓。」（頁 175）

引劉向說，除以上各書外，尚有〈諫起昌陵疏〉等篇。

13. 譙周《五經然否論》

襄公九年《傳》：「以先君之祧處之。」注：

> 譙周曰：「國不可久無儲貳，故天子諸侯十五而冠，十五而娶。娶必先冠。以夫婦之道，王教之本，不可以童子之道治之。禮十五為成童，以次成人。欲人君

> 之早有繼體。故因以為節。《書》稱成王十五而冠，
> 著在〈金縢〉。」（《五經然否論》）（頁74）

譙周，三國蜀漢人，其經說近於鄭玄。魏晉之際學者注釋，劉文淇是否視之為舊注而輯錄，本未肯定。

14. 《說文解字》

襄公六年《傳》：「宋華弱與樂轡少相狎，長相優，又相謗也。」注：

> 《說文》：「狎，犬可習也。」（頁4）

劉文淇徵引許慎說，以《五經異義》為主，且未視其為漢人《左傳》說，故僅於疏證論述其說，於《說文解字》，則更未為徵引。

15. 《爾雅》及注

襄公七年《傳》：「公登亦登。叔孫穆子相，趨近，曰：『諸侯之會，寡君未嘗後衛君。今君子不後寡君，寡君未知所過。吾子其少安！』孫子亦辭，亦無悛容。」注：

> 《爾雅·釋詁》：「安，止也。」（頁20）

引《爾雅》李巡注，如襄公九年《傳》「使伯氏司里。」注：

> 《爾雅·釋言》：「氏、里，邑也。」李巡曰：「是
> 居之邑也。」（頁41）

引《爾雅》孫炎注，如襄公十一年《傳》：「乃盟諸僖閎，詛諸五父之衢。」注：

> 《爾雅·釋宮》：「衖門謂之閎。」孫炎曰：「巷舍
> 間道也。」（頁114）

李巡、孫炎均後漢時人。

16.《廣雅》

襄公七年《傳》：「南遺為費宰，叔仲昭伯為遂正。」
注：

　　《廣雅‧釋詁》：「遂，竟也。」（頁 15）

《廣雅》三國魏人張揖撰。

17.孔鮒《小爾雅》

襄公九年《傳》：「猶愈于戰……大勞未艾。君子勞心，
小人勞力，先王之制也。」注：

　　孔鮒《小爾雅‧廣言》：「艾，止也。」（《孔叢子》）
　　（頁 63）

《孔叢子》，原名《盤盂》，後漢時改稱《孔叢》，舊題孔
鮒撰，殆漢人輯錄舊文而成。今本《小爾雅》即從《孔叢子》
裁篇別行。

18.《方言》

襄公九年《傳》：「陳畚挶，具綆缶。」注：

　　《方言》：「缶謂之瓵□。」、「自關而東，周、洛、
　　韓、魏之間謂之綆，關西謂之□。」（頁 42）

以上四種解釋字義之書，吳氏輯錄之相關注文頗多。

（二）史　籍

1.《國語》及注

襄公七年《傳》：「冬十月，晉韓獻子告老。公族穆子
有廢疾，將立之。」注：

　　韋昭曰：「韓獻子、韓闕，晉卿。老而辭位。魯成十
　　六年《傳》曰：『韓闕將下軍。』十八年，晉悼公即

位，《傳》曰：『韓獻子為政。』」〈晉語〉：「使公族穆子受事于朝。」韋昭曰：「穆子，闕之長子無忌也。」《世本》：「韓闕生無忌，無忌生襄，襄生魯為韓言氏。」（《姓纂》引）唐固曰：「獻子致仕，而用其子為公族大夫。」韋昭曰：「悼公元年，使無忌為公族大夫。後七年，獻子告老，欲使為卿，有廢疾，讓其弟起。公聽之，使掌公族大夫，在魯襄七年。」（頁 16）

除韋注外，吳氏尚多輯錄孔晁注。

2.《周書》

襄公十三年《傳》：「所以請從先君於禰廟者，請為『靈』若『厲』。大夫擇焉。」注：

《周書‧謚法》：「亂而不損曰靈，戮殺不辜曰厲。」（頁 155）

3.《春秋事語》

襄公十四年《傳》：「衛人立公孫剽，孫林父、甯殖相之，以聽命於諸侯。」注：

《春秋事語》：「衛獻公出亡，公孫浮為君。」（頁 194）

衛獻公出亡，孫林父、甯殖立其弟秋為君，是為殤公。吳氏引《春秋事語》事與《左傳》記載，應非一事。公孫浮未見於相關記載。

4.《世本》

襄公六年《傳》：「六年春，杞桓公卒。始赴以名，同盟故也。」注：

《世本》：「杞桓公是成公之弟，成公卒，而桓公立。
至此七十一年。」（本疏，商務本《世本八種》收輯
清人所輯《世本》，茆、張、雷、陳較謹嚴，洪飴孫
所輯最豐富。）（頁3）

吳氏除於注文多輯錄《世本》記載，疏證中，亦徵引其記載
以論述。

5.《史記》

襄公六年《經》：「六年春王三月，壬午，杞伯姑容卒。」
注：

《史記·陳杞世家》：「桓公十七年卒，子孝公匄立。」
（頁1）

劉文淇意《史記》中多載存《左傳》先師之說，但並未視其
為舊注，僅於疏證中徵引以參論之，吳氏注則備載《史記》
記載。

6.《戰國策》

襄公六年《傳》：「十一月，齊侯滅萊，萊恃謀也。」
注：

蘇子曰：「昔者萊、莒好謀，陳、蔡好詐，莒恃越而
滅，蔡恃晉而亡。此皆內長詐，外信諸侯之殃也。」
《戰國策·齊策五》（頁4）

《戰國策》中論及春秋人物事件，吳氏均輯錄以作注文。

7.《漢書》及注

襄公十年《經》：「夏五月。遂滅偪陽。」注：

《漢書·地理志》：「楚國傅陽，故偪陽國，莽曰輔
陽。」（頁80）

吳氏徵引《漢書》除〈地理志〉外，兼及〈古今人表〉及各篇列傳，如襄公十一年《傳》「告叔孫穆子曰：請為三軍，各征其君」下引《漢書・杜鄴傳》之語。

（三）先秦漢晉諸子相關論述

1.《老子》及注

襄公十三年《傳》：「楚子疾告大夫曰：不穀不德，少主社稷。」注：

> 河上公曰：「不穀喻不能。如車轂為眾所湊。」（頁154）

「不穀」者，侯王謙虛低賤自持之詞，《老子》第三十九章：「故貴以賤為本，高以下為基。是以侯王自稱孤、寡、不穀。」河上公注與《老子》義有其參差之處。吳氏引其說以為《左傳》注，則與《左傳》義不符。

2.《荀子》

襄公六年《傳》：「及杞桓公卒之月，乙未，王湫率師及正輿子、棠人軍齊師。」注：

> 《荀子・堯問》：「萊不用子馬而齊并之。」（頁8）

3.《韓非子》

襄公七年《傳》：「公登亦登。叔孫穆子相，趨近，曰：『諸侯之會，寡君未嘗後衛君。今君子不後寡君，寡君未知所過。吾子其少安！』孫子亦辭，亦無悛容。」注：

> 《韓非・難四》：「衛孫文子聘于魯，公登亦登。叔孫穆子趨進，曰：『諸侯之會，寡君未嘗後衛君也。今子不後寡君一等，寡君未知所過也。子其少安！』孫子無辭，亦無悛容。」（頁20）

以上二者均徵引相關記載以旁證《左傳》。

4.《呂氏春秋》及注

襄公十四年《傳》：「而射鴻於囿。二子從之，不釋皮冠而與之言。」注：

> 《呂覽‧慎小》：「衛獻公誡孫林父、甯殖食。鴻集于囿，虞人以告，公如囿射鴻。二子待君，日晏，公不來至。來不釋冠而見二子，二子不悅。」高誘注：「林父，孫文子也，甯殖，惠子也。畜禽獸，大曰苑，小曰囿。虞人，主囿之官。以告，以告鴻也。」（頁182）

吳氏除引引《呂覽》相關記載外，亦多徵引高誘注。

5.《淮南子》及注

襄公六年《傳》：「於鄭子國來聘也，四月，晏弱城東陽，而遂圍萊。甲寅，堙之環城，傅於堞。」注：

> 《淮南‧兵略》：「設渠塹傅堞而守。」高誘注：「傅，守也。」（頁7）

6.賈誼《新書》

襄公七年《傳》：「無忌不才，讓其可乎？請立起也。與田蘇游，而曰『好仁』。《詩》曰：『靖共爾位，好是正直，神之聽之，介爾景福。』」注：

> 賈誼曰：「方正不曲謂之正。」（《新書‧道術》）（頁17）

劉文淇稱賈誼是《左傳》先師，對《左傳》流傳有深刻的影響。劉文淇並未將其《新書》的論述，視為《左傳》舊注。

7.《白虎通》

襄公十四年《傳》：「天生民而立之君，使司牧之，勿使失性。」注：

> 《白虎通・性情》:「性者,生也。」(頁198)

又襄公十九年《傳》:「晉士匄侵齊,及穀,聞喪而還,禮也。」注

> 《白虎通》:「諸侯有三年之喪,有罪且不誅何?君子恕己,哀孝子之思慕,不忍加刑罰。《春秋傳》曰:『晉士匄帥師侵齊至穀,聞齊侯卒,乃還。』《傳》曰:『大其不伐喪也。』」(頁281)

8.王符《潛夫論》

襄公十六年《傳》:「張君臣為中軍司馬。」注:

> 《潛夫論・志氏姓》:「凡桓叔之後有寒氏、言氏、嬰氏、褐餘氏、公族氏、張氏,此皆韓後姬姓也。及留侯張良,韓公族姓也。晉張侯、張老實為大家。張孟談相趙襄子以滅智伯。遂逃功賞,耕于南山。後魏有張儀、張丑。」(頁226)

同引〈志氏姓〉文,或置於疏證,如襄公二十年《傳》「陳慶虎、慶寅畏公子黃之偪」下。

9.桓譚《新論》

襄公十九年《傳》:「宣子盟而撫之,『曰:事吳敢不如事王!』猶視。欒懷子曰:『其為未卒事于齊故也乎?』乃復撫之曰:『主苟終,所不嗣事于齊者,有如河!』乃瞑,受含。宣子出,曰:『吾淺為之丈夫也。」注:

> 桓譚以為苟偃並而目出,初死其目未合,尸冷乃合,非其有所知也,《傳》因其異而記之耳。(頁273)

10.王充《論衡》

襄公十九年《傳》:「宣子盟而撫之,『曰:事吳敢不

如事王！』猶視。欒懷子曰：『其為未卒事于齊故也乎？』
乃復撫之曰：『主苟終，所不嗣事于齊者，有如河！』乃冥，
受含。宣子出，曰：『吾淺為之丈夫也。」注：

> 《論衡‧死偽》：「荀偃之病，卒苦目出，目出則口
> 噤，口噤則不可含。宣子撫之早，故目不瞑，口不闓。
> 少久氣衰，懷子撫之，故目瞑受含。自此荀偃之病，
> 非死精神見恨于口目也。」（頁 273）

11.《楚辭》王逸注

襄公十一年《傳》：「女樂二人。」注：

> 《楚辭‧招魂》王逸注：「二八，二列。大夫有二列
> 之樂。」（頁 125）

12.蔡邕《銘論》

襄公十九年《傳》：「臧武仲謂季孫曰：『非禮也。夫
銘，天子令德，諸侯言時計功，大夫稱伐。』」注：

> 蔡邕《銘論》：「昔肅慎納貢，銘之楛矢。所謂天子
> 令德者也。黃帝有中幾之法，孔甲有盤盂之誡，殷湯
> 有〈甘誓〉之勒，饞鼎有丕顯之銘。武王踐阼，咨於
> 太師，作席几楹杖之銘十有八章。周廟金人，緘口以
> 慎。亦所以勸進人主，勗於令德者也。呂尚作周太師，
> 封於齊，其功銘於昆吾之冶，獲寶鼎於美陰，仲山甫
> 有補袞闕，戒百辟之功；《周禮‧司勳》凡有大功者，
> 銘之太常，所謂諸侯言時計功者也。有宋大夫正考
> 父，三命茲益恭而莫侮。衛孔悝之莊叔，隨難漢陽，
> 左右獻公，衛國賴之，皆銘于鼎，晉魏顆獲杜回銘功
> 於景鐘，所謂大夫稱伐者也。」（頁 275）

13. 尹更始

襄公二十五年《傳》：「列為一國，自是以衰。」注：

> 尹更始曰：「天子以千里為衰。」（《文選・魏都賦注》）
> （頁440）

14. 孔　臧

襄公二十三年《傳》：「子無然。禍福無門，惟人所召……」
注：

> 孔臧〈鴞賦〉：「禍福無門，惟人所求。」（頁359）

15. 韋　孟

襄公二十四年《傳》：「在夏為御龍氏，在商為豕韋氏。」
注：

> 韋孟〈諷刺詩〉：「肅肅我祖，國自韋豕。」（頁380）

16. 董　遇

襄公二十五年《傳》：「自六正、五吏、三十帥、三軍
之大夫、百官之正長……」注：

> 董遇曰：「五吏，謂一正有五吏，為三十帥之長。」
> （頁426）

董遇，三國時代魏人，著有《易注》。

（四）魏晉以後的論述

1. 劉敞《春秋傳》

襄公七年《傳》：「及將會于鄐子駟相，又不禮焉。侍
者諫，不聽。又諫，殺之。及鄎，子駟使賊夜弒僖公，而以
瘧疾赴于諸侯。」注：

> 劉敞曰：「鄎者何？鄭之邑也。……何見其以如會而

> 卒？《傳》曰：弒也。孰弒之？其大夫公子騑弒之。
>
> 公子騑弒之奈何？公子騑執鄭國之政，鄭伯不禮焉。
>
> 公子騑怨鄭伯，將廢諸侯廢之。公子騑欲與楚，鄭伯
>
> 曰：不可。……」（頁23）

引劉敞說，亦多見於疏證中，如襄公二十一年《經》「秋晉
欒盈出奔楚」一條。

2.李石《方舟經說》

　　襄公七年《傳》：「恤民為德，正直為正，正曲為直，
參和為仁。如是則神聽之，介福降之，立之，不亦可乎？」
注：

> 三詩者，韓穆子之賦也。韓闕以老謝事，欲立穆子，
>
> 穆子以廢疾為辭，疾則不可以行多露，疾則不可以親
>
> 民事，以示不欲立也。〈小雅〉之賦，專以韓起為才，
>
> 非己之不才廢疾之比也。曰德、曰正、曰直、曰仁，
>
> 以此契神，表韓起之三德也。闕遂告老，晉侯以穆子
>
> 為仁，使之為公族之師，曰公族大夫者，既長且賢，
>
> 雖疾無害也。（《方舟經說》）（頁18-19）

引李石說，多見於疏證中，如襄公九年《傳》、襄公十九年
《傳》。

3.沈欽韓

　　《詩》曰：「退食自公，委蛇委蛇。」注：

> 沈欽韓曰：「《唐石經》初刻虵字。郭忠恕《佩觿》
>
> 曰：『委虵之虵，余脂反，蛇，是遮友虵也。』」（頁21）

沈欽韓說見於《左傳補注》及《左傳地名補注》中。

4.李貽德

襄公九年《傳》：「陶唐氏之火正閼伯居商丘。」注：

> 李貽德曰：「顧棟高《春秋大事表》云：『今為河南
> 歸德府之商丘縣。城西南有商丘，周三百步，世稱閼
> 臺。』」（頁49）

李貽德說見《春秋左氏傳賈服注輯述》，吳氏於注文引其說，
亦見襄公九年《傳》「令于諸侯曰：『修器備，盛餱糧、歸
老幼，居疾于虎牢，肆眚，圍鄭。』」下。

4.李富孫

襄公九年《傳》：「陶唐氏之火正閼伯居商丘。」注：

> 李富孫曰：「《路史》作過伯。昭二十五年虞閼父，
> 〈陳世家〉索隱並作過父。〈釋詁〉：『過，止也。』
> 《說文》：『閼，遮擁也。』音同，古通用。」（頁49）

李富孫說見其《春秋三傳異文釋》中。

以上四種，吳氏或輯為注文，或於疏證徵引其說，頗不
一致。

（五）吉金文

1.〈叔夷鐘〉

襄公六年《傳》：「齊師大敗之。丁未，入萊。」注：

> 〈叔夷鐘〉：「唯王五月，辰在戊寅，師于淄陸。公
> 曰：汝夷，余經乃先祖，余既敷乃心，汝小心畏忌，
> 汝不墜夙夜，宦執爾政事……（下略）。」（薛氏《鐘
> 鼎款識》、《兩周金文大系》）（頁8-9）

2.〈陳公子仲慶簠〉

襄公七年《傳》：「陳人患楚，慶虎、慶寅謂楚人曰：『吾使公子黃往，而執之。』楚人從之。二慶使告陳侯于會，曰：」注：

> 〈陳公子仲慶簠〉：「陳公子仲慶自坐筐簠，用祈眉壽，萬年無疆。子子孫孫永壽用之。」（頁 24）

〈陳公子仲慶簠〉銘文收錄於《金文總集》、《殷周金文集成》等，吳氏未注明徵引自何書。

3.〈齊侯鑑〉

襄公十二年《傳》：「齊侯許昏。王使陰里結之。」注：

> 〈齊侯鑑〉：「齊侯作媵子仲姜寶盂。其眉壽萬年，永保其身。子子孫孫永保用之。」（《文物》一九七七年三號）（頁 143）

他如引王子午鼎、佣鼎、孫林父敦等吉金文字。

除以上各家外，注文中亦有若干條資料，應視為吳氏所作的注釋或是考證，而非徵引之舊注，如前引京房《易傳》下的釋語。茲再引數例以見之。

襄公七年《傳》：「獲蔡公子燮。」注：

> 燮，《穀梁》作湦，又音燮。（二十年同）（頁 26）

襄公九年《傳》「韓闕老矣，知罃稟焉以為政……韓起少于欒饜，而欒饜、士魴上之，使佐上軍。」注：

> 《金澤文庫》本：士魴作范魴。（頁 59）

襄公十九年《傳》：「今稱伐，則下等；計功，則借人也……」注：

> 《石經》作：「亡之之道也。」（頁 276）

襄公十九年《傳》：「莊公即位，執公子牙于句瀆之丘。」
注：

　　《論語》「自經手于句瀆。」《史記》作竇。（頁280）
襄公二十五年《傳》：「楚蔿掩為司馬。」注：

　　〈古今人表〉作「蓮掩」。（頁441）
類此皆屬校勘《左傳》傳本文字差異，與舊注自應有所分辨。

　　以上所列，均屬吳氏視為注文輯錄，而劉氏《左傳舊注疏證》未收錄之說。而劉氏輯錄之注文中，京相璠《春秋土地名》一書，或視為舊注，吳氏則均於疏證中論述。

三、《左傳舊注疏證續》的特色

　　劉文淇在擬定《左傳舊注疏證》的體例時，係透過漢儒《左傳》舊注及相關論述以探討先秦兩漢的《左傳》學，又以清儒的考證成果以申述漢儒觀點，在學術主旨上，有其一致的思想和價值，呈現出不同於杜注孔疏的《左傳正義》，也不同於元明盛行，重視義理論述、強調春秋大義的胡安國《春秋傳》的思想。

　　吳氏《左傳舊注疏證續》雖是承繼劉氏《左傳舊注疏證》，但因其時代與劉氏不同，故其書除了大量收錄非屬漢儒《左傳》相關注釋外，尚有下列三方面異於劉氏原撰。

（一）多采《左傳》義例

　　劉文淇《左傳舊注疏證》強調禮文儀式及名物制度的考訂與闡釋，不就義例闡釋《左傳》，但是此原則是在乾嘉考據學的風氣下擬定，有其時代特質。晚清《公羊》學興起，

面對劉逢祿、康有為倡言《左傳》係劉歆偽作，本非《春秋》之傳，劉師培因而整理《左傳》義例以攻駁劉、康，因此《左傳》可見到較有系統的釋經義例。

吳氏先人既受學於劉師培，自是熟習劉師培論述的《左傳》義例，故疏證中，多引劉師培歸納的義例，如襄公七年《經》：「夏四月，三卜郊，不從，乃免牲。」疏證：

> 劉師培曰：「禮不卜常祀，卜郊非禮也。四月卜郊，
> 是為過郊，牲成而卜，上怠慢也。書與禧經例同。故
> 《經》特書月，《傳》引孟獻子之言明之。」（頁11）

孟獻子稱釋免牲之義云：「啟蟄而郊，郊而後耕。今既耕而卜郊，宜其不從也。」劉師培以此而推得書月乃貶上怠慢，蓋劉師培比較《春秋》經傳後，歸納得「日月愈詳，貶譏愈甚」故推論《春秋》經傳未記載日期，僅書時或月者，必有所隱諱。

（二）廣探宋明學者及近人的論述

劉文淇作《左傳舊注疏證》，欲取代杜注孔疏，成為一部以漢人經說為主的新疏，故其初始擬定的論述主旨，明確以漢人《左傳》注為依據，再以清人考證的成果闡述漢人經說。此因于其確信漢儒經說傳自孔門弟子，確實可信，而其處於考據學發達的乾嘉時期，自是以考據方式作為理解經傳的主要方式：因此《左傳舊注疏證》中，除少數轉引自顧炎武及惠棟《左傳補注》中徵引的明人論述外，並不載錄宋元學者的論述。

吳氏《左傳舊注疏證續》雖云承劉氏書而作，但徵引資

料其並不依照劉氏的原則。其疏證中，除原本劉文淇徵引的
清人論述外，並大量徵引宋明學者、清末民初及近人的論述，
宋明學者的論述，如前節引作注文的劉敞《春秋說》、李石
《方舟經說》外，宋代程頤、蘇轍、汪克寬、薛季宣、胡安
國、卓爾康、陳傳良，明代邵寶、楊慎、郝敬等各家說。近
人的論述，則自劉師培、章太炎、周大璋、吳闓生、韓席籌，
以致於傅隸樸、錢鍾書。

（三）備錄吉金文獻

　　劉文淇處於乾嘉時期，金石器物學未成系統，甲骨文字
則尚未出土，故其論述以考據為主，透過禮文儀式及名物制
度的考訂，以了解《左傳》的內容。晚清器物學漸發達，學
者有系統的整理吉金文字，並用以闡釋殷周史事。

　　吳氏主要於注文中載錄的吉金文獻以闡釋《春秋》經傳
人事，如襄公十七年《經》：「十有七年春王二月庚午，邾
子牼卒。」疏證：

> 《兩周金文辭大系》載有邾公牼鐘：「隹王正月初吉，
> 辰在乙亥，邾公牼擇其吉金，玄鏐錯鑪，自作和鐘曰：
> 余翼襲畏忌，鑄台和鐘，和鐘二堵，以樂其身，以宴
> 大夫，以饎諸士，至于萬年，分器是寺。」宣公立於
> 魯成公十八年，為簡王十三年，卒于魯襄公十七年，
> 為靈王十六年，鑄鐘以《春秋長曆》推之，約在魯襄
> 公二年。（頁 233-234）

此吳氏徵引金文辭以述邾子牼之事，可以與經傳記載參照。
又如襄公二十三年《傳》：「乙亥，臧紇斬鹿門之關以出奔

郱。」注：

> 〈少司寇邦孫宅盤〉：「魯少司寇邦孫宅作其子孟姬
> 勝盤匜，其眉壽萬年，永保用之。」（《文物》1963）

疏證：

> 靜安按：臧紇時為司寇，蓋即少司寇邦孫宅。宅即紇、
> 仡，如公父宅亦即季紇也。孟氏將辟告李氏，乃致季
> 孫之怒逐臧孫。（頁364）

此以盤銘文闡釋臧紇出奔之事，其中孟氏、季氏與臧孫關係，
可透過銘文與《左傳》記載相證。正是王國維「二重證據法」
的具體運用。

（四）重視《春秋》義理的申論

　　吳氏既廣採宋明學者及民國以來各家學者之說，則其疏
證載錄的論述，必然多涉及《春秋》義理的申論，及人物得
失的評價，茲略舉數例以見之。襄公二十一年《經》「秋，
晉欒盈出奔楚。」疏證：

> 劉敞曰：「不以范匂逐之為文，而以盈之自出為說。
> 使盈無可逐之釁，則匂不得逐矣。匂之罪易見，盈之
> 失難知，此《春秋》所以深探其情，而大正其本也。」
> 高閌曰：「盈不能防閑其母，遂為范匂所逐，既取奔
> 亡，復有作亂之志，故特奔於楚焉。以楚強大，今日
> 可以持以逃難，他日可挾以復歸也。」（頁297）

劉敞《春秋說》及高閌《春秋集注》均是宋代春秋學的代表
著作，內容強調倫理綱常，以此評騭人物功過得失。此處劉
敞、高閌均明指欒盈之過，高閌並說明其奔楚之緣由，以著

其惡。

　　吳氏除重視義理申論外，於《左傳》文章義法及章句賞析，皆採錄以作疏證。如襄公二十年《傳》：「對曰：曩者志入而已，今則怯也。皆笑，曰：公孫之亟也。」疏證：

> 　儲欣曰：「二子固奇，《傳》亦善寫，咄咄欲活。」
> 　吳曾祺曰：「此節極得名將風度？亦復絕古今，不可
> 　再得之文。」
> 　韓席籌曰：「記二子直是飛天仙人，諸侯壁上觀者，
> 　無不人人惴恐，開後世說部法門。」（頁393）

韓席籌著有《左傳分國集注》，本承馬驌《左傳事緯》、吳闓生《左傳微》而作，其論述重在論人物形式得失及品評文章，論述風格近於以評論《左傳》文章義法為主的桐城派。

　　於此可見吳氏雖承劉氏書，但闡釋《左傳》的方式，與劉氏大異其趣。

四、《左傳舊注疏證續》的缺失

　　吳靜安以個人之力完成《左傳舊注疏證續》，其學識毅力均令人敬佩，但在時空環境的限制下，其書仍然呈現若干的問題，本文僅就學術內容、文獻資料的裁減及舊注與疏證的編輯三方面，略述其顯見的缺失。

（一）混淆《左傳》與《公羊》、《穀梁》釋《春秋》的差異

　　《左傳》及《公羊》、《穀梁》皆是闡釋《春秋》的著作，三者關係密切，漢人闡釋三《傳》自不可能完全沒有相

同的觀點。但劉文淇《左傳舊注疏證》的論述中，極力分辨賈逵、服虔的注文並非取自《公羊》、《穀梁》家言。[12]

劉氏《左傳舊注疏證》中，對於三《傳》異文，於疏證中論列，此因其對於三《傳》經說，各有源流，不應混淆。

吳氏除於注中載其異文外，並徵引《公羊傳》與《穀梁傳》以釋之，襄公六年《經》：「十有二月，齊侯滅萊。」注：

> 《公羊傳》：「何為不言萊君出奔，國滅君死之，正也。」（頁3）

此《公羊》家稱萊之國滅君死為正，並非《左傳》義。而吳氏不僅引《公羊傳》及《穀梁傳》文以闡釋《左傳》，于疏證徵引前人論述，亦多載錄學者發揮《公羊》之家，而未注意到其中說法實與《左傳》有所牴牾，如襄公二十年《經》：「蔡殺其大夫公子燮，蔡公子履出奔楚。」疏證：

> 家鉉翁曰：「燮奉文侯遺命，求成于晉，不克而死。《春秋》稱國而不去其官，錄之也。」
>
> 錢大法曰：「陳、蔡近楚，受偪已數十年，又有不逞之徒，附楚以張其聲勢。所以欲自拔而不能。迨至囊瓦不仁，昭侯受羈三載，終致柏舉之禍。」
>
> 王祖畬曰：「燮從先君以利蔡，不克而死。所謂蔡人殺之者，亦二慶之黨耳。《經》曰：『蔡殺其大夫』，從所告也。曰公子燮，成其為公子也。《左氏》乃以不與民同欲歸之，不特昧於《春秋》內諸夏外夷狄之

12 詳見本人博士論文《儀徵劉氏春秋左傳學研究》第四章第三節，頁 300-316。（臺灣大學中文研究所博士論文，2005）

義，而于天下萬世忠臣義士守死不貳，而見戕于亂臣

賊子者，皆以違眾之罪歸之，其可哉！」（頁289）

同年，《經》「陳侯之弟黃出奔楚」疏證引李廉曰：

杜《釋例》曰：兄而害弟者，稱弟以章兄罪，此例可

施于陳黃、秦鍼、衛鱄、宋辰。弟而言兄，則去弟以

罪弟，此例可施于鄭段，然于通例不甚合。又《左氏》

以為罪公子燮不與民同欲者，謬矣。（頁289）

此二者所輯錄之論述，皆據《公羊》家說以駁《左傳》，殊
與劉文淇編撰《左傳舊注疏證》之意不合。

（二）違背劉氏撰述宗旨

劉氏編撰《左傳舊注疏證》的重要目的，是企圖恢復漢
人《左傳》經說，並藉此以理解《春秋》及《左傳》蘊含之
禮法規範及褒貶大義，故其編撰過程中，對漢人《左傳》注
釋以外的相關論述，去取頗為慎重，如《史記》記載與《左
傳》不同，劉文淇多以司馬遷旁採異說，別有據依，非盡為
《左傳》說，故僅於「疏證」中徵引相關記載而論述之。若
於魏晉之際之論述，則徵引之際，多考其與漢人經說之異同，
以辨別其論述之依據。蓋劉文淇認為魏晉處學風轉變之際，
學者不重視經傳蘊含的義理幽微，而多暢論其體會，故其抨
擊杜預注《左傳》，不知禮義，因而所論云多違背經旨。

吳氏既繼承劉氏體例完成舊注疏證的工作，於劉氏撰述
宗旨，自須有所照應。然就其輯錄之舊注資料，已明顯可見
其非以漢人經說為主；編撰目的亦並非闡明漢人經學思想，
藉以辨正杜注孔疏之訛誤。作為一續書，僅存原作者的編撰

形式，而改變其的論述宗旨，其功過得失，實以不難得見。

（三）舊注與疏證混淆

　　劉氏《左傳舊注疏證》為呈現不同於杜注的漢注特色，故以舊注為中心，疏證為輔。因此，在文獻的選擇上，舊注據其所見，完整輯錄，其中並不摻雜個人觀點，疏證則是劉氏擇取其認為可以據信、足以闡發《左傳》的論述，層次上明顯有所分辨。吳氏續著在注及疏證的材料選擇上，遠不如劉氏清楚。如襄公六年《傳》：「及杞桓公卒之月，乙未，王湫率師及正輿子、棠人軍齊師。」注：

> 《荀子‧堯問》：「萊不用子馬而齊并之。」《說苑‧正諫》：「萊不用子猛而齊并之。」顧炎武曰：「棠在平度州境，孟子所謂發棠在此。即墨為齊大都，倉廩在焉，亦從此知之矣。」江永曰：「《春秋傳說彙纂》云：『今縣南八十里，有甘棠社，即古棠鄉也屬萊州府。』」（《春秋地名考實》）華玉淳曰：「齊未滅萊、棠前，其東北境亦瀕于海，所以得魚鹽之利。」（《春秋大事表》引）王引之曰：「萊正輿子字子馬，正蓋氏也。駕馬所以引輿也。」《荀子‧堯問》注：「《說苑》作子猛。」（頁8）

此注文徵引之資料，包含《荀子》及注，及清人顧炎武、江永、顧棟高、王引之四家論述，但其徵引《荀子》及注，多視為注文，顧炎武、江永、顧棟高、王引之等各家說，則多在疏證，體例殊不一致。

　　吳氏輯錄資料，未明確視其為注或疏證者，以《漢書》

相關記載、《經典釋文》二書為甚。

又其闡釋《左傳》，多徵引前後記載以見事件之始末，但對相關記載之處理，則或於注文徵引，或疏證徵引，體例殊不一致。如襄公八年《傳》：「春，公如晉，朝，且聽朝聘之數。」注：

> 昭年《傳》：「昔文、襄之霸也，其務不煩諸侯。諸侯三載而聘，五歲而朝，有事而會，不協而盟。」（頁 28）

同例，襄公九年《傳》：「穆姜薨于東宮。」疏證：

> 成十六年《傳》：「宣伯通于穆姜，欲去季、孟而取其室。冬十月，出叔孫僑如而盟之。僑如奔齊。齊聲孟子通僑如，史立于高、國之間。」（頁 52）

此二者均引《左傳》前後記載以注釋，但一在注文，一在疏證，體例不一。

除此外，吳氏於注文或疏證後，多有申論其意之論述，如襄公九年《傳》：「令司宮、巷伯儆宮。」注：

> 靜安按：「《傳》文：使伯氏司里……令司宮巷伯儆宮。」皆子罕素有教令，故遇災即能佈置有序。（頁 45）

此亦不應與舊注並列。

（四）徵引前人論述多失原意

吳氏徵引相關論述作疏證，既有過於冗雜，失於裁剪。但其節引論述，又多裁減不當，以致無助於闡釋經傳意旨。如襄公十三年《傳》：「十三年春，公至自晉，孟獻子書勞于廟，禮也。」疏證：

> 劉文淇曰：「疏云：凡公行者，或朝或會，或盟或伐，

皆是也。《禮記‧曾子問》：『孔子曰：諸侯嫡無子，必告于祖，命祝史告于宗廟。諸侯相見，必告于禰，命祝史告于五廟。反必親告于祖禰。乃命祝史，告於前所告者。其路遠者亦親告于祖。』鄭注：『道近或可以不親告祖廟。』明道遠者亦親告祖廟矣。」（頁149）此劉文淇疏證見於《左傳舊注疏證》桓公二年。劉文淇徵引《左傳正義》疏文全段，後稱「疏詮禮意甚晰，惟言諸侯相見，蓋兼朝、會、盟、伐之事。但舉朝鄰國言，疏矣。」[13]吳氏於「告於前所告者」之後則刪除「由此而言，諸侯朝天子，則親告祖禰，祝史告餘廟；朝鄰國，則親告禰，祝史告餘廟。其路遠者亦親告祖，故於其反也，言告於祖禰，明出時亦告於祖也。出時不言祖者」一段。故吳氏疏證雖作「劉文淇曰」，然此徵引實僅有《禮記‧曾子問》及鄭注，《左傳正義》及劉文淇論述均未載錄。且桓公二年《傳》文：「公至自唐，告于廟也。凡公行，告于宗廟，反行飲至，舍爵策勳焉，禮也。」劉文淇於此徵引《左傳正義》以闡明告廟的制度，並說明「公行」必須告廟的範圍。吳氏於此所必須注釋的，應是「書勞」之儀式，蓋即「舍爵策勳」，而其徵引的劉文淇論述，實未能挈合此《傳》義。

又如襄公十二年《傳》：「無女而有姊妹及姑姊妹，則曰：『先守某公之遺女若而人。』」疏證：

劉文淇曰：「襄二十一年疏，劉炫以公之姑姐為一人。

《釋文》云：『或曰《列女傳》謂節姑姊妹，謂父之

13　《左傳舊注疏證》頁75。

妹。此云姑姐，是父之姐，一人耳。』陸氏所引或說，即只光伯說也。此疏亦光伯語，但此引《列女傳》以證姑妹，意必引襄二十一年《傳》以證姑姐。唐人于彼疏駁光伯姑姐之說，故此亦刪之。說詳襄二十一年。」（頁 143）

此疏證本應是闡述姊妹及姑姊妹的差異，但所徵引的劉文淇《左傳舊疏考正》說，乃是論述《左傳正義》疏文係刪取劉炫《春秋述議》而成，而非解釋傳文之姊妹及姑姊妹。劉文淇作《左傳舊疏考正》，欲在指明孔穎達攘奪劉炫書之過，引此書中備引《左傳正義》疏文，吳氏於此徵引劉文淇論述而無《左傳舊疏考正》載錄之疏文，遂使劉文淇之論述語焉不詳，且與《傳》文無關涉。

（五）資料來源標示不一

吳氏徵引資料，多未注明來源，此是劉氏書即有的缺失，但吳氏並有記載來源不一的問題，如《世本》，襄公六年《傳》下引該書，又說云：

> 商務本《世本八種》收輯清人所輯《世本》，茆、張、雷、陳較謹嚴，洪飴孫所輯最豐富。（頁 3）

據此知其徵引《世本》記載，應是各家《世本》輯本，如襄公二十五年《傳》「弈者舉棋不定，不勝其耦」疏證即引洪飴孫《世本輯本》。但吳氏於處徵引《世本》，注明之出處，則是徵引佚文之原書。如襄公七年《傳》「南遺為費宰。叔仲昭伯為隧正」引《世本》注明出自〈檀弓〉正義，襄公八年《傳》「鄭人皆喜，唯子產不順」下，引《世本》，則注

明是出自《古今姓氏書辨證》。[14]

　　同為漢魏學者之著作，後世不傳的佚書，如何休《左氏膏肓》、鄭玄《箴左氏膏肓》[15]、《周易》鄭注及虞翻注[16]、譙周《五經然否論》[17]等書，吳氏則未注明出處。吳氏書經數十年辛勤蒐集，期間又經流離顛沛，徵引資料所用書籍不一，自不能苛責。

　　除以上明顯缺失外，吳氏徵引資料亦有失之冗雜，如襄公十二年《傳》「是故魯為諸姬，臨于周廟，為邢、凡、蔣、茅、胙、祭，臨於周公之廟」下，引其所作〈補史記邢世家〉及諸國始末以釋其源流。[18]襄公二十四年《傳》「穆叔如周聘，且賀城。王嘉其有禮也，賜之大路」下，引《國語·周語下·太子晉諫靈王壅穀水》及《周書·太子晉解》二篇全文，[19]《國語》記載太子晉之事，與《左傳》文並無密切關係。

五、結　語

　　劉氏《左傳舊注疏證》的編撰工作，大致停止於劉壽曾，時為光緒八年，距離清帝遜位、民國建立，有近三十年時間。就吳氏《左傳舊注疏證續》輯錄的資料，約略可看出這期間的《左傳》學的發展及變化。

14　《左傳舊注疏證續》頁 29。《古今姓氏書辨證》四十卷，宋人鄧名世撰，其子椿哀補成，清人輯自《永樂大典》。
15　見襄公七年《傳》「是故啟蟄而郊，郊而後耕」下。（頁 14）
16　見襄公九年《傳》「史曰：是謂艮之隨」下。（頁 54）
17　見襄公九年《傳》「以先君之祧處之」下。（頁 74）
18　頁 137-142。
19　頁 395-398。

劉文淇《左傳舊注疏證》明顯以清人的考證成果作為解釋《左傳》的依據，強調漢人釋經的權威性，否定杜注、孔疏的價值，更遑論宋明學者對義理的發揮。劉師培闡釋《左傳》雖堅守古文家傳統，但其並不排斥今文家說，與其同時並且同為古文家的章太炎，並且認為杜預注有其一定的價值，不宜全然否定。

吳氏則不然，其先人受學於劉氏後人，對劉氏學術必有一定程度的理解，然其續劉氏書，卻全未依循《左傳舊注疏證》的原則。李學勤為《左傳舊注疏證續》寫的序文中，稱吳氏此書無劉文淇時代崇尚漢學的門戶之見，是其優點。但是劉氏書確實發揮了《左傳》漢注的特色，此書似乎未掌握劉氏著書的精神，因此，既非如漢人重視禮義的樸素經學，亦非暢意發揮《春秋》褒貶大義的宋人經學。似乎只是資料的匯集，而且漢人、宋人論述相衝突之處，甚且不免。

在舊注文獻的蒐集處理上，劉氏非常謹慎的擬定條例，僅輯錄漢人《左傳》注，未能確定的相關論述，僅以疏證方式陳述，因此全書具體呈現漢代《左傳》經說的特色。

吳氏則未能掌握劉氏著書的精神，因此，輯錄的舊注，多與《左傳》無涉，如此旁徵博引，固有助於了解經傳文字，但卻完全無法彰顯漢代《左傳》學的特色。

據此而論，此書雖然形式與劉氏《左傳舊注疏證》相同，但體例與內容，卻是與劉氏截然不同。

然此發展，卻是晚清以來經學沒落的具體呈現。蓋劉文淇關注漢儒經說，是因為杜預注強調史事的發展始末，異於漢儒重視的禮義褒貶的傳統，因此在杜注中，就不易看到《左

傳》可以作為倫理規範的經學價值，劉文淇所要恢復的，即
是此價值。吳氏輯錄的舊注，雖以漢人論述為主，卻缺乏一
體的思想，因此足以解釋字義，卻無法闡發經義；其疏證徵
引的資料雖多宋人的褒貶論述，看似無漢宋學的偏見，但是
其中徵引的論述實多學者個人的見解，頗有背離《左傳》史
實之處。《左傳舊注疏證續》載錄的資料，金石銘文、品評
人物及文章義法兼有，但整體而論，既非著重在史實考訂，
又無強調倫理規範的經學特質，缺乏論述主旨。但此實反映
近代以來經學的尷尬地位，既不被奉為倫理綱常，學者於其
記載亦多懷疑，非史非哲非文，遂成象徵意義的古文獻彙編。
經學由倫理綱常的典範，淪為資料彙編，在吳氏《左傳舊注
疏證續》中，已不難得見。

　　附帶說明，儀徵劉氏的著作，除了劉師培的《劉申叔遺
書》外，存亡參半，但其家世事蹟，史傳多載存，不難查考。
李學勤〈序〉稱「劉壽曾的兒子就是清末民初著名的學者劉
師培」，此其一時疏漏誤記。據史傳資料，劉壽曾有二子：
師達及師蒼。師達早夭，師蒼在光緒二十八年（1902）送師
培、師慎赴考時，在金陵落水而卒。師培是壽曾弟貴曾之子。
劉氏師蒼一代，從兄弟之幼年教育，皆承自家學，係劉貴曾
在揚州青谿舊屋親自教授。

徵引文獻
（按作者姓氏筆畫為序）

五格、黃湘:《重修江都縣志》,臺北:成文出版社,1970 年。

方光華:《劉師培評傳》,南昌:百花洲文藝出版社,1996 年。

王檢心修,劉文淇總纂:《重修儀徵縣志》,道光三十年纂修,光緒十六年重刊本。

王叔岷:《斠讎學》,臺北:中央研究院歷史語言研究所,1995 年。

王太岳、王燕緒:《四庫全書考證》,北京:中華書局,1985 年。

王玉華、買向東、向生榮:〈晚清國粹派民族思想解構〉,《福建省社會主義學院學報》,2003 年第 3 期。

王天根:〈從宣傳西方倫理思想到回歸封建禮教:對近代特殊的一种社會倫理思潮的考察〉,《社會科學家》第 16 卷第 1 期,2006 年 1 月。

毛新青、錢偉:〈文化轉型期劉師培的經學研究〉,《管子學刊》,2007 年第 1 期。

化貫軍:〈劉師培民族主義思想探析(1903～1907)〉,《遼寧行政學院學報》,2008 年第 2 期。

孔穎達:《禮記正義》(影印阮元校刊《十三經注疏》本),臺北:藝文印書館,1987 年。

孔穎達：《春秋左傳正義》（影印阮元校刊《十三經注疏》本），臺北：藝文印書館，1987 年。

永瑢：《四庫全書總目》，北京：中華書局，1965 年。

包世臣：《藝舟雙輯》（《包世臣全集》本），合肥：黃山書社，1993 年。

朱維錚：《劉師培辛亥前文選》，北京：三聯書店，1999 年。

朱冠華：《劉師培春秋左氏傳研究》，北京：光明日報出版社，1998 年。

朱彝尊：《經義考》，中央研究院中國文哲研究所，1998 年。

汪士鐸：《汪梅邨先生集》，臺北：文海出版社，1967 年。

汪士鐸：《續纂江陵府志》，臺北：成文出版社，1970 年。

沈約：《宋書》（《百衲本二十四史》據宋蜀大字本影印），臺北：臺灣商務印書館，1987 年。

李妙根：《劉師培辛亥前文選》，北京：三聯書店，1999 年。

李帆：《劉師培與中西學術》，北京：北京師範大學出版社，2003 年。

李源澄：〈先配後祖申杜說並論廟見致女反馬諸義〉，《制言半月刊》第 12 期，1963 年 3 月。

李艷鳳、巫慶整理：〈新見民國時期「青谿舊屋」劉氏往來書信〉，《史學月刊》2010 年第 4 期。

吳銳：〈儀徵劉氏春秋學研究〉，《清史論叢》收錄，瀋陽：遼寧古籍出版社，1996 年 12 月。

昌彼得、潘美月：《中國目錄學》，臺北：文史哲出版社，1991 年。

季旭昇：〈《禮記‧曾子問》『三月廟見』〉，《中國學術年刊》

第 9 期，1987 年 6 月。

林素娟：〈古代婚禮「廟見成婦」說問題探究〉：《漢學研究》第 21 卷第 1 期，2003 年。

英傑、晏端書：《續纂揚州府志》，臺北：成文出版社，1970 年。

胡鳳丹：《青冢志》（《墓祠志叢刊》收錄《香豔叢書》本），揚州：廣陵書社，2004 年。

陳垣：《史諱舉例》（影印《勵耘書屋叢刻》本），北京：北京師範大學出版社，1982 年。

陳智超：《解開宋會要之謎》，北京：中國社會科學出版社，1995 年。

陳壽祺：《福建通志》，臺北：華文書局，1968 年。

陳吉：《福州市郊區志》，福州：福建教育出版社，1999 年。

班固：《漢書》（《百衲本二十四史》本），臺北：臺灣商務印書館，1996 年。

郭院林：《清代儀徵劉氏左傳家學研究》，北京：中華書局，2008 年。

徐松輯，陳智超整理：《宋會要輯稿補編》，北京：全國圖書館文獻微縮複製中心，1988 年。

徐曼：〈劉師培與中國近代倫理學的建構〉：《學術論壇》，2007 年 12 期。

徐世昌：《清儒學案》，北京：中華書局，2008 年。

俞冰：《名家書札墨迹》，北京：線裝書局，2007 年。

馬文大、陳堅編著：《清代經學圖鑑》，北京：國際文化出版公司，1998 年。

高壽恆：《太湖縣志（民國卷）》，合肥：黃山書社，2008 年。

許衛平：〈清代揚州府志述評〉，《揚州大學學報（人文社會科學版）》1992 年 03 期。

許衛平：〈清代揚州府志纂修方略對當今續志的啟示述略〉，《中國地方志》2003 年第 6 期。

梁啟超：《中國近三百年來學術史》，臺北：里仁書局，1995 年。

梅鈗：《青谿舊屋儀徵劉氏五世小記》，手寫油印本，上海：玉夔龍館，1963 年。

莫祥芝、甘紹盤、汪士鐸：《同治上江兩縣志》，臺北：成文出版社，1970 年。

張安保、劉文淇：《重修儀徵縣志》，上海：上海古籍出版社，1991 年。

張壽安：《以禮代理 ── 凌廷堪與清中葉儒學思想之轉變》，臺北：中央研究院近代史研究所，1991 年。

張壽安：《十八世紀禮學考證的思想活力 ── 禮教論爭與禮秩重省》，臺北：中央研究院近代史研究所，2001 年。

張貽琯：《鳳臺縣續志》，北京：北京圖書館出版社，2002 年。

張舜徽：《清儒學記》，濟南：齊魯書社，1991 年。

張舜徽：《清代揚州學記》，揚州：廣陵書社，2003 年。

張劍：《莫友芝年譜長編》，北京：中華書局，2008 年。

張素卿：《清代「漢學」與《左傳》學 ── 從「古義」到「新疏」的脈絡》，臺北：里仁書局，2007 年。

章學誠：《文史通義》（附《校讎通義》，葉瑛校注），北京：中華書局，1994 年。

曾國藩：《曾文正公手書日記》，南京：鳳凰出版社，2010 年。

曾聖益：《儀徵劉氏春秋左傳學研究》，臺北：臺大中文研

究所博士論文，2004 年。

曾聖益：〈劉師培之斠讎思想要義〉，《臺灣師大國文學報》
　　第 45 期，2009 年 6 月。

曾聖益：〈儀徵劉氏的校讎工作與校讎條例論析〉：《政大
　　中文學報》第 14 期，2010 年 12 月。

曾聖益：〈劉師培的應世經學〉，《興大中文文學報》第 27
　　頁，2010 年 6 月。

曾聖益：〈劉壽曾《昏禮重別論對駁義》疏論〉：《興大中
　　文學報》第 29 期，2011 年 6 月。

曾聖益：〈劉毓崧之學術與儀徵劉氏學之發展〉，《第七屆
　　中國經學國際研討會論文集》，臺北：國立政治大學中
　　國文學系，2011 年 8 月。

湯中：《宋會要研究》，臺北：臺灣商務印書館，1972 年。

黃以周：《禮書通故》，北京：中華書局，2007 年。

楊向奎：《清儒學案新編》，濟南：齊魯書社，1994 年。

萬仕國：《劉師培年譜》，揚州：廣陵書社，2003 年。

萬仕國：《劉申叔遺書補遺》，揚州：廣陵書社，2008 年。

萬斯大：《學禮質疑》，臺北：廣文書局，1977 年。

賈思勰：《齊民要術》（《叢書集成初編》據《漸西村舍叢
　　書》本排印），北京：中華書局，1991 年。

經盛鴻：〈論劉師培的前期思想發展〉，《徐州師院學報》，
　　1980 年第 2 期。

楊士勛：《穀梁傳注疏》（影印阮元校刊《十三經注疏》本），
　　臺北：藝文印書館，1987 年。

鄭樵：《通志二十略》，北京：中華書局，1995 年。

鄭師渠：《晚清國粹派文化思想研究》，北京：北京師範大
　　學出版社，1997 年。

鄭逸梅：《逸林散葉續編》，北京：中華書局，2005 年。

管錫華：《校勘學》，合肥：安徽教育出版社，1991 年。

管東貴：〈我對「廟見」與「反馬」的看法〉，《大陸雜誌》
　　64 卷 2 期，1975 年 2 月。

管東貴：〈中國古代的媵娣制與試婚制〉（《中央研究院國際漢
　　學會議論文集》收錄），臺北：中央研究院，1981 年。

趙惠芬：〈略論《舊唐書》版本於各代的刊刻狀況〉，《東
　　海大學圖書館館訊》卷 59，2006 年 8 月。

趙慶雲、尹巧頤：〈劉師培民族主義初探〉，《船山學刊》，
　　2004 年第 3 期。

趙慶雲：《試論劉師培早期的民族主義思想》，長沙：湖南
　　師範大學碩士論文，2005 年。

趙炎才：〈倫理重構中的時代性與超越性：劉師培倫理道德
　　思想析論〉，《貴州師範大學學報（社會科學版）》，
　　2003 年第 1 期。

趙炎才：〈略述劉師培的家族制度思想及其倫理近代化觀〉，
　　《學術研究》，2004 年第 1 期。

趙爾巽：《清史稿》，北京：中華書局，1977 年。

劉緯毅：《中國地方志初探》，《中國圖書文獻學論集》收
　　錄，1986 年。

劉文淇：《左傳舊疏考正》，道光十八年青谿舊屋刊本。

劉文淇：《揚州水道記》，同治十一年（1872）淮南書局補
　　刊本。

劉文淇：《春秋左氏傳舊注疏證》，北京：科學出版社，1959 年。

劉文淇等：《舊唐書校勘記》，臺北：正中書局，1971 年。

劉文淇、劉毓崧：《宋元鎮江志校勘記》，臺北：成文出版
　　社影印道光二十二年（1842）丹徒包氏刊本，1983 年。

劉文淇、劉毓崧：《輿地紀勝校勘記》（影印道光二十九年
　　瞿盈齋刊本），揚州：江蘇廣陵古籍出版社，1991 年。

劉文淇：《楚漢諸侯疆域志》（《劉文淇集》附錄）臺北：
　　中央研究院中國文哲研究所，2007 年。

劉文淇：《劉文淇集》，臺北：中央研究院中國文哲研究所，
　　2007 年。

劉師培：《清儒得失論：劉師培論學雜稿》，北京：中國人
　　民大學出版社，2004 年。

劉師培：《劉師培史學論著選集》，上海：上海古籍出版社，
　　2006 年。

劉師培：《左盦集》（《劉申叔遺書》本），南京：江蘇古
　　籍出版社，1997 年。

劉師培：《左盦外集》，《劉申叔遺書》本。

劉師培：《劉申叔遺書》，南京：江蘇古籍出版社，1997 年。

劉師培：《白虎通義斠補》附《白虎通義闕文補訂》，《劉
　　申叔遺書》本。

劉師培：《白虎通義定本》，《劉申叔遺書》本。

劉師培：《白虎通義源流攷》，《劉申叔遺書》本。

劉師培：《白虎通德論補釋》，《劉申叔遺書》本。

劉師培：《西漢周官詩說攷》，《劉申叔遺書》本。

劉師培：《老子斠補》，《劉申叔遺書》本。

劉師培：《尚書源流攷》，《劉申叔遺書》本。

劉師培：《周書補正》附《周書略說》，《劉申叔遺書》本。

劉師培：《周書王會篇補釋》，《劉申叔遺書》本。

劉師培：《法言補釋》，《劉申叔遺書》本。

劉師培：《荀子斠補》附《荀子佚文輯補》，《劉申叔遺書》本。

劉師培：《春秋繁露斠補》附《春秋繁露佚文輯補》，《劉申叔遺書》本。

劉師培：《晏子春秋斠補》附《晏子春秋佚文輯補》，《劉申叔遺書》本。

劉師培：《莊子斠補》，《劉申叔遺書》本。

劉師培：《逸禮攷》，《劉申叔遺書》本。

劉師培：《琴操補釋》，《劉申叔遺書》本。

劉師培：《賈子新書斠補》附《群書治要引賈子新書校文》，《劉申叔遺書》本。

劉師培：《楊子法言斠補》附《法言佚文》，《劉申叔遺書》本。

劉師培：《楚辭攷異》，《劉申叔遺書》本。

劉師培：《群經大義相通論》，《劉申叔遺書》本。

劉師培：《管子斠補》，《劉申叔遺書》本。

劉師培：《墨子拾補》，《劉申叔遺書》本。

劉師培：《穆天子傳補釋》，《劉申叔遺書》本。

劉師培：《韓非子斠補》，《劉申叔遺書》本。

劉毓崧：《通義堂集》（求恕齋刊十六卷本），北京：文物出版社，1984 年。

劉毓崧：《周易舊疏考正》（《皇清經解續編》本），臺北：藝文印書館，1986 年。

劉毓崧：《尚書舊疏考正》，（《皇清經解續編》本），臺
　　北：藝文印書館，1986 年。

劉壽曾：《光緒江都縣續志》，臺北：成文出版社，1970 年。

劉壽曾：《昏禮重別論對駁義》，（《皇清經解續編》本），
　　臺北：藝文印書館，1986 年。

劉壽曾：《劉壽曾集》，臺北：中央研究院中國文哲研究所，
　　2001 年。

劉昫：《舊唐書》（《百衲本二十四史》據宋紹興刊本影印），
　　臺北：臺灣商務印書館，1987 年。

劉恭冕：《廣經室文鈔》（《寶應劉氏集》收錄），揚州：
　　廣陵書社，2006 年。

劉建臻：《清代揚州學派經學研究》，揚州：揚州大學中國
　　古代文學專業博士論文，2003 年。

劉寶楠：《念樓集》，（《寶應劉氏集》收錄），揚州：廣
　　陵書社，2006 年。

錢祥保：《續修江都縣志》，臺北：成文出版社，1970 年。

錢玄同：〈左盦著述年表〉（《劉申叔先生遺書》），南京：
　　江蘇古籍出版社，1997 年。

魏秀梅：《清代迴避制度》，臺北：中央研究院近代史研究
　　所，1992 年。

魏徵等撰：《隋書》，北京：中華書局，1973 年。

戴清：《四書典故考辨》（《續修四庫全書》影印咸豐元年
　　刊本），上海：上海古籍出版社，1995 年。

繆啟愉：《齊民要術校釋》，臺北：明文書局，1986 年。

繆荃孫：《續碑傳集》，臺北：文海出版社，1973 年。

繆荃孫:《藝風老人日記》,北京:北京大學出版社,1988 年。

《清史列傳》,北京:中華書局,1977 年。

《續修四庫全書提要經部》,北京:中華書局,1993 年。

小澤文四郎:《儀徵劉孟瞻年譜》(影印民國二十八年文思
　　樓刊本),臺北:大華書局,1970 年。